U0894865

中国·治道

王绍光◆著

中国人民大学出版社
·北京·

目　录

一、公众决策参与机制*

——一个分析框架

在某些“民主”的鼓吹者中，流行着一种选举崇拜。判断一种政治制度民主与否，他们手中只有一把尺子，即选举：有竞争性选举的制度便是民主制度，否则就不是。在选举崇拜者看来，公众参与政治生活的最佳形式是利用手中的选票，选举出代议士；其后，就将管理国家大事的责任托付给代议士们。如果还需要什么制度性补充的话，无非是允许或鼓励各种利益集团参与政治市场上的竞争，仅此而已。这就是多元代议政治的模式，在这个模式里，政治参与充其量是间接的，而不是直接的。

两百多年前，当代议制民主还没有形成气候时，卢梭似乎已经预见到间接参与的潜在危险。他在《社会契约论》中有一段名言：“一旦公众服务不再是公民的主要关心对象，一旦他们希望用自己的钱包来提供服务而不是亲身介入，此时国家就已几近瓦解了。如果战争需要兵士，他们会出钱雇佣而非亲自出征；如果举办公民集会，他们会派遣代表而自己待在家中。懒惰和花钱的结果是，军人将奴化国家，代理人将出卖国家”[1]。卢梭还嘲笑英国人，“他们只有在选举国会议员期间是自由的，议员一旦选出之后，他们就是奴隶，他们就等于零了”[2]。80 多年前，代议制传入中国不久，孙中山也提醒人民警惕这种政体的“流弊”，即代议士“其始籍人民选举以获取其资格，其继则悍然违背人民之意志以行事，而人民亦莫

---

* 武汉大学于 2009 年 11 月 13—15 日举办“中国式民主国际学术研讨会”，本文是为会议提供的论文稿。

之如何”。为此，他特别强调“直接民权”[3]。

长期以来，西式民主满足于几年一次的选举。与此相应，西方主流政治学家对政治参与的研究往往聚焦在民众的投票行为上。[4]然而，过去二三十年里，西方代议制民主普遍遭遇了先哲们早已预言的危机，其突出表现在三个方面：（1）民众对选举失去兴趣，致使投票率一路下滑[5]；（2）政党制度日渐衰落，愿意集合在政党旗帜下的人越来越少[6]；（3）人们对议会、内阁、总统、文官等“民选”与“非民选”机构的信任持续走低[7]。有人把这些现象统称为“民主赤字”（democratic deficit）。[8]在这种背景下，西方国家近年来也有人开始进行一些“民主试验”[9]，以期重振旗鼓。[10]尽管仍然有人坚持代议式民主（representative democracy）是最佳的制度选择，但越来越多的人逐步认识到公众直接参与决策过程的重要性和必要性，开始推广参与式民主（participatory democracy）[11]和协商式民主（deliberative democracy）[12]。

既然公民不直接参与政府决策过程就没有真正的民主可言，我们就必须研究我国公民参与决策过程的趋势与特点。过去曾有研究表明，中国公众的政治参与主要发生在政策执行阶段。[13]这个判断的影响之大，以至于一些最近的研究依然把注意力放在政策执行阶段，仿佛在政策过程的其他阶段（议程设置和政策制定）一切依然如故。[14]但中国是一个急剧转型的社会，不但经济生活发生了翻天覆地的变化，政治生活也日新月异。只有摘除有色眼镜，才能体会到中国政策过程中已经发生或正在发生的深刻变化。研究表明，中国公共政策议程设置的模式已悄然移易，借助传媒和互联网，利益相关群体和民间大众发挥的影响力越来越大。[15]事实上，在政策制定层面，过去十年（尤其是过去五年里）我们也目睹了中央和地方政府进行的大量“民主试验”，这些试验在不同程度上拓展了公众直接参与决策过程的途径和范围。可以毫不夸张地说，在中国，公众参与不再是西方舶来的概念或理论假说，而是一步步正在展开的真实故事。

为了便于梳理各种“民主试验”，探讨在政策制定阶段，中国公众能以什么方式、在多大程度上参与其中，本文第一节试图从理论上区分公众参与政策制定过程的四种主要方式，并简要介绍它们在西方发达国家的实践状况，为后续讨论提供一个清晰的理论框架和横向参照系。第二节简略分析毛泽东时代公众参与的独有特征，为理解改革开放以来发生的变化提供一个纵向（历史）参照系。

公众参与机制

公众参与是指可能受政府决策影响的人对政府决策的影响。对这个简单的定义，需要作以下说明：

第一，这里“公众”并不一定是指全体公民，而是指那些可能受政府决策影响的人，或简称为“利益相关群体”。政策不同，受其影响的人群也不同。有些政策也许只会影响很小一部分人，有些政策则可能影响到所有人。因此，“公众”的含义是随政策性质而变化的。

第二，利益相关群体未必是利益相同的人。恰恰相反，利益相关群体很可能是由利益相互冲突的人群组成，如与环保政策相关的污染方与反污染方，与劳工政策相关的劳方与资方。

第三，这里“政府”不一定是指中央政府或最高决策者，也包括中央政府的各个部门、地方各级政府以及地方政府的各个部门。一般而言，政府的层级越低，利益相关群体的规模越小；层级越高，利益相关群体的规模越大。

第四，在大多数情况下，“公众参与”并不意味着“公众”直接做出决策。政策制定可以细分为政策规划、方案草拟、方案比较、政策确定四个阶段。公众参与主要是在前三阶段对政府的决策施加影响，而不改变政府作为政策最后拍板者的责任。当然，在例外情况下，公众也可以在第四阶段直接决定政策，如瑞士进行的那些具有约束力的公民投票。

第五，公众影响政府决策的渠道很多，可以归为两大类：一类是政府通过法规设置的体制内参与渠道，一类是体制外渠道，如请愿、抗议、罢工、示威、骚乱等。前者越完善，后者被利用的可能性越小。但历史地看，后者往往是推动前者发展的原因。尽管如此，本文关注的重点是体制内的公众参与渠道，或简称为公众参与机制。

从以上定义可以看得很清楚：公众参与是公众与政府间的互动过程。公众“输入”，政府“产出”。政府产出的是政策，那么，公众可以输入什么呢？概括地说，在政策形成过程中，公众有三类资源可以输入。第一类是“民意”，即民众的政策偏好；第二类是“民智”，即民众针对政策方案提供的建言；第三类是“民决”，即民众对政策备选方案的取舍。不过，公众的输入不能无的放矢。为了参与政策制定过程，公众必须从政府获取相关信息。政府的信息公开是公众参与的前提。如果一个政府以保密为由，不对公众发放其运作信息，公众参与是无从下手的。

由此看来，公众与政府的互动有四个关键环节，即“信息公开”、“听取民意”、“吸取民智”以及“实行民决”。在政策制定的不同阶段，这四个环节发挥着不同的作用。信息公开在所有四个阶段都至关重要；听取民意的作用主要体现在政策规划阶段，偶尔也会影响方案比较阶段；吸取民智在方案草拟与方案比较阶段尤为凸显，实行民决则只有在政策的提出和拍板阶段才能显露身手。

为了分析的便利，以下我们依次分别讨论这四个环节及其在西方国家的实践，目的是为以下分析中国树立一个横向参照系。需要指出的是，现实世界往往比抽象的分析框架更为复杂，这四个环节的界限并不总是那么清晰，几个环节混杂在一起是常见的事。

信息公开

信息公开是指政府就其事务向民众公布有关信息。从严格意义上讲，信息公开本身并不属于公众参与的范畴，因为在这里，信息只是从政府到公众的单向流动。尽管如此，信息公开的意义不可低估，它是公民知情权的体现，是政府对人民负责的基础，是公众与政府双向互动的前提。因此，讨论公众参与不能不首先讨论信息公开。

信息公开的主体是行使公共权威的机构与个人，包括各级政府部门、国有企业、其他公立机构（如学校和医院）及其负责人。信息公开的内容包括公民基本权利、法律政策、法律草案、政策规划、政府组织架构、政府提供的公共服务、相关行政和执法程序等。信息公开的形式有两大类，一是被动提供，一是主动提供。前者是指只有当公民提出要求后，政府才向申请者提供所需信息，如公民要求查看某些政府档案等文献。在这种情况下，信息公开法规一般会明确回复时间以及收费标准（有些国家完全免费，如奥地利和芬兰；多数国家以信息性质决定是否收费）。后者是指政府主动向社会大众公布的信息，如统计数据、预决算、公报、年度报告、政策推介材料、公民教育读本，以及其他有关政府运作的信息。这类信息对增强政府的透明度、促进公众参与的意义重大。关于信息公开的范围，各国做法差异较大。不过，所有国家都承认政府信息不可能做到百分之百公开。多数国家在信息公开法规中，将涉及国家安全、个人隐私、公司机密的信息作为排除条款；还有不少国家把限制范围扩展至政府内部工作的记录文件。[16]信息公开的途径可谓五花八门，例如利用大众传媒、发布广告、设立信息中心、建立新闻发言人制度、提供电话问询服务、给公民直接发送邮件、举办信息发布活动等。现代信息技术的普及（包括互联网、手机）在拓宽信息公开途径的同时，也降低了传递信息的成本，增加了信息的可及性。

尽管早在1766年，瑞典便通过了世界上第一部有关政府信息公开的法律，但实际上，即使在西方发达国家，将信息公开写入法律也是相当晚近的事情。[17]直到1980年，只有大约20%的西方发达国家以立法的形式保证信息公开；到1990年，这个比例也才升至40%。20世纪最后10年，情况激变，到2000年，已有80%的发达国家采纳了有关信息公开的法律。换句话说，由于制度化的时间并不长，即使是西方发达国家，实施信息公开的经验也十分有限。[18]

听取民意

所有现代政治体制都标榜尊重民意，但直到最近，多数西方国家才开始做出让民意直接影响政策制定的法律与制度安排，比广泛实施信息公开还要晚。[19]

听取民意是指政府在制定政策的过程中充分考虑民众的需要、关切、期望、价值观以及他们面临的问题。听取民意之所以重要，是基于以下四个理由：第一是伦理性理由。既然政府的决策会影响某些人的福祉，那些人的政策偏好就理所应当受到尊重。第二是实质性理由。由于很多政策问题相当复杂，只有听取民意，才可能从方方面面获得必要的相关信息，使出台的政策不至于荒腔走板。第三是工具性理由。经过与民众进行广泛对话，利益相关者才能充分理解政策的目标和手段，进而有利于消除政策采纳与实施中可能出现的障碍。第四是教育性理由。听取民意表达的过程揭示了不同人群的不同政策偏好，因而使人们更容易理解政策是妥协的产物。[20]

与信息公开不同，听取民意是公众与政府之间的双向互动：一方面，为了获得民众的反馈，政府必须首先向民众提供必要信息；另一方面，政府承诺尊重民众在政策制定过程中发出的呼声。不过，在这种双向互动中，政府仍然居于主导地位，因为是它划定在什么问题上、听取谁的意见的范围，并为最后决策拍板。[21]

关于在什么问题上必须听取民众的意见，各国做法差异很大。在某些国家（如瑞士），制定政策必须听取民意已成为宪法基本原则之一；在更多的国家（如日本、加拿大、意大利、芬兰），法律只要求对那些涉及规制的政策征求民众意见，即所谓“规制影响评估”（regulatory impact assessment）。这种评估针对计划出台的规制向相关产业和社会大众征求意见，以确定其成本与收益的时间、空间、社会分布。规制影响评估在环境保护、土地使用、都市规划方面尤为常见。还有些国家尽管没有关于征求民意的立法（如冰岛），但在法律和政策出台前往往会听取各相关方面的意见，已经形成了惯例。

关于征求哪些民众的意见，各国在不同政策领域里的做法差异也很大。有的只注重直接受政策影响的人群，有的则把征求意见的范围扩展至可能间接受到影响的群体，还有的涵盖全体公民。不管被征求意见的范围有多大，关键是有没有包括政策争议各个方面，能否严防一言堂，避免偏听偏信。为此，不少国家都建立了政府参与的多边对话机制，尤其是在劳工政策和社会政策领域。

政府征求什么人的意见是一回事，什么人、对什么政策有兴趣表达意见是另一回事。表1—1依收益与成本的分布状况把各种政策分为四大类，对不同类型的政策，关注的人群也非常不同。[22]分配性政策提供的收益几乎为全民享受，而成本由谁承担却不太清楚。因此，有兴趣卷入这类政策制定的人不多。规制性政策要求某些人、某些企业、某些产业遵守一些强制性行为准则，从而增大了他们的成本，其受益者则是大多数人。为了降低自身成本，被规制者显然有兴趣参与这类政策的制定。而那些在意自己权益是否受到侵害的人，也会关注这类政策的争议。再分配性政策的成本往往由社会大众承担，但其收益却由少数人享受。这里所谓“少数人”可能是弱势群体，也可能是特权集团。对这类政策最有兴趣的当属其受益者。零和性政策的受益者与受损者利益尖锐对立，双方冲突是这种领域的特征。总而言之，政策的明显受益者与受损者是政策制定过程最积极的参与者，但在不同政策领域，积极参与者的规模以及他们与社会大众互动的模式非常不同。这就是美国著名政治学者西奥多-罗伊的重要发现，“政策的性质决定政治的类型”[23]。

表 1—1　　四种学习模式

政策收益 / 政策成本	分散	集中
分散	Ⅰ. 分配性政策，如国防政策、外交政策（卷入的人很少）	Ⅲ. 再分配性政策，如外资优惠政策、社会援助政策（受益者卷入）
集中	Ⅱ. 规制性政策，如环保、食品与药品安全（民众与被规制对象卷入）	Ⅳ. 零和性政策，如劳资关系（受益者、受损者卷入）

政府听取民意的形式有主动和被动之分。依互动程度排列，前者包括定期进行社会普查、有选择地展开民意调查、发布咨询文件征求意见、安排焦点小组（focus group）深入访谈 、召集听证会、组建咨询委员会等。后者是指政府被动地接受民众用各种方式表达出来的意见，如向政府工作人员反映情况、给官员或报刊编辑写信、上访、请愿、投诉、抗议、罢工、示威等。主动和被动形式的咨询都是必要的，两者都可以为政府形成政策方针提供有价值的信息。互联网的普及更是为政府咨询民意提供了便利。现在，政府可以通过电子邮件、设立专门网站、开辟在线论坛等方式来征求民众对法律与政策的意见。

吸取民智

在政策制定过程中尊重民意，好比厂商在产品设计过程中做消费者调查，民众在这里还不过是政策的“顾客”而已。公众参与的下一步是在政策制定过程中输入“民智”。与民意不同，民智不再是民众的政策偏好，而是他们与政策相关的经验、观点、思路、创意。在这里，民众不再仅仅是政策的“消费者”，而且是政策设计的参与者。

吸取民智的关键在于如何定义民智的“民”。它是指决策者以外的任何人？还是指政府以外的任何人？还是指千千万万普通老百姓？如果是指决策者以外的任何人，很多国家早已建立了政府内部的政策研究机构。如果是指政府以外的任何人，形形色色的专家学者、民间智库、游说团体也早已在不少国家的政策制定过程中大显身手。问题是这些人都是所谓“政策精英”（policy elite），由他们构成的“政策网络”（policy networks）或“政策圈”（policy communities）固然在很大程度上统治了不少现代国家[24]，但是这些网络和圈子能在多大程度上代表普通老百姓的利益就十分可疑了。

为了防止公共政策被精英“垄断”或被特殊利益“劫持”，吸取民智不能忽略普通民众的输入。在确定政策优先排序、化解政策冲突、比较和挑选政策选项方面，普通民众的智慧绝不比政策精英们来得低。吸取民智的传统方式包括召开民众大会、公布咨询文件以听取意见等。近年来，一些国家（如加拿大、英国）开始推广一些公众参与的新方式，如组建公民咨询团（citizen panels）和公民审议团（citizen juries）。[25]两者成员的构成都必须在统计意义上反映当地人口的构成，具有代表性。其差别是：前者规模较大，政府定期以问卷调查或开会的方式进行政策咨询；后者规模很小，集中讨论复杂、技术性较强的政策议题。[26]互联网大规模普及以后，设立开放的互动式网站也正在成为广泛吸取民智的新渠道。不过，这些制度创新大多仍处于试验阶段，且集中在地方政府层面。

实行民决

尊重民意和吸取民智可以统称为咨询。两者之间的差别在于，前者着眼于民众的政策偏好，后者着眼于民众的政策创意；两者的共同点在于，它们都是政府主导的双向互动。不管是尊重民意，还是吸取民智，政府都掌握着主动权，民众不过是被动反应。民决是公众参与的下一步，让民众也分享提议权和决定权，在决策过程中成为与政府平起平坐的伙伴。

理想的民决应该体现在决策的全过程，允许民众与政府一起参与设置政策议程、提出政策选项、控制政策流程、做出最后抉择。但在现实世界中，理想的民决并不存在。现实存在的民决主要体现在决策过程的一头一尾。在决策的初始阶段，民决表现为由民众提出立法或政策议案。如有些发达国家（如奥地利、西班牙）的宪法赋予民众提出立法建议的权利。在瑞士，如果在 18 个月内获得 10 万选民的签署，民众甚至还可以要求修改宪法，议会和政府则不得改动其修正案。在决策的最后阶段，民决体现在由民众以公民投票的方式决定是否采纳或撤除某项法律或政策。[27]即使这一头一尾的民决在西方发达国家也不多见，如果存在的话，很少运用于全国性决策。因为这个缘故，一项有关发达国家的研究把民决称为公众参与的“新疆域”，应该是恰如其分的。[28]

公众参与的位阶

以上四个环节可以被看作公众参与的四级位阶。信息公开是最低的位阶，因为这种从政府到民众的单向互动并不是严格意义上的参与。输入民意是次低的位阶，因为此时民众只是被当作政策的“消费者”。即使政府根据民意进行政策规划，也不过是“看客下菜”而已，民众在方案草拟、方案比较方面的能动性、创造性被完全忽略了。输入民智将公众参与的水平提升到下一个位阶。不过，如上所述，对“民智”的“民”要作进一步分析。在很多情况下，所谓“民”不过是“外”的意思，即只要政府利用“外脑”，就被当作尊重“民智”了。而“外脑”往往特指政府部门以外的专家、学者，不包括普通百姓。如果是这样，虽然“公众参与”的“参与”范围扩大了，“公众”范围却缩小了。真正意义上的尊重民智必须尊重所有人的智慧。“民决”是本来意义上的民主：公众直接作出政策抉择，而不需假手代议士。只有在这个阶段，民众才不仅拥有参与的权利，而且拥有了决策的权力。[29]不过，即使在西方“民主”国家，“民决”的局面也很少出现。

区分公众参与的位阶并不意味着在任何情况下位阶都越高越好。政策种类千差万别，并不是在所有政策的制定过程中，高位阶的公共参与都是必要的、可能的。要确定哪个位阶的公众参与最为恰当，必须取决于政策是技术性很强还是价值性很强，是地方性还是全国性，是涉及一部分人还是涉及所有人，是争议性很小还是很大。[30]具体问题具体分析，这才是判断的标准。

毛泽东的逆向参与模式：群众路线

从上一节可以看到，当今对公众参与的讨论似乎假定，政策制定过程中存在一扇门，决策者在里面，公众在外面。建立公众参与机制，无非是把原来紧锁的门改装成虚掩的单向弹簧门，公众参与就好比公众推开了那扇门，得以进屋参与屋内的游戏。不过，矜持的决策者却不会走出户外。毛泽东等中国革命的领导人对“参与”的理解截然不同，他们主张决策者必须走出户外，主动深入到民众中去，这就是著名的“群众路线”。

在中国共产党的历史文献中，“群众路线”这个概念最早出现在 1928 年。该年 11 月，李立三在与江浙地区党的负责人谈话时指出，“在总的争取群众路线之（下），需要竭最大的努力到下层群众中去”[31]。此时这个概念还很不清晰。次年，周恩来与毛泽东分别在各自起草的文件中也使用了“群众路线”的概念。[32]其后，在一系列文章和讲话中，毛泽东反复阐发了深入群众、尊重群众、依靠群众、动员群众、关心群众痛痒、真心实意为群众谋利益的重要意义，使群众路线的内涵逐步丰富起来。[33]1943 年 6 月，在为党中央起草《关于领导方法的若干问题》的决定时，毛泽东第一次较为系统地概括了群众路线的思想：“在我党的一切实际工作中，凡属正确的领导，必须是从群众中来，到群众中去。这就是说，将群众的意见（分散的无系统的意见）集中起来（经过研究，化为集中的系统的意见），又到群众中去作宣传解释，化为群众的意见，使群众坚持下去，见之于行动，并在群众行动中考验这些意见是否正确。然后再从群众中集中起来，再到群众中坚持下去。如此无限循环，一次比一次地更正确、更生动、更丰富。这就是马克思主义的认识论……从群众中集中起来又到群众中坚持下去，以形成正确的领导意见，这是基本的领导方法”[34]。

刘少奇等其他中国革命第一代领导人对群众路线的形成与发展也做出了卓越的贡献。1945 年，在中共七大上作关于修改党章的报告时，刘少奇对群众路线作了详细的说明，将它归结为两个方面，即群众观点和群众路线的领导方法。在肯定“从群众中来，到群众中去”这一领导方法的同时，他特别强调群众观点的重要性，“一切为了人民群众的观点，一切向人民群众负责的观点，相信群众自己解放自己的观点，向人民群众学习的观点，这一切，就是我们的群众观点，就是人民群众的先进部队对人民群众的观点”。他认为只有具备了这样的群众观点，“才能有明确的工作中的群众路线，才能实行正确的领导”[35]。到 1956 年中共召开八大时，邓小平关于修改党章的报告对以上两方面再次加以强调，明确把群众观点作为群众路线的一个重要内容。[36]此后，中共对群众路线的表述基本定型，这就是：一切为了群众，一切依靠群众，从群众中来，到群众中去。[37]

毛泽东把群众路线称为中国共产党的“三大优良作风”之一。[38]《中共中央关于建国以来党的若干历史问题的决议》则把群众路线看作毛泽东思想“三大基本方面”之一。[39]国外也有学者对群众路线赞誉有加，把它看作中国对马克思主义革命理论最具原创性的贡献。[40]

群众路线实际上就是一种决策模式。美国学者哈丁认为群众路线与西方社会科学中的决策过程模式不谋而合，包括信息采集、议程设定、政策策划、政策确定、政策实施、政策评估等几个阶段，只是用语不同。[41]但这样用西方模式来硬套群众路线有几个盲点，难以把握群众路线的精髓。第一，在群众路线的决策模式里，清晰的决策阶段并不存在；整个决策过程被看作一个周而复始、无限循环的过程，由领导与群众的不断互动组成。第二，群众路线模式的首要条件是决策者具有群众观点，而这个条件必须在任何具体决策前形成，并在与群众的互动中不断深化。第三，与其他任何模式相比，群众路线模式对群众在决策过程中的作用更加重视，要求形成密切的干群关系。第四，在群众路线模式里，决策者的角色并不是拍板者，因为，他们作出的决定还得拿到群众中去作宣传解释，化为群众的意见，并在群众行动中考验这些意见是否正确，以期未来的决策更加正确。[42]总之，群众是群众路线决策模式的主角。

与目前流行的各种公共参与模式相比，群众路线可以说是一种逆向参与模式，它所强调的是，决策者必须主动深入到人民大众中去，而不是坐等群众前来参与。这个模式有四个支撑点。

第一，所谓“从群众中来”就是要求领导干部与“群众打成一片，不是高踞于群众之上，而是深入于群众之中”[43]，一刻也不脱离群众。毛泽东本人十分注重密切联系群众。即使在革命战争年代，他也经常利用战争间隙深入群众，了解老百姓的生活疾苦和需要。

第二，深入群众是为了培植群众观点。为此，毛泽东要求领导干部经常下基层，并在下基层时实行“三同”，即与人民群众同吃、同住、同劳动，以拉近与群众的距离。除了在日常工作中必须密切联系群众外，20世纪50—70年代还形成制度，定期将领导机构的干部下放到农村当社员，下放到车间当工人、下放到连队当兵，直接参加体力劳动，与人民群众同甘苦、共患难。[44]只有保持与人民群众的血肉联系，干部才能转换角色，把世界观和立场真正转到工人、农民这方面来，热爱人民群众，想人民所想、急人民所急，牢固树立起一切从人民的利益出发的群众观点。

第三，深入群众要倾听群众的呼声，了解民意。毛泽东特别强调到基层进行调查研究的重要性，他本人也树立了调查研究的典范。他认为，实际政策的决定，一定要根据具体情况。坐在房子里想象的东西，一定是脱离实际的东西。“所以详细的科学的实际调查，乃非常之必需”[45]。为此，他提出了“没有调查就没有发言权”[46]的名言。在毛泽东看来，调查研究可以有两种方法：走马观花和下马观花。他提倡下马观花，即深入基层、长期蹲点，做从历史到现状的系统调查研究。只有这样，才能发现问题，才能找到解决的办法。

不光调查研究的对象主要是人民群众，调查研究的重点也应该是人民群众的福祉。毛泽东在这方面说得很透彻，“一切群众的实际生活问题，都是我们应当注意的问题”，“我们应该深刻地注意群众生活的问题，从土地、劳动问题，到柴米油盐问题”，“一切这些群众生活上的问题，都应该把它提到自己的议事日程上”，“要得到群众的拥护吗？要群众拿出他们的全力放到战线上去吗？那末，就得和群众在一起，就得去发动群众的积极性，就得关心群众的痛痒，就得真心实意地为群众谋利益，解决群众的生产和生活的问题，盐的问题，米的问题，房子的问题，衣的问题，生小孩子的问题，解决群众的一切问题”[47]。

如何能在调查研究中听到群众的真话呢？毛泽东指出，“主要的一点是要和群众做朋友，而不是去做侦探，使人家讨厌。群众不讲真话，是因为他们不知道你的来意究竟是否于他们有利。要在谈话过程中和做朋友的过程中，给他们一些时间摸索你的心，逐渐地让他们能够了解你的真意，把你当做好朋友看，然后才能调查出真情况来”[48]。

第四，调查研究也是向人民群众吸取民智的过程。毛泽东式的调查研究与西方实证主义的调查研究不同，因为人民群众不仅仅是被观察的对象，也是调查的积极参与者。这个研究方法上的差异源于对人民历史作用的判断。在毛泽东看来，“人民，只有人民，才是创造世界历史的动力”[49]。基于这个判断，他告诫各级领导干部，“群众是真正的英雄，而我们自己则往往是幼稚可笑的，不了解这一点，就不能得到起码的知识”[50]。

毛泽东特别注重下层民众的聪明才智。他说，“‘三个臭皮匠，合成一个诸葛亮’，这就是说，群众有伟大的创造力。中国人民中间，实在有成千成万的‘诸葛亮’，每个乡村，每个市镇，都有那里的‘诸葛亮’。我们应该走到群众中间去，向群众学习，把他们的经验综合起来，成为更好的有条理的道理和办法，然后再告诉群众（宣传），并号召群众实行起来，解决群众的问题，使群众得到解放和幸福”[51]。

向人民群众学习，不仅要有正确的观点，还必须展现出正确的态度。毛泽东根据自身的经验提醒广大干部，要调查研究，“没有满腔的热忱，没有眼睛向下的决心，没有求知的渴望，没有放下臭架子、甘当小学生的精神，是一定不能做，也一定做不好的”[52]。进行调查研究时，一定要以普通劳动者的身份出现，尊重群众，平等待人，要采取同志式的、讨论式的商量态度，决不可当钦差大臣，决不可摆架子，不可要老爷式的态度。[53]

总而言之，群众路线的决策模式调转了参与的方向，要求决策者主动、持续地深入群众。公众参与模式强调参与是民众的权利，而群众路线模式则强调与民众打成一片是干部的责任。虽然这两个模式的着眼点不同，一个敦促决策者走出去，另一个要把民众请进来，但在听取民意、吸取民智方面，它们可能有异曲同工之妙。它们不是对立的，本可以珠联璧合、相得益彰；不幸的是，当公众参与模式开始吸引人们的眼球时，一份丰厚的遗产却被淡忘了。

注释

[1] 参见［法］卢梭：《社会契约论》，第3册，第15章，北京，商务印书馆，1980。

[2] 同上书，125页。

[3] 参见孙中山：《三民主义　民权主义》，见《孙中山全集》，第9卷，北京，中华书局，1986。

[4] Robert A. Dahl, *Democracy and Its Critics* (New Haven, CT: Yale University Press, 1989)。又如在其研究政治参与的经典之作中，Sidney Verba与合作者列举了一些政治参与行为，其中绝大多数都直接或间接与参加选举有关。参见 Sidney Verba and Norman Nie, *Participation in America: Political Democracy and Social Equality* (New York: Harper & Row, 1972), p. 58; Sidney Verba, Kay Lehman Schlozman, and Henry Brady, *Voice and Equality: Civic Voluntarism in American Politics* (Cambridge, MA: Harvard University Press, 1995), Appendix B。

[5] Mark N. Franklin, Cees van der Eijk, Diana Evans, and Michael Fotos, *Voter Turnout and the Dynamics of Electoral Competition in Established Democracies since 1945* (Cambridge: Cambridge University Press, 2004).

[6] John J. Coleman, *Party Decline in America* (Princeton, NJ: Princeton University Press, 1996); Peter Mair and Ingrid van Biezen, "Party Membership in Twenty European Democracies, 1980 - 2000," *Party Politics*, Vol. 7, No. 1 (2001), pp. 5 - 21; Andrew Drummond, "Electoral Volatility and Party Decline in Western Democracies: 1970 -1995," *Political Studies*, Forthcoming, 2006.

[7] Joseph S. Nye, Jr., Philip D. Zelikow, and David C. King, eds., *Why People Don't Trust Government* (Cambridge, MA: Harvard University Press, 1997).

[8] B. Hindess, "Democracy and Disenchantment," *Australian Journal of Political Science*, Vol. 32, No. 1 (1997): 79 - 92.

[9] Anthony Giddens, *The Third Way: The Renewal of Social Democracy* (Cambridge: Polity Press, 1998).

[10] OECD, *Citizens as Partners: Information, Consultation and Public Participation in Policy-Making* (Paris: OECD Publications, 2001), p. 11.

[11] Benjamin Barber, *Strong Democracy: Participatory Politics for a New Age* (Berkeley: University of California Press, 1984).

[12] James S. Fishkin, *Democracy and Deliberation: New Directions for Democratic Reform* (New Haven, CT: Yale University Press, 1991).

[13] Tianjian Shi, *Political Participation in Beijing* (Cambridge: Harvard University Press, 1997); M. Kent Jennings, "Political Participation in the Chinese Countryside," *American Political Science Review*, Vol. 91, No. 2 (June 1997).

[14] Jie Chen, *Popular Political Support in Urban China* (Stanford, CA: Stanford Univresity Press, 2004), pp. 154 - 178.

[15] 参见王绍光:《中国公共政策议程设置的模式》,载《中国社会科学》,2006 (5),86~99 页;Shaoguang Wang, "Changing Models of China's Policy Agenda Setting," *Modern China*, Vol. 34, No. 1 (2008): 56 - 87。

[16] OECD, *Citizens as Partners*, pp. 30 - 33.

[17] 芬兰于 1951 年通过了《政府文件公开法》,美国于 1966 年通过了《信息自由法》。

[18] OECD, *Citizens as Partners*, p. 29.

[19] 北欧一些小国是例外,如芬兰、冰岛、挪威、瑞典。参见 OECD, *Citizens as Partners*, pp. 36, 56。

[20] Daniel J. Fiorino, "Regulatory Negotiation as a Form of Public Participation," in O. Renn, T. Webler, and P. Wiedemann, eds., *Fairness and Competence in Citizen Participation: Evaluating Models for Environmental Discourse* (Dordrecht: Kluwer Academic Publishers, 1995); Debora L. VanNijnatten, and Sheila Wray Gregoire (1995), "Bureaucracy and Consultation: The Correctional Service of Canada and the Requirements of Being Democratic," *Canadian Public Administration*, Vol. 38 No. 2 (1995), pp. 204 - 221.

[21] 如果出现政府依据舆情调查不断调整政策的现象也未必是好事。有些学者把这种情况叫作"咨询的误用"。Chris Game, "Unprecedented in Local Government Terms: The Local Government Commission's Public Consultation Program," *Public Administration*, Vol. 75 (1997), p. 68。

[22] 我的政策分类受到了以下三位学者的影响:Theodore J. Lowi, "Four Systems of Policy, Politics and Choice," *Public Administration Review*, Vol. 33, No. 4 (1972), pp. 298 - 310; Robert H. Salisbury, "The Analysis of Public Policy: A Search of Theories and Roles," in Austin Ranney, ed., *Political Science and Public Policy* (Chicago: Markham Publishing Company, 1968), pp. 151 - 175; James Q. Wilson, *Political Organizations* (New York: Basic Books, 1973)。

[23] Theodore J. Lowi, "American Business, Public Policy, Case-Studies, and Political Theory," *World Politics*, Vol. 16, No. 4 (1964), pp. 687 - 713.

[24] R. A. W. Rhodes, *Understanding Governance: Policy Networks, Governance, Reflexivity and Accountability* (Buckingham: Open University Press, 1997); Tanja Borzel, "Rediscovering Policy Networks as a Form of Modern Governance," *Journal*

of *European Public Policy*, Vol. 5, No. 2 (1998), pp. 354 - 359.

[25] Ned Crosby, Janey M. Kelly, and Paul Schaefer (1986), "Citizen Panels: A New Approach to Citizen Participation," *Public Administration Review* No. 46 (1986), pp. 170 -178; Ned Crosby, 1995. "Citizen Juries: One Solution for Difficult Environmental Questions," in Ortwin Renn, Thomas Webler, and Peter Wiedemann, eds., *Fairness and Competence in Citizen Participation: Evaluating Models for Environmental Discourse* (Dordrecht: Kluwer Academic Publishers, 1995), pp. 157 - 174.

[26] Richard Curtain1, "How Citizens can Take Part in Developing and Implementing Public Policy," Part 2, *Australian Public Policy Research Network*, June 5, 2003, curtain@apprn. org.

[27] 需要指出的是，公民投票的结果并不一定都具有约束力。例如，在芬兰、荷兰、新西兰、卢森堡，公民投票的结果在法律上只有参考价值，当然，它们也许会对政府的决策产生巨大的道德压力。参见 OECD, *Citizens as Partners*, pp. 36 - 37。

[28] OECD, *Citizens as Partners*, pp. 41, 50.

[29] Sherry R. Arnstein, "A Ladder of Citizen Participation," *Journal of the Royal Town Planning Institute*, Vol. 57 (1971), pp. 176 - 182.

[30] John Clayton Thomas, *Public Participation in Public Decisions: New Skills and Strategies for Public Managers* (San Francisco: Jossey-Bass, 1995).

[31] 中央文献研究室：《关于建国以来党的若干历史问题的决议注释本（修订）》，565 页，北京，人民出版社，1985。

[32] 参见周恩来：《中共中央给红军第四军前委的指示信》，见《周恩来选集》，上卷，35～39 页，北京，人民出版社，1980；毛泽东：《中国共产党红军第四军第九次代表大会决议案》，见 http://news. xinhuanet. com/ziliao/2004 - 11/25/content _ 2260808. htm。

[33] 参见林俊德：《群众路线：马克思主义政党的生命线》，载《中共福建省委党校学报》，2004 (1)，2～8 页。

[34]《毛泽东选集》，2 版，第 3 卷，899～900 页，北京，人民出版社，1991。

[35] 参见刘少奇：《论党》，见《刘少奇选集》，上卷，342～358 页，北京，人民出版社，1981。

[36] 参见《邓小平文选》，2 版，第 1 卷，215～217 页，北京，人民出版社，1994。

[37] 参见《中共中央关于建国以来党的若干历史问题的决议》，见 http://njdj. longhoo. net/dj80/ca16695. htm。

[38] 参见《毛泽东选集》，2 版，第 3 卷，1094 页。

[39]《中共中央关于建国以来党的若干历史问题的决议》，见 http://njdj. longhoo. net/dj80/ca16695. htm。

[40] Edward Hammond, "Marxism and the Mass Line," *Modern China*, Vol. 4, No. 1 (1978), pp. 3 - 26.

[41] Harry Harding, "Maoist Theories of Policy-making and Organization," in Thomas Robison, ed., *The Cultural Revolution in China* (Berkeley: University of California Press, 1971), pp. 113 - 164.

[42] Marc Blecher, "Consensual Politics in Rural Chinese Communities: The Mass Line in Theory and Practice," *Modern China*, Vol. 5, No. 1 (1979), pp. 105 - 126.

[43]《毛泽东选集》，2 版，第 3 卷，1096 页。

[44] 参见王玉华：《计划经济条件下我党贯彻群众路线方法述评》，载《淮阴师范学院学报》(哲学社会科学版)，2005 (1)，129～138 页。

[45]《毛泽东文集》，第 1 卷，254 页，北京，人民出版社，1993。

[46]《毛泽东选集》，2 版，第 3 卷，802 页。

[47]《毛泽东选集》，2 版，第 1 卷，137、138、138～139 页，北京，人民出版社，1991。

[48]《毛泽东文集》，第 2 卷，383 页，北京，人民出版社，1993。

[49]《毛泽东选集》，2 版，第 3 卷，1031 页。

[50] 同上书，790 页。

[51] 同上书，933 页。

[52] 同上书，790 页。

[53] 参见《毛泽东农村调查文集》，北京，人民出版社，1982。

二、挑选决策者阶段的新趋向*

我国目前有三类选举：基层领导人的直接选举（包括农村村委会选举和城镇居委会/社区选举）、人大代表的选举（包括县及县以下各级人大代表的直接选举，以及省与全国人大代表的间接选举）、政府行政首长的选举。选举的目的是让民众参与挑选各级决策者。

城乡基层选举

虽然依据宪法，中国农村的村民委员会和城市的居民委员会不是一级政府机构，而是群众的自治组织，但它们是政府与亿万城乡居民之间最直接的纽带。截至2004年底，全国共有64.4万个村委会，7.8万个居委会，292.1万村委会成员，42.5万居委会成员。[1]以往，中国村委会、居委会的干部大多由上级政府任命。1980年，当原来的人民公社体制被逐渐废置时，广西宜山（今宜州市）和罗城两县的村民们率先以选举的方式成立了中国最早的村民委员会。这一创举当时便得到《人民日报》的承认和肯定。1982年宪法第一次明确规定："城市和农村按居民居住地区设立的居民委员会或者村民委员会是基层群众性自治组织。居民委员会、村民委员

* 本文写作于2008年夏，本是为一部书稿准备的章节，但该书稿迄今未完成。

会的主任、副主任和委员由居民选举。”新宪法确定直接选举的原则后，河南、福建、吉林、辽宁、湖南等省一些农村开始试行选举。但由于宪法对选举形式与程序没有明确规定，因此当时的尝试仍带有相当大的探索性和随意性。1987年和1989年，全国人大先后颁布了《村民委员会组织法（试行）》和《居民委员会组织法》，规定村（居）委会主任、副主任和委员分别由村（居）民直接选举产生，每届任期三年。这标志着基层选举进入规范运行的阶段。

当时的全国人大常委会委员长彭真高度评价了基层选举的意义。他说：“有了村民委员会，农民群众按照民主集中制的原则，实行直接民主，要办什么，不办什么，先办什么，后办什么，都由群众自己依法决定，这是最广泛的民主实践。他们把一个村的事情管好了，逐渐就会管一个乡的事情，把一个乡的事情管好了，逐步就会管一个县的事情，逐步锻炼、提高议政能力。八亿农民实行自治，自我管理，自我教育，自我服务，真正当家作主，是一件很了不起的事情，历史上从来没有过”[2]。当然，改变基层政治生态并非易事。除了来自各方的阻力外，民众本身也不熟悉如何行使自己的权利。为此，中国政府于1990年又在全国范围内开展了村民自治示范活动，建立起一大批示范县（市）、乡（镇）、村，使村民自治的理念逐渐深入人心，使基层选举的实践日臻成熟。在《村民委员会组织法》试行的十年中，由村民直接提名候选人、设立秘密划票处、发表竞选演讲等经验得到广泛的推广。在此基础上，1998年九届全国人大常委会第五次会议通过了修订后的《村民委员会组织法》，使村民直接提名候选人、差额选举、秘密划票、公开计票、当场公布选举结果等原则成为正式的法律条文。随后，全国所有省、自治区和直辖市人民代表大会都制定了《村民委员会组织法》的“实施办法”，许多市、县还制定了指导村民自治工作的具体实施意见。随着广东省最终撤销管理区，选举村委会，中国农村在新世纪全部实行了一人一票的直接选举。

从1987年颁布《村民委员会组织法（试行）》至2005年，中国大部分省份已完成了5～7届选举，山东省2005年进行的已是第8届选举。目前，全国60多万个村委会几乎全部都是经由直接选举产生。[3]

普遍实行基层干部直选并不能解决农村所有问题。在有些地方，村民自治遭遇了“386170部队”。由于年轻的、受过教育的、能干的人都离开了农村，选举成了在留守人员中“矬子里拔将军”，选出的基层干部素质不高。[4]在另一些地方，家族、宗族势力挟持了村级选举，使基层干部成为他们的傀儡。[5]在不少地方，仍存在“两委并立”的现象，由几十名党员选出的党支部委员会凌驾于全体数千选民选出的村民委员会之上。[6]在更多的地方，乡镇政府为了自身利益继续采取种种不正当、不合法的方式操纵村级选举，安插亲信，排斥异己，以达到控制局面的目的。

尽管存在这样那样的问题，几亿农村居民已深深卷入基层民主选举的大潮乃是不争的事实。在中国政治参与史上，这个事实本身已经具有石破天惊的意义了。至今，仍有些人声称农村基层民主选举是假的，是中共导演的傀儡戏。然而，媒体近年来揭露的两类丑恶现象正好从反面证明这个判断是错误的。第一类现象是愈演愈烈的贿选。[7]如果选举是政府一手操控的，花钱买票无疑是愚不可及的。第二类现象是相当多选出来的村官违法违纪[8]，以至于人们已把注意力转移到“后选举时代”或选举之后的参与问题上来[9]。如果出问题的村官是上级指派的，关注点应该是选举本身，而绝不是选举之后。当然，谁也不能否认，基层选举还存在一些弄虚作假的情况，但总的来说，选举是按照法律规定进行的。[10]

1989年颁布的城市《居民委员会组织法》确定居委会是城市居民自治组织，由居民选举产生。然而，与村委会选举相比，城市居委会的选举起步晚了十几年，至今仍只有少数地方试点。究其原因，最关键的并不是来自官方的阻力，也不是由于城市居民的参与意识弱、参与能力差，而是与中国城市的特有体制相关。前面已经提到，城市的单位体制一直到90年代中后期才开始分崩离析。在此之前，对城市居民而言，他们工作的“单位”比他们居住的“社区”重要得多。因此，他们那时根本不关心居委会领导如何产生。政治参与归根结底只会集中在多数人关注的领域。只有当单位体制瓦解时，城市居民的注意力才会转向社区。

这就解释了为什么我国第一次由全体居民直接选举社区居委会出现在1998年的青岛市。[11]次年，沈阳也迈出了“社区自治”的步伐。经过公开竞聘、演讲答辩，6 400名经过居民代表直接选举出的社区居委会干部，代替了原来1.3万多名居委会干部。[12]同年，上海的卢湾、浦东也开始搞城市社区直选。从2000年开始，北京、上海、南京、杭州、武汉、合肥、西安、海口、威海和青岛等地都试行了社区选举的改革，由居民代表或由居民本人直接选举居委会干部。[13] 2001 年，广西开始在试点社区“直选”。2002 年，广西完成 1 291 个社区居委会选举，其中直选方式选举的社区有 550 个，占应选举社区总数的 43%。2002 年 6 月《人民日报》华南版整版报道了广西经验，对直接选举的做法加以了充分的肯定。[14] 同年 8 月，北京东城区九道湾社区通过直接、差额选举的方式产生了新一届社区居委会成员和社区代表会议代表，中央各大媒体对此进行了广泛的正面报道。北京是全国的政治中心，这次选举成为城市基层选举的标志性事件。

2003 年以后，城市居委会选举在全国更大范围得到推广。[15] 目前比较常用的选举方法有三种：一种是由社区居民小组代表进行选举；一种是由每户的代表参与选举；一种是 18 岁以上居民每人一票的直接选举。由居民小组代表选举时，候选人往往由街道办事处提出。因此，第一种方法往往被认为民主程度不高。近年来，有些城市（如北京、深圳、沈阳）甚至硬性规定，一定比例的社区必须采取后两种选举方法。根据民政部 2005 年 3 月对全国 31 个省（自治区、直辖市）的 100 个城区（县级市）、300 个社区、3 000 户居民进行的抽样调查，2004 年，全国共有 43 053 个社区居委会（占社区居委会总数的 60%）进行了换届选举，其中采用直接选举和户代表选举的分别占 22%、29%，剩下的 49%要么由居民小组代表选举，要么由政府部门委派。该项调查同时发现，56.44%的居民参加过本届居委会选举，但也有高达 42.95%的居民没有参加，未参加选举人数的比例大大高于农村。[16] 很显然，由于城市居民在政治、经济及社会生活等各个方面与居委会的联系仍不如农村居民与村委会的联系那样直接、密切，城市居民参与选举的热情还不够强烈。但随着城市单位体制的进一步萎缩，社区与居民的关系越来越紧密，居委会的地位越来越重要，从居民代表间接选举到全体居民直接投票选举、从等额选举到差额选举的演进一定会以加速度完成。

基层选举固然事关城乡居民的日常生活，但村委会与居委会的作用是有限的。毕竟影响人们福利的大多数重要决策是由各级政府作出的，而不是由这些“群众性自治组织”作出的。因此，我们必须考察中国人民在多大程度上能够参与挑选各级政府里的决策者。

人大代表选举

依据《宪法》，“全国人民代表大会是最高国家权力机关”，“地方各级人民代表大会是地方国家权力机关”。从乡镇人大到全国人大，中国有五级人民代表大会。那么各级人大代表是如何产生的？《宪法》的规定很明确，“省、直辖市、设区的市的人民代表大会代表由下一级的人民代表大会选举；县、不设区的市、市辖区、乡、民族乡、镇的人民代表大会代表由选民直接选举”，“全国人民代表大会由省、自治区、直辖市、特别行政区和军队选出的代表组成”，换句话说，人大代表有两种产生方式：县及县以下为直接选举，县以上为间接选举。如表2—1所示，根据1999年的统计，全国五级人大代表的总数超过322万，其中间接选举产生的人大代表不足4%，由选民直接选举产生的县、乡两级人大代表占96%以上。[17]

表2—1　　1999年五级人民代表大会代表数量

人大代表名额		本级人大代表最高限额
全国人大	2 981人	3 000人
省、自治区、直辖市人大	20 544人	1 000人
设区的市、自治州人大	98 072人	650人
县级人大	651 311人	450人，可以少于120人
乡级人大	2 451 026人	乡：100人；镇：130人，可以少于40人
五级人大合计	3 223 934人	

人大代表的选举比村委会/居委会选举有更长的历史。早在1953年，新中国便举行了第一次全国性的公民选举，参加投票的选民有2.78亿人，占当时登记选民总数的85.88%，共选出基层代表566.9万人。[18]从1953年到1963年，基层人民代表大会又先后进行了四次普选。不过，那时直接选举的层级更低，到乡镇（人民公社）为止。1979年7月1日，五届全国人大二次会议通过了我国的第二部选举法，即《中华人民共和国全国人民代表大会和地方各级人民代表大会选举法》（以下简称《选举法》）。从那时起，直接选举人大代表的范围才扩大到县级。[19]

尽管人大代表选举的历史比较长，但其中存在的问题至今依然十分严重。最招人诟病的问题是，选民的意志在选举中得不到充分的体现。资本主义国家过去限制普通民众参与选举的手段主要是，用财产、教育、居住、性别、肤色等资格剥夺一些人甚至大多数人的选举权。[20]由于马克思主义关于民主选举的原则首先强调普遍性原则，中国这方面的问题不算突出。[21]当代资本主义国家民众参与选举方面的主要问题是投票率低，且仍在不断下降；其中，美国情况尤为严重。[22]中国的情况恰恰相反，从1953年第一次选举以来，政府都非常重视参选率，乡县两级直选的参选率一直维持在九成以上。表2—2显示的全国第六次乡镇人民代表大会代表选举数据就印证了这一点。

表2—2　　全国第六次乡镇人民代表大会代表选举数据表

地区	乡级数（个）	人口总数（人）	登记选民数（人）	投票选民数（人）	参选率（%）	代表数（人）
北京	271	4 536 197	3 109 002	3 051 152	98.14	13 797
天津	220	4 382 594	2 957 111	2 802 274	94.76	11 657
河北	1 960	56 541 501	35 190 250	33 704 140	95.80	114 403
山西	1 909	24 300 232	15 488 912	14 924 388	96.36	92 253
内蒙古	1 563	17 420 242	10 912 657	10 522 216	96.42	73 760
辽宁	1 233	25 160 460	17 389 697	16 744 981	96.29	66 156
吉林	913	17 920 719	10 278 260	9 822 692	95.60	48 264
黑龙江	1 197	23 294 799	13 050 450	12 473 932	95.50	63 004
上海	218	5 617 476	4 120 755	3 679 595	94.56	12 514
江苏	1 981	60 415 429	44 067 708	41 961 165	95.22	119 951
浙江	1 837	40 178 280	29 408 708	27 690 624	94.16	100 871
安徽	1 842	53 348 956	34 724 044	32 442 832	93.40	108 720
福建	975	28 845 146	18 727 369	18 169 979	97.02	58 287
江西	1 805	35 192 164	21 939 737	20 682 009	94.27	95 337
山东	2 327	73 342 210	29 969 104	47 336 447	94.73	140 844
河南	2 137	80 656 738	50 511 005	46 507 993	92.07	137 813
湖北	1 368	44 997 397	26 863 747	24 511 346	91.24	83 623
湖南	2 309	56 300 627	37 157 507	34 119 201	91.82	128 390
广东	1 617	56 349 703	35 087 562	33 768 172	96.24	101 370
广西	1 357	41 253 269	25 607 928	24 725 776	96.56	82 761
海南	304	4 633 381	2 756 876	2 608 088	94.60	15 387
四川	6 327	100 859 901	72 904 695	68 556 815	94.04	315 797
贵州	1 465	31 547 194	19 384 305	17 685 831	91.24	78 897
云南	1 567	35 660 815	22 762 280	20 738 252	91.11	90 807

续前表

地区	乡级数（个）	人口总数（人）	登记选民数（人）	投票选民数（人）	参选率（%）	代表数（人）
西藏	917	2 096 406	1 196 975	1 104 491	92.30	31 561
陕西	2 564	29 275 305	18 300 150	17 314 815	94.60	120 557
甘肃	1 467	19 377 155	11 816 100	11 085 241	92.94	70 911
青海	440	3 576 315	2 138 643	1 826 963	85.43	18 702
宁夏	296	3 945 102	2 234 208	2 027 895	90.80	14 898
新疆	843	10 290 224	5 544 098	5 058 096	91.23	40 476
合计	45 229	991 535 847	651 277 285	607 647 401	93.95	2 451 808

资料来源：全国人民代表大会常务委员会办公厅联络局地方处：《全国乡镇换届选举选民参选情况汇总统计表》(1997年7月15日)。

在中国，妨碍选民意愿实现的障碍主要出现在提名和确定候选人阶段。这个阶段是将众多分散的选民意愿逐渐集中起来的过程，在很大程度上决定着选举的结果。如果这个过程受到操纵，整个选举的公正性是没有保障的。

按照《选举法》的规定，人大代表候选人提名方式分为两大类，一类是各政党和各人民团体的提名，另一类是选民十人联名的提名。不过《选举法》没有对两类题名各自所占的比例做出硬性规定，大多数省份的选举实施细则也没有涉及。这样，在提名时，如果政府意图操控，可以采取大量进行党派团体提名的策略，在数量上压倒选民联名提名；或者劝阻选民联名提名。事实上，这样的事情并不罕见。因此，不少人已经建议对政党、团体提名候选人的名额比例作严格限制。[23]

不管由谁提名，被提名的候选人数一般都会大大超过应选代表人数。如果候选人太多的话，选票过于分散，只要得到不多的票就可能当选，很容易被极少数人劫持。[24]这时就需要一定的程序将候选人数量压缩到一个合理的区间。2004年以前，《选举法》对这个压缩过程是这样规定的："由各该选区的选民小组反复酝酿、讨论、协商，根据较多数选民的意见，确定正式代表候选人名单"。问题是当时的法律对选民如何"反复酝酿"语焉不详，在不少地方，"酝酿"的主体不是全体选民，而是选举委员会成员、选民小组组长、选区单位负责人以及少数"选民代表"，致使这个"反复酝酿"的过程成为整个人民代表选举程序中最容易发生暗箱操作的一个阶段。即使不存在暗箱操作，由于“酝酿”过程不透明，它也很容易变成最招人怀疑的一个阶段。

表 2—3 反映的是近年来一些地方县乡两级人大代表选举的情况，从中我们可以观察到几个引人注目的特点。

表 2—3　　一些地方县乡两级人大代表选举情况

地区（选举年）	应选代表	初步候选人		正式候选人		当选代表	
		党派提名	选民提名	党派提名	选民提名	党派提名	选民提名
北京市区县（1998）	4 403	700 (1.4%)	50 256 (98.6%)	700 (10.4%)	6 048 (89.6%)	696 (15.8%)	3 706 (84.2%)
广东省区县（1998）	27 062	18 638 (20.5%)	72 065 (79.5%)	13 707 (29.9%)	32 164 (70.1%)	10 388 (38.7%)	16 329 (60.9%)
天津河西区（1998）	257	39 (1.9%)	2 065 (98.1%)	39 (15.2%)	—	39 (15.2%)	218 (84.8%)
山东青岛城阳区（1998）	201	901 (68%)	424 (32%)	240 (81.9%)	53 (18.1%)	169 (84.1%)	32 (15.9%)
河北廊坊市安次区（1998）	251	1 031 (66%)	523 (34%)	234 (69.6%)	102 (30.4%)	—	—
广西巍山县（1998）	187	22 (2%)	1 059 (98%)	22 (7.3%)	281 (92.7%)	—	—
上海闵行区（2002）	—	64 (2.2%)	2 781 (97.8%)	—	—	—	—
南京区县（2002）	—	1 067 (22.6%)	3 651 (77.4%)	—	—	—	—
南京乡镇（2002）	—	830 (11.6%)	6 300 (88.4%)	—	—	—	—
广西会州进江乡（2002）	51	14 (10.1%)	124 (89.9%)	—	—	—	—
各省乡镇（1998—1999）							
吉林长白镇	60	9 (9%)	91 (91%)	9 (9%)	91 (91%)	—	—
吉林马鹿沟镇	47	10 (15.2%)	56 (84.8%)	10 (15.2%)	56 (84.8%)	—	—
吉林龙岗乡	42	2 (3.4%)	57 (96.6%)	2 (3.4%)	57 (96.6%)	—	—
天津张家窝镇	61	9 (4.3%)	203 (95.7%)	9 (9.9%)	82 (90.1%)	—	—

续前表

地区（选举年）	应选代表	初步候选人		正式候选人		当选代表	
		党派提名	选民提名	党派提名	选民提名	党派提名	选民提名
山西卓里镇	50	18 (26.9%)	49 (73.1%)	18 (26.9%)	49 (73.1%)	17 (34%)	33 (66%)
广东大鹏镇	45	6 (7%)	80 (93%)	6 (9.5%)	57 (90.5%)	—	—
四川界牌镇	53	7 (3.3%)	202 (96.7%)	7 (9.7%)	65 (90.3%)	—	—
四川横山镇	79	82 (44.6%)	102 (55.4%)	80 (68.4%)	37 (31.6%)	—	—
四川保石镇	64	20 (17.9%)	92 (82.1%)	20 (22.7%)	68 (77.3%)	19 (23.4%)	45 (76.6%)

资料来源：2002年南京、广西、上海的资料来自谢蒲定：《直接选举人大代表提名确定候选人的几个问题》，载《人大研究》，2003（1）；1998年各省乡镇的资料来自史卫民：《公选与直选》，第7、8章，北京，中国社会科学出版社，2000；其他资料来自史卫民 、雷兢璇：《直接选举：制度与过程》，北京，中国社会科学出版社，1999。

第一，第一轮初步候选人的提名人数往往是应选代表人数的几倍到十几倍。当然，在乡镇级人大选举中，也有两者差距不大的例子，如吉林省长白县的三个乡镇、山西省运城地区临猗县的卓里镇、广东省深圳市龙岗区的大鹏镇、四川省遂宁市市中区的保石镇，差距不到一倍。但在大部分地区，前者是后者的2～10倍。在北京1998年区县人大代表选举中，初步候选人达50 956人，是应选代表4 403人的11.57倍。之所以会出现这种情况，是因为我国《选举法》允许选民十人以上联名推荐代表候选人，门槛很低。如果选民踊跃参与提名，初步候选人的数量会迅速膨胀。

第二，在一般情况下，政党和人民团体提名的候选人比选民联名提名的候选人要少得多。当然，也有例外。如在山东省青岛市城阳区和河北省廊坊市安次区，“组织提名”人数高达2/3以上，大大高出“选民联名提名”的人数。前面提到，全国选举法和大多数省份的选举实施细则都没有对“组织提名”加以数量上的限制。但也有省份（如北京、天津、上海）将县乡两级选举中政党和人民团体提名代表候选人的比例限制在应选代表总名额15%或20%之内。[25]我们看到，北京、天津、上海都认真执行了这项限制，使“选民联名提名”的初步候选人占到总数的95%以上。2004年夏，当全国人大调研组赴广东为《选举法》和《地方各级人民代表大会和地方各级人民政府组织法》（以下简称《地方组织法》）的修改进行调研时，广东省人大常委会提出建议：选区政党一般不再提名，以激发选民积极性，提高民主化程度。[26]其他省份虽然没有法规上的限制，总的来说，“选民联名提名”的候选人还是以大比例超过“组织提名”的候选人。

我国现行《选举法》只规定了以上两种提名方式。然而，在近几年的选举中，出现了一些自荐代表候选人。如在2003年春夏之交的深圳区级人大代表选举中，出现了一批自荐者。[27]紧接着，在当年年底进行的北京市区县人大代表选举中，出现了至少23名自荐者。[28]在湖北省潜江市人大代表选举中，出现了31名自荐参选者。[29]这些自荐者大部分是小区业主和高校师生，还有几位律师和自由职业者。由于《选举法》没有列举“自荐”这种提名方式，所以，在程序上，这些“自荐”候选人还得通过选民10人以上的联名推荐，才能成为初步候选人。但这些自荐者与一般选民推荐或组织提名的候选人有一个重大区别，即其他人被提名多是被动的，而他们是主动争取提名。不难想象，这种主动参选的现象，今后会变得越来越普遍。在一些地方，当前已经出现了“争当人大代表热”[30]。

第三，进入确定正式候选人阶段，如果初步候选人太多，这个阶段就需要将候选人的人数压缩。为了保证实行差额选举，《选举法》第三十条要求，“由选民直接选举的代表候选人名额，应多于应选代表名额三分之一至一倍”。从表2—3看，大多数地方正式候选人是应选人数的1.5～2.0倍，超越了《选举法》的要求。压缩的主要方式是“酝酿”和“协商”。“酝酿”和“协商”的结果往往是，“组织提名”的候选人有很大机会变成正式候选人，而“选民联名提名”的候选人则大量被莫名其妙地“酝酿”掉了。如在青岛市城阳区，政党团体提名的候选人有901名，其中240名被确定为正式候选人，保留率为26.6%；“选民联名提名”候选人为424名，其中只有53名被确定为正式候选人，保留率仅为12.5%。同样的情况也出现在1998年北京市区县人大代表选举中。虽然，在提名阶段，政党和人民团体推荐的候选人只有区区700人，但他们全部成为正式候选人，保留率高达100%。而经过“反复酝酿”，“选民联名提名”的初步候选人从50 256人变为6 048人，保留率为12%，比青岛市城阳区还低。在提名阶段，如果看“组织提名”占总提名的比重，青岛市城阳区和北京市各区县代表了高低两极。它们一致的地方是，在“酝酿”、“协商”过程中，“选民联名提名”的候选人折损率远远高于政党团体提名的候选人。事实上，在表2—3中，有11个地方政党团体提名的候选人全部变为正式候选人，压缩下去的全是联名提名的候选人。在一定程度上，这个差别不是不可以理解，毕竟“组织提名”的候选人有“组织”的支持。即使在所谓“民主”国家的选举中，独立候选人要战胜党派推举的候选人也绝非易事。问题是，“反复酝酿”听起来带有强烈的商议性民主的味道，实际上却往往由少数人把持，强行以组织手段将“选民联名提名”的候选人“酝酿”下去。这样产生的正式候选人，不管其素质如何，都容易引起广大选民的反感与厌恶，损害选民对选举的信任度。

随着人们参与意识不断提高，他们越来越不满意“上面定名单、下面画圈圈”式的选举。在这种背景下，对预选的呼声也越来越大。我国1979年、1982年《选举法》都曾明文规定过，人大代表直接选举和间接选举都可以用预选方式确定正式候选人。但是，1986年修订《选举法》时，有关预选的规定却被取消了。[31]1995年再次修改《选举法》时，恢复了间接选举的预选，却没有将预选适用范围扩大到直接选举。不过，《选举法》没有明列并不等于禁止。因此，北京、河北、宁夏、海南、广东五个省市自治区的地方性法规中在涉及直接选举部分保留了预选。[32]即使在没有规定预选的其他省份，近年来用预选方式确定正式候选人的实例也屡见不鲜。如天津市河西区与云南省大理白族自治州巍山彝族回族自治县在1997—1998年的人大换届选举中用投票表决候选人名单。[33]在2001—2002年乡级人大代表选举过程中，中国社会科学院“基层民主政治建设”课题组在河北、安徽、江西、江苏、浙江等省选择了一些乡镇进行大规模的预选试点。例如，河北省沧州市运河区在2002年的乡镇人民代表大会代表选举中，便有6个选区采用了全体选民投票的方式确定代表候选人。河北省乡级人大换届选举领导小组办公室发出的《河北省县乡人大换届选举工作简报》称这种做法为“直接进入预选确定正式候选人”[34]。其他地方，当部分选民意见不一时，往往也不得不最终采取票决的方式，根据大多数选民的意见来确定正式代表候选人。上海、广西都有这方面的例子。[35]

在这个背景下，十届全国人大常委会第十二次会议于2004年8月对全国人大和地方各级人大《选举法》再次进行修改。针对以前存在的一些问题，如《选举法》关于直接选举中确定正式代表候选人的程序模糊，对于如何酝酿、什么是较多数选民都没有明确的规定，实践中容易导致“暗箱操作”，修改后的《选举法》明确规定，“如果所提候选人的人数超过本法第三十条规定的最高差额比例，由选举委员会交各该选区的选民小组讨论、协商，根据较多数选民的意见，确定正式代表候选人名单；对正式代表候选人不能形成较为一致意见的，进行预选，根据预选时得票多少的顺序，确定正式代表候选人名单”。换句话说，从初步候选人中确定正式候选人一般仍采取讨论协商的方式，但预选也是可以的。既然《选举法》为预选开了“绿灯”，相信今后在县乡两级人大代表直选中，预选这种形式会越来越多地被采用，无论是政党、团体推荐的候选人还是选民推荐的候选人，都要看其是否得到大多数选民的认可；否则，就不能列入正式候选人的名单。这样就会让不同渠道提出的候选人完全处于平等的竞争地位上，将使确定正式候选人的过程变得更加公开透明，大大减少暗箱操作的可能性，更好地保障广大选民的提名权。

第四，“组织提名”的候选人当选机会远比“选民联名提名”的候选人来得大。表2—3中有六个地方当选情况的信息。广东省“组织提名”的18 638人中，10 388人当选，当选率55.7%；北京市“组织提名”的700人中，696人当选，当选率99.4%；天津河西区“组织提名”的39人全部当选。在山西卓里镇、四川保石镇，“组织提名”的候选人都只有一人落选。青岛市城阳区“组织提名”的901位候选人当选率之所以不到19%，是因为这里采取的是“洪水战略”：“组织提名”的候选人达应选代表的4.5倍之多！最终，84.1%的当选代表是由“组织提名”的。与“组织提名”的候选人相比，“选民联名提名”的候选人当选率低得多，在广东为22.7%，在天津河西区为10.6%，在青岛城阳区为7.5%，在北京为7.4%。

最后，尽管县乡人大直选的整个选举过程中存在这样那样的问题，但在最终当选的代表中，绝大多数是由“选民联名提名”的候选人。在六个有当选信息的地方，五个地方的当选代表主要是由“选民联名提名”的，比例高达60%～85%；青岛市城阳区是唯一的例外。这说明，选民联名提名的作用比一般人想象的大得多，县乡两级直选的人大代表的代表性比一般人想象的高得多。可以期待，随着人们参选意愿的提高、预选程序的落实，以及其他程序的改进，基层人大作为民意代表的功能将进一步加强。

根据《宪法》和《选举法》的规定，中国县乡两级人大代表由直接选举产生，但县级以上（包括全国、省级、设区的市级）人大代表由间接选举产生，即上一级人大代表由下一级人民代表大会选举产生。

为什么在较高的级别要实行间接选举而不是直接选举呢？周恩来1949年7月在中国人民政治协商会议第一届全体会议前夕所做的报告中提出了一个理由：中国人口太多。[36]1953年，邓小平提到了实行间接选举的另外几个原因，包括文盲率很高、民众的政治思想水平和文化水平低下、缺乏现代化的通信和交通工具、大多数选民对国家政策和国家领导人不熟悉等。[37]那时，直选只在乡级进行。不过，周恩来在一届全国人大四次会议上的政府工作报告（1957年）中明确指出，这并不排除在条件成熟的时候逐步地在县以上的各级也实行直接选举。[38]1979年，直选开始落实到县一级，但县以上仍然保持间接选举。1987年，邓小平两次谈到直选问题，他强调，全面直选的条件依然不成熟，因为“像我们这样一个大国，人口这么多，地区之间又不平衡，还有这么多民族，高层搞直接选举现在条件还不成熟，首先是文化素质不行”[39]。他预计，“大陆在下个世纪，经过半个世纪以后可以实行普选”[40]。

不过，1979年把直接选举范围从原来的乡级扩大到县级已经被认为意义重大。当时的人大常委会委员长彭真在同年召开的全国选举试点工作会议上便指出，“县级是基层，全国两千多个县，代表由人民直接选举、撤换，直接掌握在人民手里。县级人民代表大会再选举县级人民政府，选举省级人民代表大会代表，省级人民代表大会再选举全国人民代表大会代表”。有了这样的制度安排，“九亿人民就把国家的命运掌握在自己手里”[41]了。

现在看来，彭真的看法似乎有点过于乐观。在间接选举的制度环境下，要真正实现人民当家作主，必须保证下一级人大代表能够按照自己及其所代表选民的意愿来选举上一级人大代表。然而，要做到这一点，并非易事。与直接选举的情况近似，障碍主要出现在确定候选人阶段。

根据《选举法》的规定，间接选举人大代表时，均应按选举单位产生代表候选人。如市人大代表的候选人应由各区县人大推选。[42]有权推荐代表候选人的主体有两类：一是各政党和人民团体，它们可以单独或者联合推荐代表候选人；二是代表个人，十人以上联名便可以推荐代表候选人。在法律上，无论被组织推荐还是联名推荐，被提名候选人成为正式候选人的机会应该是一样的。但实际上，由于种种原因，前者占有很大优势。

首先是提名人数上的不平等。政党和团体可以采取“人海战术”，挤压联名推荐的空间。《选举法》规定，政党、团体和代表十人以上联名都可以提名候选人，但没有说明各推荐多少为宜，是按应选人数提，还是按差额数提。《全国人民代表大会常务委员会关于县级以下人民代表大会代表直接选举的若干规定》中指出，每一选民推荐的代表候选人的名额，不得超过本选区应选代表的名额。根据这一精神，在间接选举中，政党、人民团体推荐的候选人不应超过应选代表数。[43]但在不少地方，政党和人民团体推荐的候选人远远超过应选代表数。表面上看来，候选人多，更有利于差额选举；这样做的实际效果却是减少了代表联名推荐候选人占候选人总数的比重。[44]

其次是对候选人介绍过程中的不平等。《选举法》规定，在间接选举中，选举委员会或者人民代表大会主席团应当向代表介绍代表候选人的情况；推荐代表候选人的政党、人民团体和代表可以在代表小组会议上介绍所推荐的代表候选人的情况。这一环节在间接选举中至关重要，因为在县及县以上人代会，代表们对候选人的情况往往是“只闻其名，不识其人”，有时甚至连名字也没听说过，只能通过大会印发的候选人情况介绍来了解他们的背景，然后决定将选票投给谁。这就要求对候选人的介绍必须客观公正，不偏不倚。然而，法律没有规定介绍候选人的内容和方法。一般的书面材料无非是介绍候选人的姓名、性别、年龄、党派、职务、学历、工作简历、获奖情况等背景。这就使导向性介绍有机可乘。有些地方，在介绍候选人情况时，对那些内定的候选人，介绍得十分详细，优点唯恐说得不全，缺点生怕被曝光；对代表联名推荐候选人的介绍则只是蜻蜓点水，一笔带过。更有甚者，在介绍中干脆暗示投票给谁、不给谁。

再次是时间准备上的不平等。政党和团体提名准备的时间相当长，它们往往要对其提名的候选人进行必要的考察，通过比较和筛选才拿出名单。这样，在人大开会期间，政党和团体的候选人一般提出得比较早。相对而言，代表联合提名是在开始酝酿主席团提名名单后才进行的，准备十分仓促。《选举法》规定，“县级以上的地方各级人民代表大会在选举上一级人民代表大会代表时，提名、酝酿代表候选人的时间不得少于两天”。“不得少于两天”本来是最低要求，但很多地方只愿意满足法律的最低要求，仅留两天来进行提名和酝酿。如上所述，一般而言，在人大召开之前，各政党和团体是有备而来的；但是，在这么短的时间里，让匆匆联名提名的代表们拿出有说服力的材料来支持自己所推荐的那些候选人，谈何容易？

最后是程序上的不平等。在代表审议候选人时，往往是先审议政党与团体提名的候选人（所谓“主席团提名候选人”），再审议代表联合提名的候选人。由于主席团提名候选人的材料十分翔实，而联名提名的候选人的材料比较单薄，大多数代表会自然而然地偏向前者。结果，联名提名的候选人很难进入最后确定的正式候选人名单。[45]

除了在法律规定的模糊地带钻空子外，有些地方甚至无视法律，霸王硬上弓，阻碍代表联合提名，让提名代表撤回其提名，让被提名候选人不接受提名。[46]另外，在间接选举中还存在一些“惯例”。“惯例”之一是，下一级行政单位的行政领导一般都由组织推荐为上一级的人大代表候选人（如：县长为市人大代表候选人，市长为省人大代表候选人，省长为全国人大代表候选人），如无“意外”，他们往往都能顺利当选。[47]为了保证这些行政首长当选，还有另一项“惯例”：为他们预留所谓“机动名额”，不必参选也可当选。[48]这些没有任何法律基础的“惯例”严重损害了《宪法》和《选举法》的尊严。

如果政党和团体对人大代表的提名是出于公心，上面提到的这些问题还仅仅是程序性的，无伤大雅。问题是，所谓政党和团体提名往往只反映了其领导个人的好恶。为了使自己信得过、用得着的人当选，一些单位或团体推荐人大代表人选，多是在其领导层关门酝酿产生的，很少将推荐人选公示于众，公开征集广大选民的意见。正是由于提名推荐工作的透明度不高，征求意见的面不够广泛，选举过程的过于神秘化，最近接连出现犯罪分子或犯罪嫌疑人当选人大代表的荒唐事。[49]也正是由于某些地方少数人说了算，一些深受群众信赖、切实为选民服务的人大代表却得不到连选连任。[50]

另一方面，自20世纪80年代中期以来，间接选举代表联合提名候选人的比重似乎一直不高。在1986—1987年第七届全国人大代表选举时，代表联合提出的候选人为586名，其中列入正式候选人名单的222名，当选28名，分别占应选代表（2 970名）的19.7%、7.5%、0.9%。[51]而在2002—2003年进行的广东省十届人大代表选举中，各选举单位由人大代表联名推选代表候选人的有197名，其中只有3人当选，分别占应选代表（803名）的24.5%和0.4%。[52]不过，全国发展并不平衡。同样在2002—2003年市、省、全国人大代表选举中，其他一些地方代表联名提出的候选人较多，其竞争力也较强。如常德市人代会上选举产生68名湖南省人大代表，其中10人为代表提名的候选人，占当选代表的14.7%；衡阳市选举产生78名湖南省人大代表，其中23人为代表提名的候选人，占当选代表总数的29.5%。2003年初举行的湖南省十届人大一次会议上，118名全国人大代表选举经过三轮角逐才告结束，其中也有代表提名的候选人当选。引人注目的是，尽管提名方面的变化不大，但选举竞争却日渐激烈。如在辽宁、广东等地，2002—2003年的市、省、全国三级人大代表选举已不像以前那么风平浪静、水波不兴。为了当选，候选人必须公开向代表陈述自己的代表理念和当选后的打算。不少选举要经过3～4轮才产生结果，竞争之激烈，可见一斑。[53]政党和团体提名也不再是当选的保证。如广东省十届人大代表选举时，由政党和人民团体提名的代表候选人中，有5人落选。湖南省娄底市发生的事更是前所未有。在选举该市44名出席省十届人大代表时，按“惯例”，市人大常委会主任何翰屏不仅应是省人大当然的代表，而且开人代会时，他还应是娄底市代表团的团长，但在381名代表进行的无记名投票中，他却出人意料地落选了。[54]这说明，在选举中贯彻“组织意图”已不是像从前那么容易了。随着人大代表们的代表意识日益增强，竞争会变得更激烈，闻所未闻之事可能会变成家常便饭。

说到代表意识，不能不提到所谓人大代表“三剑客”，即湖北省潜江市人大代表姚立法、北京市人大代表吴青、辽宁省人大代表冯有为。姚立法原是湖北潜江市教育系统的一个小职员，自1988年起他开始自发参与竞选，终于在1999年由选民联名推荐当选为潜江市人大代表。在4年人大代表任内，他共提交了187件建议案，占所有代表全部建议案的38%。

他还渴望成为湖北省人大代表。虽然在潜江市人代会上，有 16 位人大代表联名推荐姚立法为省人大代表候选人，但由于人大主席团的阻碍，他没有成功。最后，2003 年他竞选连任失利。不过他誓言，“我还要参加下届选举”[55]。吴青是北京市海淀区人大代表，她虽然老是给领导“提意见”、“出难题”，但已经四次由区人大代表联名推荐当选为北京市人大代表。[56]冯有为 1986 年第一次当选为沈阳市沈河区人大代表。1993 年，沈河区推荐市人大代表时，许多区人大代表认为他热心为选民服务，遂联名推举他当选为沈阳市人大代表。1998 年，他又经沈阳市人大代表联名推荐当选为辽宁省人大代表。[57]吴青和冯有为之所以受到代表们的拥戴，是因为他们坚持为百姓说话，为百姓办事，赢得了选民的高度评价和普遍尊重。值得关注的不仅是这三位“民间人士”的故事本身。官方媒体对他们的广泛报道和高度评价同样值得关注。如果他们便是各级人大代表的榜样，在官方的推动下，“三剑客”在不久的将来有可能变成庞大的军团。

由于间接选举人大代表中存在种种弊端，不少人呼吁普遍实行直接选举。体制内一些学者认为，直选可以扩大到直辖市和设区的大城市，甚至全部省级人民代表大会[58]；体制外有人干脆要求全国人民代表大会也由选民直接选举产生[59]。他们所持的理由主要有三条。第一，只有直接选举才是真正的民主选举，它比间接选举能更好地实现人民当家作主的愿望。[60]第二，国外选人民代表普遍采取直选方式，说明直选制并不完全受社会、经济、文化等条件的限制。[61]第三，即使能否实现直选受社会、经济、文化等条件的约束，经过几十年的发展，中国目前也已经超越了这些条件。[62]

在支持扩大直选的人看来，这三条理由已经十分充分，但至少还有一个因素没有得到足够的重视，即中国人大代表的性质。中国的“议会”实行“一院制”，但在实际运作中，人大代表被赋予了三重角色。第一重是一般下议院议员扮演的角色，即代表他们各自的选民。第二重角色是代表他们来自的那个地区。这重角色在乡县两级人大代表那里也许不明显，但到了省和全国这两级就很明显了。中国每个省的地域和人口都相当于一个中等国家，内部存在很大的空间差距；全国各省之间的差异就更大了。这样，在省级人大和全国人大，就有必要让区域性利益得到表达。例如，由于中国没有代表地区利益的上议院，全国人大里各省代表团就得代表各省的利益。事实上，情况也的确如此。这样的现象，在外国的下议院里并不多见。第三重角色是代表界别，如妇女、青年、工人、民族、农民、知识分子、工商界等。这重角色在人大代表选举中是被反复强调的；从县人大到全国人大，代表名额分配的一个重要考虑就是界别；只有在乡人大不是如此。[63]

假如中国人大代表只具备典型下议院议员一重身份，上面三条理由也许可以证明全面实行直选的必要性和可行性。然而，如果中国人大代表还有第二重身份的话，全面直选的理由就不那么充分了。毕竟，国外大多数代表区域性利益的上议院代表是由间接选举产生的，有些甚至是被任命的。[64]再加上人大代表实际还具有第三重身份，实行全面直选的理由就不怎么站得住脚了。用直选的方式产生省级人大代表和全国人大代表，他们也许能更好地代表其选区内的选民，但我们很难想象，这种方式如何能保证代表的比例结构合理，使全省/全国各区域和社会各阶层、各方面（尤其是少数群体）都有自己适当的代言人。

考虑到全面实行直选所涉及的种种复杂问题，在没有配套措施解决区域和界别代表问题以前，我们认为，直接选举的范围只应扩大到地级市一级。我国大陆目前 27 个省、自治区共有 333 个地级区划，其中地级市 285 个，大省多至 21 个（如广东），小省少至 1 个（如西藏、青海），平均每个地级市约有 300 万人口。根据《选举法》的规定，“设区的市、自治州的代表名额基数为二百四十名，每二万五千人可以增加一名代表；人口超过一千万的，代表总名额不得超过六百五十名”。若按单名制划分选区，每选区人口为 5 000 人左右，属小区域选区制，选民比较容易了解候选人。[65]更重要的是，在这一层级上采取直选方式，至少区域利益代表的问题不会突出。至于现行省级和全国人大间接选举中存在的种种弊端，完全可以通过切实贯彻《宪法》和《选举法》的方式来克服。

行政首长的选举

我国《宪法》规定，各级政府的行政首长都由本级人民代表大会间接选举产生。[66]《地方组织法》对提名地方国家机关领导人员的选举规定了两种方式，一种是由本级人民代表大会主席团提名，另一种是由代表联合提名。在不同层级，对联名人数有不同的要求：省级要求 30 人以上，设区的市和自治州要求 20 人以上，乡县两级要求 10 人以上。1995 年修改《地方组织法》时，增加了一条规定，“不同选区或者选举单位选出的代表可以酝酿、联合提出候选人”，这是针对过去有些地方不允许代表跨选举单位串联的做法而作出的改动。同时，修改过的《地方组织法》还规定，“主席团提名的候选人人数，每一代表与其他代表联合提名的候选人人数，均不得超过应选名额”，这是为了防止主席团采取“人海战术”来阻碍代表对候选人进行提名。

在法律上，代表联合提名的候选人与主席团提名的候选人应该是完全平等的。但不少地方的党政领导害怕代表联合提名的候选人会影响他们提名的候选人当选，为此，他们用各种方式劝阻代表提名候选人，或动员代表撤回其提名，或不把代表联合提名的候选人交人代会讨论。更恶劣的是，有些地方党政领导甚至指责代表联合提名是搞“非法组织活动”。过不了提名关，人大代表实在是难以影响行政首长的挑选。[67]

2003 年以来，江苏省出现了“公推公选”现象，其程序是：发布公告—报名及资格审查—民主推荐—驻点调研—演讲和民意测验—党委全委会差额票决考察人选—党委常委会差额票决提名人选—决定任免。据报道，2003 年下半年以来，江苏共有 7 名县（市、区）长及近百名部门和乡镇行政一把手通过公推公选的方式走上领导岗位。需要指出的是，“公推公选”里所谓“公”不是指人大代表，更不是指老百姓，而是指几十或数百官员。这样，“公推公选”不过是官选官而已，充其量只能作为人大主席团选拔官员候选人的一种方法。[68]依照法律，这些候选人到底能否上任，还要看当地人大选举的结果。“公推公选”的好处是，官员候选人的选拔不再是一把手个人或党委常委几个人说了算，而是让更多的干部参与到选拔过程，减少了“买官”和“跑官”的机会。但由于“公推公选”一般一个职务产生一位候选人[69]，它也隐含着一种危险，即阻吓人大代表提出另外的人选，或投票反对“公推公选”出来的候选人，实际上削弱了人大的作用。

候选人由谁提名很重要，同样重要的是候选人的人数。1979 年通过的《地方组织法》规定地方国家机关的领导成员应由差额选举产生；1982年修订过的《地方组织法》明确规定，候选人多于应选人人数是选举地方国家机关领导成员的重要原则。1986年是个换届年，当年在省级领导班子正职选举中，有12个省的人大常委会主任、8个省的省长、15个省的法院院长和11个省的检察长进行了差额选举。在县乡两级，正职领导人的差额选举更为普遍。[70]不过，1986年底对《地方组织法》的第二次修正，将地方国家机关正职领导人的选举修改为："候选人数一般应多一人，进行差额选举；如果提名的候选人只有一人，也可以等额选举。"法律的精神很明显仍然坚持差额选举；只有在例外的情况下，才可以实行"等额选举"。但各地党政领导却纷纷钻法律条文的空子，把"一般"当作例外，把"例外"变成一般。在过去一些年里，全国各地从省级到乡级的国家机关正职几乎全部实行等额选举，而唯一的候选人几乎都是党委组织部门安排的。至于副职官员的选举，由于《地方组织法》明确规定实行差额选举（差额数1～3人），各地党委组织部门便纷纷采取最低差额数的策略（即只规定一个差额候选人）。为了保证这个策略成功，有些地方党委组织部门千方百计阻碍人大代表联合提名候选人或安排可靠的人充当"陪选"。结果，对正副职官员的选举成了走过场，人大代表们的作用无非是举举手、画画圈，完全玷污了选举的意义。[71]

这些违反《地方组织法》精神的做法理所当然地引起了人大代表的普遍反感。一些地方代表干脆放弃提名阶段的努力，直接在投票时用选票表达自己的真实意愿。于是，出现了组织提名的候选人落选、非候选人当选的现象。在县一级，这种现象相当普遍，以至于已经有人忧心忡忡地讨论起违反"组织意图"的"选举失灵"问题来。[72]即使在大城市和省两级，这种情况也开始出现。以下是一些例子：

● 1993年初，贵州省对省长实行差额选举，结果主席团提名候选人（原省长）落选，代表联合提名的候选人陈士能当选省长。

● 1993年，浙江省人大等额选举省长，结果主席团提名的唯一候选人落选，而非省长候选人的副省长万学远以绝对多数票当选省长。[73]

● 在2000年2月21日举行的广东省九届人大常委会第16次会议上，省长卢瑞华共提请任命15名省政府机构改革后的组成人员。经过无记名投票，省人大常委会否决了省长提名的两名厅长人选。[74]

● 2002 年 12 月，辽宁省锦州市下属的北宁市市长唯一候选人选票没有过半，位置悬空；锦州市的古塔区区长蝉联的美梦没有做成，而代表们直接将原来的副区长选为区长；在锦州市义县，上级组织部门“属意”的县长和 3 名副县长候选人皆落选，而县委副书记则被代表以直接选举的方式选为县长。

● 在 2002 年 12 月召开的沈阳市东陵区人代会上，代表们联名推举了两位副区长候选人。在预选中，有两个组织推荐的候选人落选。在正式选举中，又有一名组织推荐的候选人落选，而代表联名推荐的两名候选人双双当选。[75]

● 2002 年 12 月，湖南省保靖县换届选举时，县长候选人在第一次等额选举中未获得过半数选票；经第二次提名，对同一候选人另行选举，得票仍未超过半数，未能当选。

● 2002 年 12 月，湖南省花垣县换届选举中，县长候选人经等额选举未能当选后，没有另行选举，县长职位出现空缺。[76]

● 2002 年，在山东省政府换届时，中央组织部原本要推荐一名副省长为省长候选人，但在民意测评中，此人始终落后于省委副书记韩寓群。中央坚持山东进行第二次测评，仍无法改变民意，最终尊重了山东的民意，提名韩寓群为省长候选人。[77]

● 2003 年初，辽宁省抚顺市人代会要选 1 名市长、5 名副市长、1 名人大常委会主任和 6 名副主任。原本省委组织部为每个职位推荐了 1 位候选人。但抚顺市人大代表突然在第 4 天联名提出了另外 2 位副市长人选和 4 位副主任人选。虽然省委领导曾找几位被代表提名的候选人谈话劝退，但副主任候选人坚持参选到底。结果，省委组织部推荐的 1 位副市长和 3 位市人大副主任人选被人大代表拒绝，没有当选，另一位副市长候选人差一点落选，而由人大代表联合提名的 3 人则坐上副主任的位置。[78]

● 2003 年 1 月 1 日下午，在湖南省岳阳市五届人大一次会议第三次全体会议上，53 岁的上届市长罗某作为唯一的市长候选人参加市长选举，因得票未过半数落选。事隔一日，选举组织者引用《地方组织法》第二十四条进行“另行选举”，罗某仍被推荐为唯一候选人参选，在 415 人有效选举投票中，终以 335 人赞成而当选市长。人们把这一事件称为岳阳的“二次选举”。[79]

这里列举的只是受到媒体关注的一些个案，没被报道的类似事件肯定不少。2002—2003 年换届选举中出现如此多的“意外”是前所未有的。这说明，在人大代表参与意识提高的今天，用控制候选人提名的传统方式来操控选举结果已不再是万无一失。可以预测，在下一轮换届期到来时，来自代表的挑战会变得更频繁、更尖锐。这次岳阳的“二次选举”也许可以奏效，但从它事后引发的广泛谴责看，这类事件十分不得人心，它的重演可能为主事者带来难以预料的政治性危机。

与县及县以上相比，乡镇一级领导干部产生方式的变化更大，已经出现了直接选举领导干部的强烈呼声与一些实例。

变化从 20 世纪 80 年代中后期就开始了。例如，在 1986 年，福建省有 550 个乡镇的正职实行了差额选举，占全省乡镇总数的 57%。贵州省有2 199个乡镇的正职实行了差额选举，占全省乡镇总数的 56%。湖南省县乡两级领导班子正职实行差额选举的则高达占 82%。在乡镇这一级政权班子中，由代表联合提名的候选人当选也相当多，如贵州省有正、副乡镇长 829 人。[80]两年以后，按照中共十三大关于引入竞争机制、发展基层民主的精神，四川省在川东的达县、川北的南充等地区的部分县市展开了公开竞聘乡镇党委书记、乡镇长和副乡镇长的试点工作。不过，在 1989 年政治风波之后，这方面的变化戛然而止，停顿下来。[81]

下一个变化高潮出现在 1997—1999 年。1997 年 11 月，中共深圳市委和深圳市人民政府向中共广东省委和广东省政府呈报《关于在我市镇级政府换届中进行直选试点的请示》，建议 1998 年在宝安区西乡镇和龙岗区布吉镇试行由选民直接选举镇长、副镇长，并计划于 1999 年在全市各镇政府换届选举时全面推广两镇的经验和做法。广东省委委托广东省人大常委会把深圳的请示报请全国人大常委会审批。全国人大常委会办公厅的回复是，深圳市的镇级政府换届选举工作还是应在现行宪法和地方组织法的规定范围内进行。[82]虽然全国人大常委会没有批准进行直接选举的请示，但在 1998 年，其他一些地方政府也开始进行乡镇长的选举改革，其中四川省一马当先。这年 3 月，四川省委在巴中地区召开现场会，总结该区公推公选乡村干部的经验，要求把“群众参与、民主推荐、竞争上岗、承诺就职”的公推公选乡村干部做法推广运用到选拔乡镇领导干部上来。同年 6 月，四川省委又在成都召开会议，对改革乡镇领导干部选任制度进行了部署。9月，省委在《四川省乡镇党政领导干部选拔任用工作暂行办法》第十条中明确规定："推荐乡镇的某些领导职位人选时，还可以采取组织推荐、群众推荐、个人自荐与考试考核相结合的方法"。在四川省委的推动下，从1998年底到1999年初，该省掀起了一次公选乡镇领导干部的高潮。[83]这股改革乡镇长选举办法的浪潮也波及其他省份。据不完全统计，从1998年5月到1999年底，至少下列地方出现了这样的选举[84]：

- 四川省南部县79个乡镇（1998年5—12月）
- 四川省遂宁市市中区保石镇和横山镇（1998年5—11月）
- 四川省眉山市青神县南城乡（1998年12月）
- 四川省遂宁市市中区步云乡（1998年12月）
- 四川省绵阳市11个乡镇（1998年11月—1999年2月）
- 深圳市龙岗区大鹏镇（1999年1—4月）
- 山西省临猗县卓里镇（1999年4—5月）
- 河南省新蔡县孙召乡和佛阁寺镇（1999年12月）

表2—4比较了1998—1999年间和2001年以后出现的个案在选举方式上的异同。

表2—4　各地乡镇长选举方式

地点	职位	提名方式	初步候选人产生方式	正式候选人产生方式	候选人数	选举方式
1998—1999年的个案						
四川省南部县79个乡镇	副乡镇长	个人自荐、选民举荐和组织推荐	县委审定	选举人团面试得分最高者	差额	人大选举
四川省遂宁市市中区保石镇和横山镇	镇长	公开报名	笔试得分最高的前6人	选举人团面试后投票	差额	人大选举
四川省眉山市青神县南城乡	正、副乡长	个人自荐、选民举荐和组织推荐	县委审定	选举人团面试后由全体选民预选	差额	选民选举后报人大备案
四川省遂宁市市中区步云乡	乡长	选民举荐和组织推荐		选举人团投票预选	差额	选民选举后经人大认可
四川省绵阳市11个乡镇	正、副乡镇长	人大代表联名提名		全体代表讨论或预选	差额	人大选举

续前表

地点	职位	提名方式	初步候选人产生方式	正式候选人产生方式	候选人数	选举方式
深圳市龙岗区大鹏镇	镇长	选民投票提名	获最多提名票的前5人	选举人团投票预选	等额	人大选举
1998—1999年的个案						
山西省临猗县卓里镇	镇长	原镇长	选民进行信任投票	信任票和基本信任票之和超过50%	等额	人大选举
河南省新蔡县孙召乡和佛阁寺镇	乡镇长	选民举荐	县委审定	户代表投票预选	差额	人大选举
2001年以后的个案						
四川省遂宁市市中区步云乡	乡长	个人自荐和选民举荐	选举人团投票预选	选民投票选举	等额	人大选举
湖北省京山县杨集镇	镇长	选民投票提名	获最多提名票的前3人	选举人团投票预选	差额	人大选举
重庆市渝北区张关镇	镇长	公推会从报名者中预选5人	区委全委会投票预选3人	选民投票二次预选2人	差额	人大选举
云南省红河州石屏县的7个乡镇	镇长	个人自荐和选民举荐	选举人团投票预选	选民投票选举	等额	人大认可

先说1998—1999年间出现的个案。在提名方式上，除卓里镇外，都扩大了参与范围。在8个地方里，有3个地方允许个人主动报名参选乡镇领导职位，有5个地方鼓励选民举荐候选人。有些论者十分推崇所谓“海推”，即允许选民不受限制地直接提名乡镇长候选人，似乎只有将提名权毫无保留地交给选民才是真正的“民主”。但我们应该清醒地认识到，“海推”包含着被少数人操纵的潜在危险。例如，在只有5 259位选民的大鹏镇，就有76人获提名，其中获100票以上提名的只有6人，平均每名被提名人得票69.2票。由于票源分散，如果个别人意图操纵选举，他们只需稍下功夫，就可以超过其他被提名人的票数而“名列前茅”。保石镇和横山镇也存在类似的问题，那里连选民举荐都被省略了。结果，虽然设定了报名条件，这两个镇还是有181人报名，179人资格审查合格，平均每

个镇有近90名候选人。步云乡的做法比较好，它规定个人可以自由报名参加竞选，但须得到选民30人以上联名推荐；而且，每一选民只能提名一名候选人。由于存在这些合理的限制条件，步云乡一共只提名了15位候选人。事实上，类似步云乡这样的提名“门栏”，在所谓“民主”国家是普遍存在的。

当被提名人太多时，就有必要设定某种机制来进行筛选，以便确定初步候选人。保石镇和横山镇的做法是对所有被提名人进行笔试，考核他们在邓小平理论、市场经济、法律常识、时事政治、农村工作等方面的知识水平，然后依笔试成绩确定竞争每一职位的前6名作为初步候选人，似乎是在借鉴中国古代“选贤任能”的理念。大鹏镇的做法则简单得多：将获100票以上提名且符合参选条件的5人确定为镇长候选人的初步人选。这种“票决”看似很公平，但前提是，提名过程不被操控。否则，“票决”可能成为罪恶的掩饰。在其他三个地方，为初步候选人把关的是县委组织部门。如在四川省眉山市青神县南城乡，提名阶段产生8位乡长候选人、22位副乡长候选人，看起来很“民主”，但很显然，候选人太多了。由于南城乡提名不是像大鹏镇那样是经由选民投票，所以计算谁得票多少是不可能的。这时，南城乡党委介入了，它首先从乡长被提名人中挑选4名，从副乡长被提名人中挑选15名上报县委组织部，组织部又进一步筛选，批准3人为乡长初步候选人，8人为副乡长初步候选人。在四川南部县的79个乡镇以及河南省新蔡县的孙召乡和佛阁寺镇，初步候选人也是由县委审定的。需要指出的是，在这两个地方，县委审定的名单依然为选民预留了比较大的选择空间，南部县平均每个乡镇有8.72个初步候选人，孙召乡和佛阁寺镇分别有8人和7人作为初步候选人，比南城乡选民有更多的选择。

选举的下一个目标是确定正式候选人。在这一阶段，一些地方采取选举人团面试的方式。主持面试有不同的主体，如“评委组”、选区联席会议、面试大会、竞职演说大会等。面试也采取不同方式，如答辩、竞选讲演等。不管是哪种方式，参与面试的都不是全体选民，而是其中某些特定群体或选民代表。如南部县的“评委组”由县委、县政府、县人大、县政协负责人及乡人大代表组成；保石镇和横山镇的面试大会由区委、区政府领导，人大、政协主要领导，公选领导小组成员，乡镇机关党员干部，村干部中的党员和群众党员代表，区直机关单位负责人等出席；南城乡的竞职演说大会有乡村社干部、党小组长、选民代表、人大代表参加；步云乡候选人的施政讲演对象是由村干部、村民小组组长和每个村 3 名村民代表参加的选区联席会议；大鹏镇的选举人团由全体党员、干部以及职工和农村户的代表（每户 1 人）组成。面试后，选举人团要么给每位初步候选人评分（如南部县 79 个乡镇），要么对初步候选人进行投票（如保石镇、横山镇和步云乡），得分最高或得票最多的人成为正式候选人。南城乡有点特别，面试由选举人团出面，但预选让全体选民参加。由于候选人并没有直接与选民见面，选民把票投给谁恐怕在很大程度取决于选举人团成员如何向他们转达有关候选人的信息。孙召乡和佛阁寺镇似乎没有经过面试或竞选演说，但它们确定正式候选人的主体也是由每户一位代表组成的选举人团。选举人团以无记名投票方式对初步预备人选进行民主推荐，得票前三名者为乡镇长正式候选人。[85]

按照《地方组织法》的规定，乡镇长应该由乡镇人大选举产生。在上述八个地方，候选人的产生方式大多不符合该法。不过，南部县 79 个乡镇、保石镇和横山镇、孙召乡和佛阁寺镇都试图满足这最后一个法律程序要求。它们向本地乡镇人大提交的正式候选人的人数一般是每个职位 2 个人，以便人大能进行差额选举。大鹏镇不是这样，经过选举人团投票只产生了一位正式候选人。换句话说，镇人大没有选择，只能将这位候选人“选”为镇长。南城乡和步云乡走得更远，连人大选举这个程序也免了。作为替代，它们让全体选民对正式候选人进行投票，得票多者当选为乡长。为了表示对《地方组织法》的尊重，这两个地方只要求将选举结果报乡人大备案或请乡人大对选举结果进行审查确认——不过是走过场而已。

在以上 8 个地方，卓里镇和绵阳的 11 个乡镇与其他地方的做法非常不同。卓里镇的选民无权参与提名镇级主要负责人，唯一的候选人是原镇领导。选民的作用不是投票选举（vote），而是投票否决（veto）。具体做法是由县委、县政府、县人大、县委组织部、县委办公室、县民政局、县人大办公室和卓里镇党委主要负责人组成民意调查领导小组，领导小组组织全体选民对镇党委、镇政府和镇人大主要负责人进行信任投票。投票前，镇主要负责人要作出述职报告，供全镇选民评议。信任投票有三个选项：信任、基本信任、不信任。凡是信任票和基本信任票不到半数者不得成为下届镇党政、人大领导成员的候选人。投票结果，所有现任镇领导获得的信任票和基本信任票比例均超过投票选民的90%，于是顺理成章地成为下一届领导职位的唯一候选人。人大代表没有选择，只能把他们再度选为镇领导。卓里镇的否决模式可以淘汰太坏的现任领导，但无法选出选民或人大代表拥戴的人。这种模式可以用来罢免现任领导，但把它看作一种选举模式是不恰当的。

在上面8个地方中，只有绵阳市11个乡镇的乡镇长选举办法完全符合《地方组织法》。为此，有些论者认为绵阳经验太受“现行体制的约束”，不如其他模式那么具有“竞选”色彩；并不以为然地说，绵阳所做的不过是让法律“名至实归而已，并无多大创新之处”。但这种看法有失偏颇。绵阳经验有两个层次。在选举乡镇长之前，绵阳首先改选了乡镇人大代表。以往乡镇人大代表候选人主要由“组织提名”产生，这一次11个试点乡镇的所有人大代表候选人均由选民直接提出，完全符合《选举法》第29条的规定：“选民或者代表，十人以上联名，也可以推荐代表候选人。”虽然《选举法》也允许“各政党、各人民团体，可以联合或者单独推荐代表候选人”，但绵阳当局主动放弃这么做。在开放提名的基础上，选民对乡镇人大代表候选人进行了直接差额选举，在11个试点乡镇选出人大代表545人，平均每个乡镇人大有50名左右的代表。人大代表选举完成后，乡镇长选举才正式拉开帷幕。《地方组织法》第21条规定：乡镇长的候选人可以由本级人民代表大会主席团或者代表十人以上联合书面提名。在这一阶段，绵阳当局再次放弃了提名权，让11个试点乡镇的所有乡镇长候选人都由本乡镇刚当选的人大代表联署提名。在这11个乡镇，人大代表共提出23名候选人，其中有3个乡镇只提出1名候选人，选举是等额选举；另外8个乡镇，平均每个乡镇长职位有2.5个候选人。这些候选人必须面对人大代表进行施政演讲，并回答代表们提出的问题。最后，由人大代表通过秘密投票决定谁当选。[86]

步云乡的选举显然违背了《宪法》第101条关于“地方各级人民代表大会分别选举并且有权罢免本级人民政府的省长和副省长、市长和副市长、县长和副县长、区长和副区长、乡长和副乡长、镇长和副镇长”的规定，当然也违反了《地方组织法》。为此，步云乡选举结束不久，《法制日报》便发表题为《民主不允许超越法律》的署名文章，指责步云选举违反了中国的宪法。[87] 2001 年 7 月 27 日中共中央发出《关于转发〈中共全国人大常委会党组关于全国乡级人民代表大会换届选举工作有关问题的意见〉的通知》，文件针对乡镇长选举特别强调："依照宪法和地方组织法规定，乡长和副乡长、镇长和副镇长由乡、民族乡、镇的人民代表大会选举产生。过去有的地方曾提出进行直选乡镇长试点的要求，个别地方出现了选民直接投票选举产生乡镇长的情况。这与宪法和地方组织法的有关规定不符。在这次乡级人大换届选举中，各地乡镇长的选举要严格依照宪法和有关法律的规定进行"[88]。此后，虽然有个别地方因试图推行选民直接选举镇长而遭到阻止，但明目张胆违宪的案例并不多见。[89]

2001 年以后，乡镇长换届选举中也出现了一些引起媒体高度关注的新试点，形成第三个高潮。这些试点的共同特点是尽量"直选"，但不突破乡镇长由乡镇人大代表选举的法律底线。例如，在 2001 年末进行的乡长选举中，步云乡虽然没有照搬上一次的做法，但依然试图保留"直选"的精神：先由选民投票确定 10 名预备候选人；10 名预备候选人向 165 人组成的选举联席会议演讲自己的纲领施政，联席会议经过投票确定两位初步候选人；这两位初步候选人到各村发表施政演说后，由全体选民投票选出一位正式候选人；最后，乡人代会进行等额选举，选出乡长。[90] 2004 年 2—4 月，云南省红河哈尼族彝族自治州石屏县在 7 个乡镇进行的换届选举采取了与步云乡几乎完全相同的程序。[91] 湖北省京山县杨集镇在 2002 年 9 月进行的选举虽然自称"两推一选"，但与深圳大鹏镇的"三票制"很相似，唯一的区别是：杨集镇推荐给人大的是两位候选人，而大鹏镇推荐给人大的只有一位候选人。[92] 当然，这是一个关键的差别，在杨集镇人大代表还有选择的余地，而在大鹏镇，人大被当作了"橡皮图章"。2005 年 2—4 月，重庆市渝北区在张关镇进行的"三推一选"镇长试点，程序有点特别，但显得过于烦琐，在正式选举前有"公推"、"优推"、"群推"三关。第一关"公推"是由一个叫作"公推会"的选举人团从 12 位参选人中投票选出 5 人；第二关"优推"是由区党委全委会从 5 人中投票选出 3 名初步候选人；第三关"群推"是由选民从 3 人中投票选出 2 名正式候选人；最后，由镇人民代表大会从 2 人中投票选举产生镇长。[93]

与以往的做法比，近年来出现的这些试点都扩大了选民参与挑选本地领导人的广度和深度。然而，在众多的试点中，很多乡镇长选举的观察者对步云乡、南城乡、石屏县 7 个乡镇的“直选”评价最高，因为它们“把选举乡镇长的权利直接交给了广大群众，更能准确地体现和表达民意”[94]。其中，他们对步云乡 1998 年的选举模式更是情有独钟，称它“最具有竞争性”[95]，是几个模式中“最为成熟的一种”[96]，“接近真正意义上的选举政治模式”[97]。其实，步云乡的所谓“直选”是指正式候选人确定之后，由全体选民直接投票决定当选人。在这方面，南城乡与步云乡比毫无二致。问题是，仅看最后一关是片面的。选举中最容易受人操控的部分不是最后投票，而是候选人的确定。步云乡的正式候选人是由 161 人组成的选区联席会议从 3 名初步候选人中选出的，161 人只占当地 11 347 名选民的 1.4%；南城乡的 3 位初步候选人需面向逾千名乡村社干部、党小组长、选民代表、人大代表进行竞职演说，并由全体选民从中投票选出正式候选人。在这方面，步云乡的参与面不仅不如南城乡，其选举人团的规模恐怕比其他几个地方也要小。因此，很多人众口一词地推崇步云乡模式，其中恐怕有人云亦云的成分。

不少论者对从法治的角度批评步云乡“直选”持反对态度。[98]他们认为：改革就要克服旧体制的弊端，就必须突破其束缚；没有必要完全拘泥于现行体制的具体法规。[99]诚然，法律是人制定的，是可以改变的。问题是，违宪事关重大，不应轻易借改革之名突破宪法的约束。否则，还有什么必要谈法治、谈依法治国？推崇步云模式的论者似乎有一种直选情结，好像只有直选才是民主，直选一定比间接选举优越。这种看法其实缺乏实证和理论的依据。

从实证的角度看，在世界上很多老牌“民主国家”里，一直存在着两种基层政府首长的产生方式，一种类似总统制，即市长（mayor）由市民直接选举产生；一种类似议会制，即行政领导人由市政参议会（the council）间接选举，或直接由市政参议会操盘。前者流行于美国、欧洲大陆某些国家，后者流行于英国和北欧国家。[100]有些国家甚至两种体制并存，例如，直到 1990 年代初，德国还只有两个原属美军占领区的邦有直选的市长，其余各邦的基层政府则是由市政参议会主政。不错，近年来有些欧洲国家的有些地区出现了直选市长的趋势，但这并不是没有争议的。[101]例如，英国对直选的优劣已经进行了一二十年的辩论，到 2000 年才产生第一位直选市长——伦敦市长，到目前为止也一共只有十来个地方用美国方式直选市长。[102]

从理论的角度看，与议会制相比，总统制的弊端十分明显。首先，由于总统是直选产生的，其权力可能变得太大，变成“帝王式”总统。其次，由于国会也是直选产生的，直选的国会可能处处与直选的总统作对，造成政治上的僵局。虽然有关总统制/议会制的理论争论大多仅关注国家层面的比较，但国家层面的问题也会在地方层面出现。例如，考虑到出现两虎对峙的可能性，意大利在1993年开始引入直选市长时便设立了一套制度，保证当选市长在市政参议会里也能获得多数支持。但这种做法造成了地方性“超强大总统”，引起广泛的批评。[103]中国基层领导人的权力一向很大，如果他们经由直选产生，他们很可能摆脱其他机制对自己权力的限制。按照《宪法》和《地方组织法》的规定，乡镇人大享有广泛的权力，其中最重要的是，选举本乡镇正副乡镇长的权力，决定本行政区域内重大事项的权力，监督本级人民政府（尤其是乡镇长）工作的权力。一旦乡镇长由直选产生，人大的这些权力都成了空中楼阁[104]，乡镇长则成了有中国特色的地方性“超强大总统”，这大概不是我们希望看到的。另一方面，如果今后人大代表由真正的民主选举产生，人大权威得以提升、人大地位得以加强，又可能出现谁也不服谁的局面，造成决策滞怠，这大概也不是我们希望看到的。更何况，我国乡镇规模不小，小的万把人，大的（如作为县或县级市中心的镇）可达十万人以上，比西方一般的“市”要大得多。随着合并乡镇的推进，乡镇的平均人口规模会变得更大。在这种情况下，一般选民很难在直选中了解候选人，不免会被候选人的竞选姿态和虚假承诺迷惑。如果再加上黑金势力、家族势力的幕后操纵，选举有可能使选民在热热闹闹中上当。台湾的乡镇长选举中出现的“黑金政治”就是教训。[105]

因此，在没有认真分析直选可能产生的后果前便贸然鼓吹直选是危险的，尤其是在这种做法本身违宪的情况下。那么看似并不违宪的大鹏镇模式（或步云乡2001年的模式）是否值得推崇呢？这种模式除了具有上述直选的潜在问题外，还有一个明显的弊端，那就是只推出一位候选人让人大代表表决，完全把人大当作了“花瓶”，严重侵犯了宪法赋予人大的权力。这种不尊重人大的做法只会妨碍人大制度的改革。另外，万一出现人大代表否决那位唯一候选人的情形该怎么办？大鹏镇模式没有设计任何补救措施，算不上是个完善的模式。

至于有人因为人大代表选举的改革没有实质性突破，便希望通过乡镇长直选来为中国政治发展“另辟蹊径”，逻辑上也说不通。如果人大代表选举有问题，为什么不把注意力放到人大代表选举上去。《法制日报》的文章说得不错，当前中国政治中存在的问题并不是选民不能直接选举各级政府的行政长官，而是很多地方的人民代表选举未能真正贯彻民主原则，流于形式。据此，当务之急是要严格依法组织好各级人代会代表的选举，切实保障广大选民充分行使民主权利，杜绝各种搞形式、走过场的“民主选举”，严禁各种侵犯甚至剥夺选民民主权利的行为，而不是在直接选举问题上抛开宪法和法律的规定去另辟“蹊径”。[106]实际上，绵阳市的经验便是从改革人大代表选举方式入手的，可以说是有所突破；由选民选举出来的人大代表选举乡镇长，更是名正言顺。但有人又说，“绵阳市的人大代表直接提名选举方式实际上是对乡镇人大制度的改革，而不是直接进行乡镇长选举的改革…… ［它］只是一种非常初级的改革尝试”[107]，似乎除了直选，其他都不算数，真可谓一叶障目。

我们认为，乡镇长产生方式的改革应该依据现行的《宪法》和其他相关法律的规定，与人大制度的改革衔接。人大制度只能加强，而不是让它被进一步边缘化。那么，在乡镇，依靠完善人民代表大会制度能否达到实行乡级民主的目的呢？当然可以。如果我们希望有关地方当局在最敏感的乡镇长选举上会放手让选民表达自己的意愿，那么我们也有理由期待他们在乡镇人大代表的选举上严格按法律办事。绵阳市能够做到让选民不受干扰地提名和选举自己的代表，其他地方没有理由做不到。如果还没有做到，我们应大力推动在人大代表选举方面严格执法，揭露和批判强奸民意的假选举。当乡镇人大代表是由选民根据自己的意愿选举产生时，人大就会在人事任免方面更好地代表当地的民意，选出让选民称心而又称职的乡镇长，同时又有效地监督他们的行为。[108]

注释

［1］参见民政部：《2004 年民政事业发展统计报告》，见 http：//www. china. org. cn/chinese/PI-c/859912. htm。

［2］《彭真文选》，608 页，北京，人民出版社，1991。

[3] 由于到20世纪90年代末，广东、海南、云南、重庆等地才在全省（市）范围内统一届期，参见这些省份只完成了2～3届。参见刘维涛：《民政部官员谈村委会选举：草根民主成大势所趋》，载《人民日报》，2005-01-28。

[4] 参见何春中：《中国村官违法违纪报告：村民自治遭遇386170部队》，载《中国青年报》，2005-08-02。

[5] 参见吴理财：《村落社会与选举制度——乡村选举制度考察及检讨》，见 http://www.usc.cuhk.edu.hk/wk_wzdetails.asp?id=2682；周延平：《当前部分村级直选难以成功的原因及对策》，见 http://www.chinarural.org/readnews.asp?newsid={CF40E0AF-BB8E-4993-B69B-5A142BAEDEAD}。

[6] 2002年8月，中共中央办公厅、国务院办公厅发出了《关于进一步做好村民委员会换届选举工作的通知》。《通知》"提倡把村党支部领导班子成员按照规定程序推选为村民委员会成员候选人，通过选举兼任村民委员会成员。提倡党员通过法定程序当选村民小组长、村民代表。提倡拟推荐的村党支部书记人选，先参加村委会的选举，获得群众承认以后，再推荐为党支部书记人选；如果选不上村委会主任，就不再推荐为党支部书记人选。提倡村民委员会中的党员成员通过党内选举，兼任村党支部委员成员。要注重在优秀村民委员会成员和村民小组长、村民代表中吸收发展党员，不断为农村基层党组织注入新生力量"。《通知》发出后，一些地方已明确规定，选不上村主任不能当书记。（参见呼霓：《湖南部署村级换届选举 选不上村主任不能当书记》，载《东方新报》，2004-11-25。）山东省于2005年完成的第八届村委会换届选举，共选举产生新一届村委会成员25.8万人，其中村党支部书记和村委会主任"一人兼"的比例达到88.6%，村"两委"成员交叉兼职率达到74.8%。（参见《山东省第八届村委会换届选举工作情况》，见 http://www.chinarural.org/readnews.asp?newsid={42BE6EC4-96AF-474B-B158-387C3FEF301B}。）但仍有些地方的乡镇政府对中央指示阳奉阴违，利用党支部人选来影响村委会的选举。

[7] 近年来，每当村委会换届选举到来时，民政部都会部署反贿选，可见贿选已经成为相当普遍的现象。

[8] 参见巴子强：《村干部贿选赊账4万多元，上任后马上侵吞公款》，载《中国青年报》，2004-08-13。

[9] 参见许志永：《选举之后——李集村村民自治调查》，载《中国改革：农村版》，2003(2)；仝志辉：《后选举时代，村民自治何去何从?》，载《凤凰周刊》，2004(28)；徐楠：《中国基层民主建设迈入"后选举"门槛》，载《南方周末》，2004-08-16。

[10] 参见王小东：《关于农村基层政权建设的调研报告》，见 http://www.usc.cuhk.edu.hk/wk_wzdetails.asp?id=1996。2003年9月8日，美国前总统卡特在人民大会堂同国家主席胡锦涛会谈时指出：根据中国学者的研究，中国农村选举中，40%村庄的选举是严格按照法律规定进行，40%村庄的选举是基本按照法律规定进行，

还有 20%村庄的选举不符合法律规定。胡锦涛主席对卡特反映的问题表示认同。参见王金洪:《农村基层民主进程:慎言“后选举时代”》,载《背景与分析》,2004-08-13。

[11] 参见潘跃:《从直选看居民自治》,载《人民日报》,2004-01-29。

[12] 参见吴章杰:《沈阳市社区选举的民主步伐》,载《华商晨报》,2005-05-24,见 http://www.huash.com/gb/hscb/2005-05/24/content_1904319.htm。

[13] 参见徐水平:《从农村“海选”到社区直选》,载《时代潮》,2002(24)。

[14] 2005 年,广西社区直选率提高到 60%。参见广西壮族自治区民政厅:《创新社区居委会直选机制 推进和谐社区建设》,见 http://www.mca.gov.cn/redian/shqgz/fayan10.html。

[15] 参见王建新:《北京社区居委会差额直选,目击居民选举当家人》,载《人民日报》2003-03-31;傅剑锋:《城市社区直选的宁波模式》,载《南方都市报》,2003-12-05;郝丹:《深圳社区换届扩大直选,行政职能转移/居委会要还原成自治组织》,载《南方都市报》,2005-03-02。

[16] 参见民政部:《关于社区建设情况的报告》,见 http://www.mca.gov.cn/redian/shqgz/shequjs1.html。

[17] 截至 2004 年底,中国有 2 862 个县级单位、37 334 个乡镇。参见《中国统计摘要2005》,1~2 页,北京,中国统计出版社,2005。

[18] 参见杨群红:《新中国公民政治参与的历史发展》,载《中州大学学报》,2004(4),68 页。

[19] 彭真当时就指出直接选举的必要性:“在一个县的范围内,群众对于本县国家机关和国家工作人员的情况是比较熟悉和了解的,实行直接选举不仅可以比较容易地保证民主选举,而且便于人民群众对县级国家机关和国家工作人员实行有效的监督”,转引自许崇德主编:《中国宪法》,363 页,北京,中国人民大学出版社,1999。

[20] 参见王玉明:《选举论》,126 页,北京,中国政法大学出版社,1992。

[21] 参见翟国强、周婧:《对我国选举制度原则的思考》,载《人大研究》2003(1)。

[22] Martin P. Wattenberg, “Turnout Decline in the U.S. and other Advanced Industrial Democracies,” Center for the Study of Democracy 1998, http://www.democ.uci.edu/democ/papers/marty.html.

[23] 参见马全江:《论我国选举制度和代表制度的完善》,载《滨州师专学报》,2004(3)。

[24] 假设一个选区应选两位代表,有 100 名候选人,其中 98 人每人得 0.9%的票,最后两位候选人,一位得票 6%,另一位得票 5.8%便可当选。

[25] 参见史卫民:《公选与直选》,第 1 章,北京,中国社会科学出版社,2000。

[26] 参见《广东向全国人大建议政党不再提名人大代表候选人》,中国网综合消息,2004

年9月27日。

[27] 参见易颖：《深圳竞选风云》，载《人大研究》，2003 (8)。

[28] 参见崔红：《北京迎来“选举周”，选举出现三大新变化》，新华网，2003年12月8日。

[29] 参见胡杰：《我还要参加下届选举》，载《新京报》，2004-01-13。

[30] 河南省人大常委会选举任免代表联络工作委员会：《关于郑州等10市换届选举工作的情况报告》，见 http：//www.henanrd.gov.cn/GB/200409/gb200409017.htm。

[31] 全国人大的研究人员陈斯喜这样介绍了取消的背景：“如何确定正式候选人名单？1979年选举法规定是采取‘预选’的办法。但当时没有规定预选后是否必须实行差额选举。实践中，许多地方实行了差额预选，等额选举。1986年修改选举法时，为了保证实行差额选举，取消了预选的规定。但取消预选后，一些地方确定正式候选人非常随意，有的没能真正按照多数选民或者代表的意见确定，因此，1995年再次修改选举时，又恢复了间接选举中的预选规定，并明确预选后仍必须实行差额选举。但对直接选举，考虑到投票比较困难，没有恢复预选……”参见蔡定剑主编：《中国选举状况的报告》，333页，北京，法律出版社，2002。

[32] 其中北京、河北、海南和宁夏在选举实施细则中都直接使用了“预选”的说法。广东规定：“如果提名的代表候选人较多，可以采用举手或者投票的方式表达意见，根据较多数选民的意见，确定正式代表候选人名单”，实际上就是预选。参见史卫民、雷兢璇：《直接选举：制度与过程》，第1章。

[33] 参见史卫民、雷兢璇：《直接选举：制度与过程》，第3、4章，北京，中国社会科学出版社，1999。

[34] 参见史卫民、刘智主编：《规范选举：2001—2002年乡级人民代表大会代表选举研究》，322～338页，北京，中国社会科学出版社，2003。

[35] 参见谢蒲定：《直接选举人大代表提名确定候选人的几个问题》，载《人大研究》2003 (11)。

[36] 周恩来说，“关于直接选举的问题，中国是全世界人口最多的国家，直接选举目前实在不容易办到”。转引自唐娟：《论建国前第一代领导集体的普选理念的嬗变》，见 http：//www.gysrd.gov.cn/rdgz/showDetail.asp？id=1470。

[37] Kevin J. O'Brien，*Reform Without Liberalization*：*China's National People's Congress and the Politics of Institutional Change*（New York：Cambridge University Press，1990），pp. 60-61.

[38] 参见唐娟：《论建国前第一代领导集体的普选理念的嬗变》，见 http：//www.gysrd.gov.cn/rdgz/showDe tail.asp？id=1470。

[39]《邓小平文选》，1版，第3卷，242页，北京，人民出版社，1993。

[40] 同上书，220页。

[41]《彭真文选》，384～385页。

[42] 候选人不限于该级人大的代表，也可以提名其他有被选举权的公民作为代表候选人（如国家领导人虽然不是省级人大代表，却可被省级人大选为全国人大代表）。

[43] 至于代表十人以上联名推荐候选人的总人数，不可能硬性规定，只能规定每一组联名代表推荐的候选人不得超过应选代表数。

[44] 参见林清伏、金玲珊：《间接选举的提名方式要规范》，见 http://www.npcnews.com.cn/gb/paper8/6/class000800006/hwz174368.htm。

[45] 参见巩子强：《试谈我国的间接选举制度存在的问题》，见 http://www.zbrd.gov.cn/gzyj207.htm。

[46] 参见浙江省选举工作委员会办公室：《县级以上人大换届选举工作的成效与思考》，载《中国人大》2003（18）。

[47] 参见杜方文：《代表们为何辞职?》，载《南风窗》，2005（8）。

[48] 如广东省2002—2003年进行省十届人民代表大会代表选举时，代表总名额为803名。考虑到在省第十届人民代表大会的任期内，由于人事变动及工作需要等原因，可能要增补部分代表，广东省方面在正式选举前决定在总名额中留出了机动名额18名，使该次应选的代表名额减少至785名。参见任宣：《省十届人大一次会议召开新闻发布会》，见 http://www.rd.gd.cn/rdhy/rdhy101/xw/033.htm。

[49] 最近引起较多讨论的是梁锋一案。2002年12月，因收受贿赂，广州市纪委对广州渔业企业集团总经理梁锋实施双规。但在2003年1月中下旬，梁锋却以第15名的票数当选为广州市十二届人大代表。（参见王琳、石磊：《双规期间当选，广州暂停一人大代表职务》，载《南方都市报》，2003-05-10。）《人民日报》网站“人民网”为此专门了发表一篇“人民时评”。（参见王比学：《被双规者何以当选人大代表?!》，见人民网，2003年5月16日）。类似的例子还有一些，参见陶建群：《“经济能人”缘何追随“护身符”》，载《时代潮》，2005（3—4）。

[50] 下文提到的姚立法便是一个例子。河南焦作起重运输机械厂工人姚秀荣则是一个更具启发性的例子。姚秀荣是焦作市、河南省和全国劳模，为此她于1993年当选为全国人大代表，1998年连任。开始，姚秀荣先是当了三年“哑巴代表”，后来逐渐成熟，代表素质不断提高，敢于以人大代表的身份维护工人的利益。1996年，时任河南省省委书记的李长春曾说：“下一届河南还要报姚秀荣当全国人大代表。像她这样的代表，不是多了，而是少了!”然而，她却在2003年落选。2002年河南省推选出席十届全国人大的代表时，程序是各地级市市委推荐，市委组织部考核，省委组织部备案，省人大代表选举产生。而焦作市委组织部根本未将姚秀荣列入全国人大代表候选人报送名单。焦作市人大常委会主任几次去市委交涉，希望补报，都没有结果。2002年11月上旬，姚秀荣亲自到全国人大、省人大反映情况。在全国人大、省人大、省委组织部的过问下，焦作市委组织部才勉强补报姚秀荣为全国人大代表

候选人。但在私下，有人却说："姚秀荣当代表当得太狂了，这回一定要把她选掉!"因为这些年，姚秀荣在河南监督了不少案子，得罪了当地一些人。结果，在2003年1月的省人代会上，由于一些人的幕后活动，姚秀荣落选了。参见石破：《姚秀荣有话要说》，载《南风窗》，2003（6）下。

[51] 参见刘政：《话说"差额选举冲击波"》，载《中国人大》，2003（9）。

[52] 参见任宣：《省十届人大一次会议召开新闻发布会》，见 http：//www. rd. gd. cn/rdhy/rdhy101/xw/033. htm。

[53] 参见杨志勇：《代表竞选，初露端倪》，载《浙江人大》，2003（5）。

[54] 参见吕振亚：《副市长受贿案影响，娄底人大主任落选省人大代表》，载《中国新闻网》，2003－01－06，见 http：//www. chinanews. com. cn/2003－01－06/26/260372. html。

[55] 参见胡杰：《我还要参加下届选举》，载《新京报》，2004－01－13。

[56] 参见黄玮：《吴青：坚持《宪法》就是一种爱》，载《人民文摘》，2005（3）；薛京：《访冰心之女吴青：人大代表就要代表人民说真话》，载《公益时报》，2005－10－12。

[57] 参见张立勤：《冯有为：吾道不孤》，载《南风窗》，2002（9），上；郭琼丽：《人大代表：监督是支持和促进"一府两院"做好工作》，载《光明日报》，2004－09－19。

[58] 体制内学者的类似建议见王玉明：《关于修改我国选举法的理论探讨》，载《政法论坛（中国政法大学学报）》，1993（3）；郦士伟：《对完善人大选举制度的几点思考》，载《浙江省委党校学报》，2000（3）；王小彬：《试论我国人大代表选举制度的几个问题》，载《人大研究》，2001（6）；周晓东：《选举制度民主化改革研究——扩大代表直选》，见 http：//www. yihuiyanjiu. org/yhyj _ readnews. aspx? id＝164&cols＝171214；王元仁：《关于扩大直接选举的设想》，载《人民与权力》，2002（8）；彭宗超：《中国直选制度发展的战略构想》，见 http：//www. yihuiyanjiu. org/yhyj _ readnews. aspx? id＝1022&cols＝1212。

[59] 体制外人物的代表是曹思源，见其《关于修改宪法的十大建议》，见 http：//www. usc. cuhk. edu. hk/wk _ wzdetails. asp? id＝2373。

[60] 为了证明这一点，很多人引用列宁的一句话，"民主是多数人的统治。只有普遍、直接、平等的选举才可以说是民主的选举"。见列宁：《立宪民主党和土地问题》，见《列宁全集》，中文2版，第22卷，53页，北京，人民出版社，1990。

[61] 例如，西方各国议会下议院议员均采用直接选举的方式产生；前苏联在1936年便开始实行从乡村苏维埃到最高苏维埃的直接选举；印度在1947年独立后就立即推行全国范围的直接选举。

[62] 反对扩大直选范围的人则认为中国的条件仍不成熟。参见王世瑚：《中国为什么现在不能在各级人大都搞直接选举》，载《中国人大新闻》，2000－08－09，见 http：//zgrdxw. peopledaily. com. cn/gb/special/class000000003/1/hwz403. htm。

[63] 界别代表虽然如此重要，但人民解放军是目前唯一按界别单独参与选举的单位。

[64] 在欧洲有上议院的国家里，只有极个别（如比利时、意大利）对上议院议员进行直选。如德国、法国、奥地利、荷兰、西班牙采取间接选举，西班牙采取直接选举与间接选举相混合的方式，爱尔兰采取间接选举与任命相混合的方式。参见 ECPRD, "Electoral Systems in Europe: An Overview," http://www.ecprd.org/Doc/publica/OTH/elect_system.html; Stanley Henig, "Reforming the House of Lords-a federal perspective," http://www.fedtrust.co.uk/default.asp?pageid=219&mpageid=218&msubid=219&groupid=5。

[65] "小区域选区制"是马耕夫等人提出的概念。他们认为，根据我国的国情，只有把代表名额分配到乡镇、街道以下的"选区"，才有可能实行直接选举。参见马耕夫主编：《中国选举制度的理论与实践》，第五章，兰州，甘肃人民出版社，1997。

[66]《宪法》第 62 条规定，"全国人民代表大会行使下列职权……（四）选举中华人民共和国主席、副主席；（五）根据中华人民共和国主席的提名，决定国务院总理的人选；根据国务院总理的提名，决定国务院副总理、国务委员、各部部长、各委员会主任、审计长、秘书长的人选"；《宪法》第 101 条规定："地方各级人民代表大会分别选举并且有权罢免本级人民政府的省长和副省长、市长和副市长、县长和副县长、区长和副区长、乡长和副乡长、镇长和副镇长。"

[67] 参见杨芳、岳进：《关于选举正职领导人员应注意的几个问题》，载《中国人大新闻》，2001-05-08，见 http://zgrdxw.peopledaily.com.cn/gb/paper8/4/class000800001/hwz126168.htm；北京大学人大研究中心：《选举地方国家机关领导人之现状：江西省及部分市县乡镇换届选举的调查报告》，见 http://www.yihuiyanjiu.org/yhyj_readnews.aspx?id=168&cols=171214。

[68] 参见孙展：《江苏"吏改风波"》，载《新闻周刊》，2003-12-11；李楠：《一个县长的诞生》，载《新闻周刊》，2003-12-11；郭奔胜、张泽远：《江苏公推公选回访：票箱能否击退官场潜规则?》，新华网，2004-08-06；孙展：《2003 年 12 月 15 日：公选市长》，载《新闻周刊》，2004-10-02。

[69] 如 2004 年 1 月 9 日在江苏省金坛市第十四届人民代表大会第二次会议上当选为该市市长的吴晓东，便是唯一"公推公选"出来的候选人。参见郁进东：《中国首位"公推公选"市长产生》，载《中国青年报》，2004-01-10。

[70] 那一年，代表联名提出的候选人也比较多。据统计，全国 28 个省、自治区、直辖市人民代表大会选举省级国家机关各类人选时，代表联名提出的人选共 509 名，经代表充分酝酿讨论后，大会主席团依法将其中的 133 名列为正式候选人，其中正职候选人 46 名。在县、乡两级人民代表大会选举中，代表依法联名提出的人选名额更多，列为正式候选人名单的名额占全部正式候选人的名额的比例也较高。参见刘政：《话说"差额选举冲击波"》，载《中国人大》，2003（9）。

[71] 北京大学人民代表大会与议会研究中心：《选举地方国家机关领导人之现状：江西省及部分市县乡镇换届选举的调查报告》，见 http：//www. yihuiyanjiu. org/yhyj _ readnews. aspx? id=168&cols=171214；刘静：《完善“一府两院”正职领导人的选举机制》，载《中国选举与治理》，2005 - 03 - 09，见 http：//www. chinaelections. org/readnews. asp? newsid = %7B9187392A - CAB3 - 495B - 82A3 - 4ADD1A9B2B9C%7D；李静美：《人大的应然与实然：对一次人大制度问卷调查的法理思考》，载《人大研究》，2005（8）。

[72] 这里“选举失灵”是指选举产生与党委意图相反的结果。参见刘道平：《县人民代表大会选举失灵分析及其对策》，载《民主与法制》，2003（2）。

[73] 参见冯雪梅：《春天的民主》，载《中国青年报》，2000 - 03 - 05；王安：《1993—2003 中国市场经济十年疾行》，载《南方周末》，2003 - 10 - 23。

[74] 参见林炜：《广东省人大否决省长提名的两厅长人选》，载《中国青年报》，2000 - 02 - 23。

[75] 参见李楠：《辽宁“选战”》，载《中国新闻周刊》，2004 - 10 - 02。

[76] 参见张文：《对儿起政府首长落选案例的分析》，载《人大研究》2004（7）。

[77] 参见陈客：《中国地方选举　人大代表敢“犯上”》，载《联合早报》，2003 - 02 - 28。

[78] 参见李楠：《辽宁“选战”》，载《新闻周刊》，2003（6）。

[79] 参见陈扣喜：《岳阳的“二次选举”失落了什么》，载《人大研究》，2003（9）；魏文彪：《四疑岳阳二次选举》，载《黑龙江晨报》，2003 - 01 - 15；童之伟：《岳阳市长“二选”风波的启示》，载《法学》，2003（2）。

[80] 参见刘政：《话说“差额选举冲击波”》，载《中国人大》，2003（9）。

[81] 参见中共四川省委组织部课题组：《关于公选、直选乡镇领导干部与党的领导问题的调查与思考》，载《马克思主义与现实》，2003（7）。

[82] 参见史卫民：《公选与直选》，第 16 章。

[83] 参见中共四川省委组织部课题组：《关于公选、直选乡镇领导干部与党的领导问题的调查与思考》。

[84] 参见史卫民：《公选与直选》，第 13～17 章；黄卫平、邹树彬主编：《乡镇长选举方式改革：案例研究》，北京，社会科学文献出版社，2003。各地还有一些有关选举乡镇党委书记的试验，因为性质不同，不在这里讨论。

[85] 参见《河南：“民选乡官”走马上任》，载《三秦都市报》，2000 - 03 - 20。

[86] 参见黄卫平、邹树彬、张定淮、杨龙芳：《中国大陆乡镇长选举方式改革研究》，载《当代中国研究》，2001（4）。

[87] 参见查庆九：《民主不允许超越法律》，载《法制日报》，1999 - 01 - 19。

[88] 转引自詹成付：《关于深化乡镇体制改革的研究报告》，载《开放时代》，2004（2）。

[89] 如 2003 年 8 月，重庆市城口县坪坝镇在不到换届期的情况下开始选民直接选举镇长。之后，在县里的干预下，这个改革被迫停止。推动这个改革实现的主要领导、

坪坝镇党委书记魏胜多已经被免职和“双规”。参见李凡：《镇党委为什么要进行“综合政治体制改革”？——重庆市城口县坪坝镇综合政治体制改革观察报告》，载世界与中国研究所：《背景与分析》，特刊第四期，2003-09-10。

[90] 参见唐建光：《直选乡长续任》，载《中国新闻周刊》，2002（20）。

[91] 参见唐建光：《云南红河州推行直选试点》，载《信息导刊》，2004（46）。

[92] 参见曹立明：《杨集选举的实践与思考》，载《政策》，2003（1）。

[93] 参见谭柯、何飏杉、吴思璇：《重庆首次直选镇长8 000名村民选出张关镇镇长》，载《重庆商报》，2005-03-22；李永文、张传奇：《重庆市首次试点“三推一选”正处级镇长》，见新华网重庆频道，2005-04-25。

[94] 田舒斌、李自良、王研、张强：《云南红河州“大胆”改革“直推直选”乡镇长》，载《半月谈》，2004-11-09。

[95] 杨雪冬、托尼·赛奇：《从竞争性选拔到竞争性选举：对乡镇选举的初步分析》，载《经济社会体制比较》，2004（2）。

[96] 李凡、寿慧生、彭宗超、肖立辉：《创新与发展：乡镇长选举制度改革》，第3～4章，北京，东方出版社，2000。

[97] 黄卫平、邹树彬、张定淮、杨龙芳：《中国大陆乡镇长选举方式改革研究》，http：//www. modernchinastudies. org/us/issues/past-issues/75-mcs-2001-issue-4/590-2012-01-03-12-11-52. html。

[98] 参见刘亚伟：《渐进式民主：中国县乡的直接选举》，见http：//www. usc. cuhk. edu. hk/wk _ wzdetails. asp? id=3193。

[99] 参见黄卫平、邹树彬、张定淮、杨龙芳：《中国大陆乡镇长选举方式改革研究》。

[100] Mike Goldsmith and Helge Larsen，“Local Political Leadership：Nordic Style，” *International Journal of Urban and Regional Research*，Vol. 28，No. 1（March 2004）.

[101] Olivier Borraz and Peter John，“The Transformation of Urban Political Leadership in Western Europe，” *International Journal of Urban and Regional Research*，Vol. 28，No. 1（March 2004）；Hellmut Wollmann，“The directly elected（chief executive）mayor and local leadership in German local government：in comparative perspective，” http：//www2. rz. hu-berlin. de/verwaltung/down/exe. rtf.

[102] Stephen Greasley，“The Introduction of mayors in English urban government：Institutionalising leadership?” http：//www. psa. ac. uk/2005/pps/Stoker. pdf.

[103] Helge O. Larsen，2002，“Directly Elected Mayors-Democratic Renewal or Constitutional Confusion，” in Janice Caulfield and Helge Larsen（eds.），*Local Government at the Millennium*（Opladen：Leske + Budrich），pp. 111-133.

[104] 参见邹树彬：《乡镇长直选与乡镇人大的角色转换》，载《人大研究》，2003（4）。

[105] 参见沈旭辉：《乡镇长直接选举可能引发的“基层断层现象”探析》，见 http：//www.chinaelections.org/readnews.asp? newsid=%7BA9E3914E - FA31 - 45AA - AB74 - 1FEBB33DC23F%7D。
[106] 参见查庆九：《民主不允许超越法律》，载《法制日报》，1999 - 01 - 19。
[107] 李凡、寿慧生、彭宗超、肖立辉：《创新与发展：乡镇长选举制度改革》，第 3 章。
[108] 参见刘喜堂：《关于乡级民主发展的调查与思考》，载《经济社会体制比较》，2000 (2)。

三、中国公共政策议程设置的模式*

参与选举决策者固然重要，但这种参与几年才有一次机会。在一些所谓“民主”国家，大多数民众对政治的参与仅局限于这一种方式。每过几年，他们在选举热潮的裹挟下过一把“当家作主”的瘾，此前此后，他们只是一板一眼地当顺民，对政治不闻不问，要问也不知从何入手。然而，决策者上任以后的所作所为对民众的生计、国家的前途影响甚大。因此，决策决不应该是决策者们的禁脔，哪怕他们是老百姓选举出来的。真正的民主体制必须给民众参与政策制定全过程的机会。

谈到政策制定，一般人都把注意力集中在决策过程本身，而忽略了一个至关重要的问题：为什么有些事情被提上议事日程，而另一些却没有被提上议事日程？任何一个社会都面临着各种各样的挑战，但政府应对挑战的资源是有限的，这些资源既包括财政资源、人力资源、信息资源、时间资源，也包括注意力资源。换句话说，在具体决策之前，政府不得不作出抉择，对处理哪些挑战有所取舍。1962 年，美国政治学家 Peter Bachrach 和 Morton Baratz 发表了一篇文章，题为《权力的两方面》[1]。这篇短短六页的论文之所以很快变成政治学的经典之作，是因为它指出了一个显而易见但人们往往视而不见的简单事实：能否影响决策过程固然是权力的一

---

* 本文中文版曾发表于《中国社会科学》，2006（6）。应美国丹佛大学中美合作研究中心之约，笔者准备了本文的英文版，提交该中心于 2008 年 5 月 30—31 日召开的一次国际研讨会（这次会议的名称为“华盛顿共识 vs. 北京共识：中国发展模式的可持续性”）；英文版后发表在 *Modern China*，Vol. 34，No. 1（Jan. 2008）。

面，能否影响议事日程的设置（agenda-setting）则是权力更重要的另一面。Matthew Crenson 曾比较过美国两个城市：甲污染相当严重，但当地政府与民众很少讨论污染问题；乙情况好得多，不过当地政府与民众却十分重视如何减少污染。究其原因，才发现甲城有些势力强大的利益集团把控着议程设置，千方百计避免污染问题引起当地老百姓和政府官员的注意。[2]试想，在一个被严重不平等困扰的社会，政府却从来不处理公正问题；无论在这个社会里其他问题的决策过程有多么民主，我们还是可以看到一只若隐若现的黑手在幕后操控着议程设置。[3]因此，在讨论政策制定时，我们必须首先了解议程是如何设置的、谁参与了议程的设置、为什么有些问题拿到台面上讨论而另一些问题却被排斥在外。

议程设置是指对各种议题依重要性进行排序。为了便于分析公共政策的议程设置，我们可以将议程分为三大类：传媒议程、公共议程和政策议程。传媒议程（media agenda）是指大众传媒频频报道和讨论的问题，公共议程（public agenda）是引起社会大众广泛关注的问题，政策议程（policy agenda）是指决策者认为至关重要的问题。这篇文章的重点是政策议程设置，但这三种议程的设置可能是互相关联的（见图 3—1）。例如，西方国家的实证研究发现新闻媒体可以引导民众把关注点集中在某些议题上。在那些国家，传媒影响公共议程的设置往往不是通过直截了当地告诉民众哪些议题重要、哪些议题不重要，因为这样做常常适得其反。更有效的方法是对某项议题进行反复报道，并把这些报道放在引人注目的位置或时段。研究传媒议程设置的开山鼻祖之一 Bernard Cohen 有一句话说得很到位：传媒如果对受众怎么想问题指手画脚恐怕很难成功，但它对受众想什么问题的控制却易如反掌。[4]正因为传媒议程对公共议程设置具有毋庸置疑的影响，近几十年来，在传媒学中，探讨传媒议程与公共议程的关系已变为一门显学。[5]近年来，有些西方传媒学者更进一步，开始讨论传媒议程与政策议程的关系。[6]

不过，传媒并不是影响大众舆论的唯一原因，政治动员、社会运动、突发事件以及其他很多因素都可能导致民众转变他们对公共事务的看法和情绪。[7]无论公共议程是如何形成的，它与政策议程的设置关系更为密切。既然本文的侧重点是政策议程设置，我们将不会详细考察传媒如何影响公共议程，而是径直把注意力集中在公共议程与政策议程的关系上。

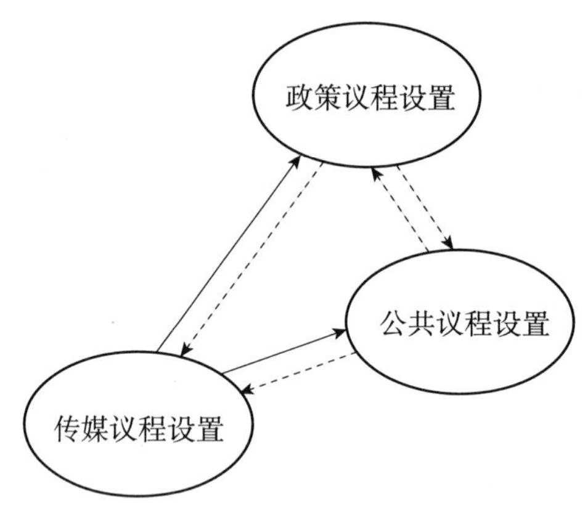

图 3—1　三种议程设置的互动关系

说明：图中实箭头表示确定有的影响，虚箭头表示可能有的影响。

如上所述，公共议程是社会大众认为政府应该关注的问题。尽管人们看法不尽相同，但假如定期进行民意调查的话，从对“什么是最紧迫的社会问题”的回答分布中就能够描绘出公共议程变化的轨迹。哪怕没有民意调查，公共议程也会以其他方式表现出来。考察民众关心的问题与政策制定者关注的问题呈现什么样的关系，可以为我们确定政治制度的性质提供一个新的视角。不少人把官员的产生方式作为划分政治制度的唯一标准，这是把形式凌驾于实质之上。更关键的是，什么人在政策议程设置的过程中扮演怎样的角色、民众关心的问题是否被提上决策者的议事日程。如果政策议程的设置被统治者或少数精英分子把持、民众关心的问题与政策制定者关注的问题南辕北辙，哪怕官员是民选的，这种制度也是不配被称为“民主”的。反之，如果公共议程能够对政策议程产生直接的影响，后者能切实反映前者的内容与排序，即使官员并非由直选产生，把这种制度斥为“不民主”也显得过于简单化。换句话说，通过考察公共政策议程设置，我们可以透过表象、更深入地认识政治制度运作的逻辑。

基于上面的分析，我们依据议程提出者的身份与民众参与的程度区分出六种议程设置的模式（见表 3—1）。[8]本文将分别讨论这六种模式在中国的实现形式和发展趋势，其目的是通过观察议程设置模式的转换来揭示中国政治制度的深刻变迁。

表 3—1 议程设置的模式

		议程提出者		
		决策者	智囊团	民间
民众参与程度	低	Ⅰ关门模式	Ⅲ内参模式	Ⅴ上书模式
	高	Ⅱ动员模式	Ⅳ借力模式	Ⅵ外压模式

关门模式

这是最传统的议程设置模式。在这种模式里，只有正式议程，没有公共议程；议程的提出者是决策者自身，他们在决定议事日程时没有或者认为没必要争取大众的支持。在传统社会里，当一般老百姓没有什么政治参与意识时，这是议程设置的主要模式。在当代中国，这种议程设置模式也没有完全消失。1988 年的“物价闯关”也许可以算得上一个例子。

从计划经济转型到市场经济，价格改革当然是题中应有之义，但从价格由政府管制过渡到由市场供需决定价格的难度可想而知。20 世纪 80 年代初，邓小平曾警告，价格改革必须如履薄冰。[9]不过到了 1985 年，邓小平已下决心加快物价改革。他指出，“物价改革是个很大的难关，但这个关非过不可。不过这个关，就得不到持续发展的基础”。不过，他此时还比较谨慎，认识到“理顺生活资料价格恐怕要用三年，加上生产资料价格的改革，需要的时间更长”[10]。1985 年当年，居民消费价格指数上升 9.3%，大概是 50 年代初以来从未出现过的高通货膨胀率。在接下来的 1986 年和 1987 年，物价改革进一步推进，物价也水涨船高，分别上升 6.5%和 7.3%。[11]到 1988 年初，当中央政治局 2 月 6 日开会分析经济形势时，已经清醒认识到，1987 年经济生活中存在的突出问题是物价上涨幅度过大，超过了老百姓的承受能力。为了稳定物价，2 月 24 日，国务院还发出《关于严格控制社会集团购买力压缩开支的紧急通知》，要求各级党政机关、人民团体、部队、全民和集体企事业单位以及基本建设单位 1988 年社会集团购买力指标一律在 1987 年实际支出的基础上压缩 20%。2 月 27 日，国务院批转的国家体改委《1988 年深化经济体制改革的总体方案》也要求加强对固定资产投资、消费基金和物价的管理。

在做了这些铺垫后，国务院于 1988 年 4 月 1 日批准从即日起调高粮、油、糖等部分农产品的收购价格。4 月 5 日，国务院发出《关于试行主要副食品零售价格变动给职工适当补贴的通知》，将对大中城市职工的补贴由暗补转化为明补。尽管如此，各大中城市还是掀起了一波抢购狂潮。在这种情况下，价格改革理应放缓一点。但当时中国实际上的最高领导人邓小平认为，价格改革刻不容缓。5 月 19 日，他在会见朝鲜政府军事代表团时，谈到自己对价格改革意义的理解，“理顺物价，改革才能加快步伐”。他说，“最近我们决定放开肉、蛋、菜、糖四种副食品价格，先走一步。中国不是有一个‘过五关斩六将’的关公的故事吗？我们可能比关公还要过更多的‘关’，斩更多的‘将’。过一关很不容易，要担很大风险”[12]，“但是物价改革非搞不可，要迎着风险、迎着困难上”，“我总是告诉我的同志们不要怕冒风险，胆子还要再大些。如果前怕狼后怕虎，就走不了路”[13]。其后两个多月里，邓小平还在会见捷克斯洛伐克共产党中央总书记雅克什、波兰部长会议主席梅斯内尔、埃塞俄比亚总统门格斯图、巴西总统萨尔内、美国国务卿舒尔茨时反复强调，“思想要更加解放一些，改革开放的步伐要走得更快一些”[14]，中国必须闯过物价改革这个难关。

在邓小平的推动下，1988 年 6 月 9 日，《人民日报》发表了评论员文章《改革有险阻，苦战能过关》。这篇文章提出，中国的改革发展到今天，已经到了一个关键性阶段，到了非解决物价问题不可的时刻。虽然文章作者也意识到，物价改革是要冒风险的，改革过程中，某些人的利益暂时受到一些影响，但他乐观地认为，这些困难最终总是会得到解决的，因为经过 9 年的改革，人民生活水平已有较大提高，对物价改革带来的波动有相当的承受能力。

基于这种乐观的估计，1988 年 8 月 15 日至 17 日，在北戴河召开的中共中央政治局第十次全体会议讨论并原则通过《关于价格、工资改革的初步方案》，规定价格改革的总方向是，少数重要商品和劳务价格由国家管理，绝大多数商品价格放开，由市场调节，以转换价格形成机制，逐步实现“国家调控市场、市场引导企业”的要求。8 月 19 日，价格改革方案的主要内容一经披露，立即在全国范围内引起新一波抢购狂潮，甚至出现挤兑未到期的定期存款来抢购商品的情况。

在物价闯关这个历史事件中，议程设置完全没有民众的参与，而是由中央政治局开会确定的。决策者下决心快速推动价格改革后，甚至没有做出争取民众理解和支持的努力，只是一厢情愿地假设民众定会明白决策者的苦衷、承受通货膨胀带来的利益损失。结果，1988 年全年，居民消费物价指数飙升 18.8%，造成民众普遍不满，为次年出现的政治风波埋下了伏笔。事后，邓小平马上认识到，“我们现在的问题是通货膨胀，物价上涨得太快，给国家和人民都带来了困难”。同时，他从这个事件中汲取了一个深刻的教训，“制定一切政策，要从实际出发。只要注意这一点，就不会犯大错误。如果发现错误，要赶快纠正，不要掩饰，不要回避”[15]。此后，直到 90 年代初期中国悄然迈过物价大关，决策层对物价问题一直慎之又慎，回到了如履薄冰的心境。

动员模式

与关门模式一样，动员模式里的议程也是由决策者提出的；与关门模式不同的是，在动员模式里，定下一项议程后，决策者千方百计设法引起民众对该议程的兴趣、争取他们对该议程的支持，是一个先有正式议程、后有公共议程的过程。在什么样的情况下决策者会放弃关门模式而采取动员模式呢？首先，广大民众具有了强烈的参与意识，关门模式的正当性遭到普遍的质疑。其次，所涉及的议程执行起来需要得到民众普遍、自觉的合作。再次，决策者缺乏实施该议程所必需的资源。在这三种情况下，决策者大概希望用某种方式动员民众参与议程设置，以减少执行阶段的障碍；但他们同时又不希望或不放心民众主动参与议程设置。

中国人民非常熟悉动员模式。在毛泽东时代，从土改到“三反五反”，到总路线、“大跃进”、人民公社三面红旗，再到“四清”、“文革”，几乎每一次重大的、战略性的议程设置都是采取的这种模式。动员模式一般包括五个阶段：第一阶段是“运动开始，发出文件”。文件既可采取中共中央、国务院文件的形式，也可采取《人民日报》社论、评论员文章的形式，甚至还可采取“毛主席最新指示”的形式。第二阶段是“层层传达、普遍宣传”。传达往往是先党内、后党外，先干部、后群众，要求做到家喻户晓、人人皆知、不留死角。需要强调速度时，则要求传达不过夜。第三阶段是“认真学习、深刻领会”。学习是指学习文件、社论、辅导材料之类；学习的目的是让大众吃透中央精神，包括为什么要提出新议程、什么是新议程的“精神实质”，以及落实新议程的步骤、方法等。第四阶段是“抓住典型、以点带面”。典型既可以是正面典型，也可以是反面典型。典型的意义在于用实例向广大群众展示新议程的必要性、可行性和优越性。第五阶段是：通过以上几个阶段的工作，动员模式希望能统一思想、形成共识，从而达到贯彻落实新议程的目的。

美国政治学者林德布洛姆曾将政府获取民众服从的手法归纳为三大类。第一是压服（权威），即在暴力威胁下，民众不得不服从；第二是收买（市场），即以恩惠来换取民众的服从；第三是说服，即通过教育动员，让民众内化官方的意识形态，将政府意图转化为自觉的行动。毛泽东时代常见的动员模式便属于第三类，其优点是比压服和收买成本低，但缺点是难以持续、长久地奏效。[16]

改革开放以后，中国在议程设置方面采取动员模式的频率大大降低了，但并没有完全放弃。例如，在以下议程的设置中，我们便看到，直到20世纪90年代末，这个模式依然在起作用：提倡一对夫妇只生育一个孩子（1980年）；在个体经济中开辟就业渠道（1981年）；在农村全面建立家庭联产承包责任制（1982年）；开展“五讲四美”活动，清除精神污染（1983年）；加快城市经济体制改革（1984年）；推行国营企业工资改革，破除大锅饭（1985年）；改革劳动制度，打破铁饭碗（1986年）；反对资产阶级自由化（1987年）；深化企业劳动人事、工资分配、社会保险制度改革（1992年）；深化企业职工养老保险制度改革（1995年）；对公有制企业实行大规模减员增效、下岗分流（1997年）；在全国范围内进行城镇职工医疗保险制度改革（1998年）。[17]

内参模式

在内参[18]模式里，议程不是由决策者提出的，而是由接近权力核心的政府智囊们提出的。形形色色的智囊通过各种正规和不正规的渠道向决策者提出建议，希望自己的建议能被列入决策的正式议程。他们往往不会努力争取民众的支持，因为他们更看重决策者的赏识；他们有时甚至不希望所讨论的问题变成公共议程，因为他们担心自己的议案可能会招致民众的反对，最终导致决策者的否决。在这个模式里，没有民众与决策者的互动，只有智囊们与决策者的互动。

在毛泽东时代，大部分重要决策都是由毛泽东、周恩来等最高领袖亲自决定的。[19]那是一个伟人的时代，但并不意味着完全没有内参模式的地位。以下四个例子从时间上跨越了50年代初到70年代初，从中可以看出当时内参模式的特点。

案例一：1950年6月下旬朝鲜战争爆发，到8月初，朝鲜人民军已经解放了朝鲜90%以上的领土，迫使美军和李承晚的伪军退守洛东江以东的大丘、釜山一隅。当时，在社会主义阵营，人们都处于高度的兴奋之中，以为朝鲜实现完全统一已经指日可待。毛泽东等中国领导人却并没有陷入盲目乐观。8月23日，在总参谋部作战室工作的雷英夫等人经过反复研究最新情报作出判断：美军可能很快将在仁川登陆，切断朝鲜人民军的补给线，形成南北包围和夹击人民军主力的态势，使朝鲜战局发生逆转。他们进一步预测，9月15日是大潮，美军选择这一天登陆的可能性最大。听到参谋们报告这个分析结果，周恩来极为重视，立刻带雷英夫去见毛泽东。毛泽东听后说："这些判断有道理，很重要"，"很快结束战争是不可能了，战争肯定是持久的、复杂的、艰苦的"，并随即发出三道命令："立即通知情报部门严密注视朝鲜和英、美、日；立即把我们的看法向斯大林和金日成通报，提供他们参考，希望人民军有后撤和在仁川防守的准备；立即通知东北的13兵团要加紧准备，8、9两个月一旦有事，能立即行动"[20]。雷英夫的报告直接影响了最高领导人的战略决策。

案例二：1956年6月，波兰波兹南的工人为要求增加工资、改善生活状况而举行示威，保安部队进行镇压造成很大的伤亡，在全国引起很大的震动和愤慨。8月，曾因犯"右倾民族主义错误"而被解除统一工人党总书记职务的哥穆尔卡再度出山，担任第一书记，并要求当时担任波兰国防部长的苏联元帅罗科索夫斯基返回苏联。10月，驻波苏军出动坦克部队包围华沙，企图进行镇压。波兰人民群情激昂，波苏军队互相对峙，形势非常紧张。在整个事件中，中国驻波兰大使馆一直强调问题的核心是波兰的反苏情绪，把波兰事件定性为“反共事件”。但通过深入采访，新华社驻波兰记者谢文清得出截然相反的判断。他认为，问题的症结是苏联的大国沙文主义。他于10月12日给国内发出的报告说，批判斯大林的个人崇拜后，波兰出现了“如狂风般的空前广泛、空前热烈而又空前深刻的全民性的政治、思想大讨论”，目前波兰全国上下“都在积极设法采取措施改正错误和缺点。大多数人们并未失掉信心，人们仍然坚信社会主义制度的优越性。虽然在这场大讨论中有过一些偏差，而且目前也存着一些矫枉过正的无政府主义倾向，但其主要结果是积极的，正确的”。苏军出兵后，谢文清又在10月22日发回的密电中写道，“我个人认为，苏共代表团的到达，华沙的调集军队之举是不够明智的，引起人民强烈的不满。在华沙到处可听到这种不满的言论”[21]。当时，中共中央关于波兰的信息主要只有大使馆和新华社两个来源，中央后来接受的是谢文清的意见，批评了大使馆的看法。受到毛泽东、周恩来高度赞赏的谢文清调研材料事实上在一定程度上影响了后来中共中央对苏联的立场。[22]

案例三：1957年10月4日，苏联成功发射第一颗人造地球卫星。竺可桢、钱学森、赵九章、陆元九等中国科学院院士随即建议开展中国的卫星研制工作。张劲夫把这一意见反映到在武昌召开的中央全会上。1958年5月17日，毛泽东主席在中共八大二次会议上提出：“我们也要搞人造卫星”。同日，中央书记处同意科学院搞人造地球卫星。聂荣臻委派张劲夫、钱学森、王铮（国防部五院副院长）负责卫星规划。7月，科学院院党委拟定出卫星研制分三步走的计划：第一步，发射探空火箭；第二步，发射小卫星；第三步，发射大卫星。8月，科学院决定由钱学森、赵九章、郭永怀、陆元九等负责拟定发展人造卫星的规划草案，代号581；并为此成立“581组”，钱学森任组长，赵九章、卫一清任副组长，负责组织和协调人造卫星、火箭探空业务。1960年2月19日，我国自行设计制造的试验型液体燃料探空火箭首次发射成功。9月，探空火箭发射成功，从而迅速缩小了我国在空间技术方面与世界先进科学水平的差距。[23]

案例四：1969年3月，中苏发生了珍宝岛武装冲突事件，从而引发了对苏联战略的讨论。有人认为，苏联的战略将会东移，进攻中国；有人认为，苏联仍是向西，同美国争夺欧洲。国内最担心的则是美苏是否会联合反华。1969 年底，新华社派记者王殊担任驻联邦德国记者，临行前嘱咐他注意研究苏联战略问题：究竟是向西，还是向东。到联邦德国后，经过深入调查研究，王殊以翔实的材料和数据证实，欧洲是美苏争夺的重点，苏联的根本利益在欧洲。如果苏联战略真的要东移，不但对付不了中国，而且会失掉欧洲，苏联不会做这样的蠢事。对于发展中德关系，王殊认为，首先要破除看待联邦德国的一些老框框，实事求是地分析联邦德国的现状。在诸多老框框中，最重要的一条是，联邦德国究竟是不是军国主义、复仇主义国家。通过广泛的采访，王殊得出结论：在联邦德国占主导地位的是和平主义，不是军国主义、复仇主义。同时，联邦德国经济科技发展很快，有扩大国际市场的需要。如果加强中德两国之间的贸易和经济关系，对双方都会有好处。1969 年 9 月，联邦德国政局发生变化。王殊经过深入调研后得出结论：执政党和反对党都有加强与中国的关系的愿望，但执政党采取的是先苏后华的政策。他因此建议中央考虑先邀请反对党领导人访华，以推动联邦德国政府更积极地发展两国关系。毛泽东、周恩来看了王殊关于欧洲局势、苏联战略以及两国关系的报告后，大加赞赏，并于 1972 年 7 月下旬单独召见了他；外交部也破例数次对他发出内部通报表扬。王殊的报告对最高领导人确立中国的全球战略无疑产生了相当大的影响。[24]后来中德关系果然发展神速，于 1972 年 9 月 29 日草签两国建交联合公报，其中王殊功不可没。两国建交后，毛主席亲自点名把王殊从新华社调入外交部，任命他为中国驻联邦德国使馆参赞，作为临时代办负责在波恩筹建中国驻联邦德国的使馆。1974 年 9 月，王殊被任命为驻联邦德国大使。[25]

由上面四个例子可以看出，毛泽东时代的内参模式有两个特点：第一，内参发挥作用的领域主要与国家安全有关；第二，内参的来源主要不是研究性质的思想库、智囊团，而是参谋和情报收集机构。新中国成立之后面临着险恶的国际环境，如何让新生的共和国自立于世界民族之林是当时中国最高领导人不得不优先考虑的问题。很显然，这两个特点都带有鲜明的时代痕迹。

改革开放以后，内参模式更为常见，究其原因，最关键的是，中国面临的历史任务发生了深刻的变化。如果说毛泽东时代首先要解决的是自立问题的话，那么改革开放要解决的问题是如何使中国经济自强。发展现代经济涉及广泛的领域，其复杂性超越了任何个人的能力，因而不能仅靠提高决策者自身能力来解决。这就要求对决策机制加以改造。例如，过去那种依靠个别智囊的体制已经很难适应现代经济发展的决策需要，必须代之以知识互补的决策咨询群体。正是在这个时代背景下，中国在改革开放之初便提出了决策科学化的口号，并着手逐步建立健全思想库体系。

最早出现的思想库可能是1980年开始形成的“中国农村发展问题研究组”，其成员是一批活动能量很大、具备“通天”关系的中高级干部子弟及知识分子子弟。在中央书记处研究室和中国社科院的支持下，该研究组成员四处开展调研，其调研报告可以直接送到中央领导人的办公桌上，为1981年中央农村工作会议准备了系统、全面的第一手农村调查数据。后来，他们又参与了中央关于农村的几个“一号文件”的制定，形成一支有实力的决策研究力量。1981年11月，中国农村发展问题研究组正式成立。随着研究组的影响越来越大，其成员开始转入其他机构。从1984年起，研究组被一分为三，人员分别进入隶属于国家体改委的中国经济体制改革研究所（简称体改所）、隶属于国务院农村发展研究中心的发展研究所以及社科院农发所。[26]

随着改革向城市和工业方向推进，体改所的作用日益凸显，成为80年代中国最有影响的思想库。这种状况一直持续到1989年。在此前后，另外一些智囊机构也应运而生，包括国务院内设立的若干个研究中心（后来整合成为国务院发展研究中心）、中信国际研究所等。[27]

90年代以后，随着经济活动越来越复杂，研究领域的专业分工也越来越精细。因此，中国科学院（如国情研究中心）、中国社会科学院（如财贸经济研究所、金融中心等）、各部委办（如农业部、财政部、国家税务总局、国家统计局、中国人民银行、各个国有商业银行都设有自己的研究机构）、各重点高校属下的研究机构开始越来越积极地卷入政策研究和政策咨询工作。[28]即使在以前被视为非常敏感的外交领域、两岸关系领域，近年来也出现了几十个大大小小的思想库。[29]除此之外，高级知识分子聚集的国务院参事室、各民主党派也表现踊跃，纷纷利用其“直通车”的便利向政府高层建言、反映社情民意。[30]与此同时，中央领导人还从各领域特选了一小批所谓“中央直管专家”，作为最高决策的咨询对象。这些与中央保持直接联系的智囊对中央决策的影响当然更大。[31]

除公开发行的报刊外，上述思想库一般都会出版诸如“简报”、“参阅”之类的内部报告。这些发行量很小的内参，往往可以直达“天庭”，送到最高领导人的办公室。领导人则几乎每天都会圈阅、批示、转发一些报告。[32]在正规的渠道之外，部分研究人员还凭借自己的学术声望和人脉关系通过非正常程序向最高当局递交密札或进谏。[33]

改革开放以后，内参对议程设置的影响可以从以下几个案例看出来：

案例一：1983 年 6 月，中国加入《南极条约》，但因中国尚未在南极建立考察站，其身份是缔约国，而不是协商国，在南极事务中享有发言权，但没有表决权和决策权。有鉴于此，1984 年 2 月 7 日，王富葆、孙鸿烈等 32 位刚刚获得竺可桢野外科学工作奖的科学家，以“向南极进军”为题，联名致信党中央和国务院，建议中国到南极洲建站，进行科学考察。对这封联名信，党中央、国务院领导方毅、胡启立、乔石、李鹏、赵紫阳等相继作了批示。当时中国实力不强，国内四化建设处处急需资金，而南极考察站对经济发展没有什么现实作用。面对科学家开出的十年 1.1 亿元的预算，中央领导着眼于长远目标，反复斟酌必要性及相关经费问题，最后同意在南极洲建站，进行科学考察。1985 年 2 月 14 日，我国第一个南极考察基地——中国南极长城站胜利建成。[34]

案例二：1984 年 5 月 17 日，国务院技术经济研究中心工作人员曹思源说服人大代表温元凯向全国人大递交由他起草的《关于制定“企业破产整顿法”的提案》及两个附件。人大很快将提案转到国务院办公厅，办公厅又转到国务院经济法规研究中心。从当年 5 月 24 日到 11 月，国务院经济法规研究中心先后六次召开由相关部委参加的座谈会，研究是否有必要制定破产法，曹思源在会上说明了自己的主张及理由。同年 10 月底，国务院领导同意着手研究如何起草企业破产法。次年 1 月底，企业破产法起草小组正式成立，曹思源参与其中。1986 年夏天。六届全国人大常委会第 16 次会议第一次审议国务院提交的企业破产法草案时，50 位发言者中就有 41 人持反对意见。为了防止企业破产法胎死腹中，曹思源将自己写的《谈谈企业破产法》送给全国人大常委会委员人手一册，并以该书作者身份给所有常委会委员打电话。修改后的企业破产法最后于 1986 年 12 月 2 日在人大常委会付诸表决，结果是 101 票赞成、0 票反对、9 票弃权。1988 年 12 月，《企业破产法》开始正式实施。[35]

案例三：经济改革全面展开后，价格体系，特别是原材料价格的扭曲，是当时最头疼的问题。在1984年9月召开的“莫干山会议”上，价格改革成为争论最激烈的议题。会上最初形成了两种意见，即所谓的“调派”和“放派”。一方面，接近决策层的田源、周小川、楼继伟、李剑阁等人主张用“小步快调”的办法，不断校正价格体系，逐步逼近市场均衡价格，以减少价格改革可能引起的震动；另一方面，张维迎等人提出，应该一步或分步放开价格控制，实行市场供求价格。后来，华生、何家成、蒋跃、高梁、张少杰则提出了“放调结合”的双轨制价格改革思路。在为会议纪要写的单独报告《用自觉的双轨制平稳地完成价格改革》中，华生建议，从生产资料价格改革入手，用5年左右的时间实现和完成整个价格体系的调整和价格管理体制的改革，这便是“双轨制”概念的来源。会后，华生作为第三条道路的代表，向当时中央财经领导小组秘书长张劲夫做了汇报。“放调结合”的双轨制思路很快引起了国务院领导的高度重视。第二年即1985年3月，国务院下文首次废除计划外生产资料的价格控制，标志着双轨制改革的思路正式被中央政府采纳。1986年，三十出头的华生被授予首批“国家级有突出贡献的专家”的称号。[36]

案例四：1986年3月3日，王淦昌、王大珩、陈芳允、杨嘉墀等4位中科院院士联名向党中央提出跟踪世界战略性高技术，加速发展我国高技术的建议。该建议得到了邓小平的高度重视，他亲自批示：“此事宜速决断，不可拖延”。在此后的半年时间里，中共中央、国务院组织200多位专家，研究部署高技术发展的战略，经过三轮极为严格的科学和技术论证后，中共中央、国务院批准了《高技术研究发展计划纲要》，即“863”计划纲要。近20年来，“863”计划在促进中国高科技产业发展方面发挥了巨大的作用。[37]

案例五：1987年，通过新华社内参，国家计委经济研究所副研究员王建发表了题为《关于国际大循环经济发展战略的构想》的报告，提出在沿海地区进一步扩大开放，发展大进大出的加工型经济，参与国际经济大循环的构想。这份报告得到中央领导高度重视。[38]1988年1月，邓小平指示，沿海地区的对外开放和经济发展要“放胆地干，加快步伐，千万不要贻误时机”[39]。2月6日，中央政治局上确定沿海地区经济发展战略。3月4日，国务院召开沿海地区对外开放工作会议，提出“两头在外、大进大出、以出保进、以进养出、进出结合”的口号；3 月 18 日，国务院又发出《关于进一步扩大沿海经济开放区范围的通知》，决定在原有基础上，把 140 个市、县（杭州、南京、沈阳等省会城市）划入沿海经济开放区，人口增加到 1.6 亿。[40]为此，王建被评选为“1988 中国十大杰出青年”。

案例六：清华大学公共管理学院教授胡鞍钢从 1985 年起开始从事国情研究。1993 年 6 月中旬，胡鞍钢与王绍光合著的《中国国家能力报告》摘要在新华社内部发表后，引起决策层的高度关注，为随后出台的中国财税体制改革提供了重要参考依据；报告内容所提出的 7 项建议有 6 项先后被采纳。[41]1994 年，胡鞍钢提出“特区不特”的主张，建议逐步取消针对特区的优惠政策，实行国民待遇，为缩小地区差距创造条件。此建议虽然受到深圳市委和《深圳特区报》的连续批判，但中央领导最终采纳了他的大部分建议。另外，胡鞍钢与合作者在 90 年代中期提出的开发西部、正税养军等建议也在 90 年代后期变为中央的政策。为此，他还多次应邀出席国家最高领导人召集的问策会、国家部委召开的长远规划咨询会，成为高层决策圈的著名智囊。[42]

2002 年末，新一届中央领导人上任以后对决策科学化、民主化更加重视，并作出了表率。从 2002 年 12 月 26 日到 2005 年 8 月 26 日，新一届中央政治局已经举办了 24 次集体学习活动，请哲学社会科学和自然科学方面的专家讲课，平均 40 天举办 1 次学习活动。[43]同时，新一届领导班子十分重视思想库、智囊团的建设，希望思想库、智囊团进行前瞻性、战略性的研究，为各级领导拿出点子、拿出办法。[44]为此，中国科学院提出要“充分发挥国家科学思想库作用……增强对国家重大发展战略的咨询能力”[45]；中国社会科学院也要求各研究所“努力担当思想库和智囊团的重任，更好地为党和国家决策服务”[46]。可以预见，未来在议程设置上，内参模式还会扮演相当重要的角色。

借力模式

在内参模式中，政府智囊们只关心自己的建议是否会得到决策者的青睐。借力模式的不同之处在于，政府智囊们决定将自己的建议公之于众，希望借助舆论的压力，扫除决策者接受自己建议的障碍。无论中外，一般而言，政府智囊们都希望直接影响决策者，而不是采取迂回的方式；而且，不到万不得已，政府智囊们也不希望因诉诸舆论而得罪当权者。那么，他们为什么会偶尔出此“下策”呢？恐怕最主要的原因是，智囊们深信自己的建议有强大的民意支撑，而政府内部却存在反对的声音。

在中国，借力模式并不常见，但最近却有一个很好的例子。从90年代起，中国开始市场导向的医疗体制改革。根据1993、1998、2003三次国家卫生服务调查，改革后城乡居民的医疗费用支出越来越高，而享有社会性医疗保险的人比例越来越小。[47]2003年的非典危机暴露了公共卫生体制改革的缺陷，也顺带引发了人们对医疗体制改革的反思。[48]但此后仍有政府官员公开声称，必须进一步推行市场化的医疗体制改革，让“国有资产逐步退出公立医院”。不过，在2005年春，国务院发展研究中心社会发展部和世界卫生组织“中国医疗卫生体制改革”合作课题组却发表了六份专题报告和一份总报告，证明医改是“不成功”的，甚至是彻底“失败”的。由于这些报告刊登在内部刊物上，它们最初并没有引起人们的注意。2005年6月底，情况突然急转直下。国务院发展研究中心社会发展部副部长葛延风在接受媒体采访时透露了总报告的内容，他指出，未来中国医疗卫生体制的改革应该坚持两条原则：一是追求公平，要确保所有社会成员都能够得到基本的医疗卫生服务；二是要强调卫生投入的绩效，即在有限的全社会卫生投入水平下，使全民族的健康水平获得最大限度的提高。而市场化改革是不可能达到这两个目的的。[49]几乎同时，卫生部政策法规司司长刘新明也在《医院报》上说出了“市场化非医改方向”的话。[50]据卫生部内部知情人说，刘司长的表态，是他个人一贯的观点。[51]

这两则报道一面世，便在媒体上和民众中引起轩然大波：媒体上一时间出现大量有关医改的报道和讨论；而民众则几乎一边倒地同意“医改不成功”的判断。[52]虽然有些市场派的学者坚称医改不能走回头路[53]，虽然卫生部希望回避关于医改是否“不成功”的话题[54]，但潘多拉的盒子已经打开，如果政府医改的思路不作重大调整，民众是难以接受的。[55]看来，智囊们借力之举是相当有效的。

上书模式

这里的“上书”是指给各级决策者写信，提出政策建议，不包括为个人或小群体利益申述之类的行为。上书模式与内参模式十分相似，都是有人向决策者提出建言，不同之处在于建言人的身份。在内参模式里，建言人是政府的智囊或智囊机构；在上书模式里，建言人不是专职的政府智囊。不过，建言人也未必是一介平民，他们往往是具有知识优势、社会地位的人，只有这种人才拥有某种“话语权”，才了解上书的渠道，提出的建议才可能被重视。其实，即便是精英们的上书，往往也是石沉大海，毫无反响。清朝不断“上书各中堂、各大人、各先生”的龚自珍不是发出过这样的感叹吗：“布衣三十上书回，挥手东华事可哀。”（《送南归者》）一般民众，人微言轻，他们的上书往往在秘书那里就被挡住，更难送到决策者跟前。无论古今中外，由平头百姓一纸上书影响议程设置的案例简直是凤毛麟角。

上书模式固然很少出现，但这并不意味着当代中国完全没有这样的例子，也不意味着这个模式以后不会更频繁地出现。让我们来看看下面三个案例。

案例一：1986 年 4 月 12 日，中共中央办公厅和国务院办公厅发出通知，决定在全国范围内实行夏时制，通知动员全国人民为节约能源在春夏期间而早睡早起。具体做法是：每年从 4 月中旬第一个星期日的凌晨 2 时整，将时钟拨快一小时，夏令时开始；到 9 月中旬第一个星期日的凌晨 2 时整，再将时钟拨回一小时，夏令时结束。实行夏时制的建议是由交通部公路科学研究所研究员窦星元提出的。[56]六年后，夏时制中止了。而决定停止源于一位人大代表反复多次的建议，理由是我国面积很大，跨越了多个时区，夏时制操作起来很麻烦，给铁路、航空等部门带来了很多问题，且节约能源的效果并不大。经过几个相关部门和部分省市的调查研究，国务院决定于 1992 年 4 月 5 日起停止实行夏时制。[57]

案例二：2003 年 1 月，广东榕泰实业股份有限公司总经理李林楷当选为十届全国人大代表。2003 年 3 月，在十届全国人大一次会议上，他提出了《关于要求制定和修改有关法律促进非公有制经济发展的议案》，建议立法保护私人合法财产，把公民私有合法财产不可侵犯写进宪法。随后，39 位全国人大代表在这份议案上附议。这个议案在人大代表中引发了不小的争论，就连李林楷自己，当时也觉得短期内修宪的可能性不大。2003 年 12 月，中共中央决定启动修宪程序，李林楷等 12 位全国人大代表应邀列席十届全国人大常委会第六次会议，讨论中共中央关于修改宪法部分内容的建议。2004 年 3 月 14 日，《中华人民共和国宪法修正案》由第十届全国人民代表大会第二次会议通过，原“宪法”第 13 条“国家保护公民的合法的收入、储蓄、房屋和其它合法财产的所有权”被修改为“公民的合法的私有财产不受侵犯”。作为宪法修正案的提出者，李林楷被评选为 2004 民营经济十大风云人物之一。[58]

案例三：怒江、澜沧江、金沙江三条大河在滇西北丽江地区、迪庆藏族自治州、怒江傈僳族自治州行政区内并流而行，人们称之为“三江并流区”。2003 年 7 月 3 日，“三江并流”被联合国教科文组织正式批准为世界自然遗产。几乎同时，2003 年 8 月中旬，国家发展与改革委员会通过了怒江流域水电开发方案，将其作为我国重要的水电基地之一。怒江兴建水电站的决定马上引起一批环保组织的反对。一方面，它们通过各种方式动员媒体发出反坝的声音，争取舆论支持；另一方面，它们上书国务院领导，要求停止怒江水电梯级开发。2004 年 2 月中旬，在发改委上报国务院的《怒江中下游水电规划报告》上，国务院总理温家宝亲笔批示：“对这类引起社会高度关注、且有环保方面不同意见的大型水电工程，应慎重研究，科学决策”，暂时搁置了一度箭在弦上的怒江水电工程。[59] 2005 年 7 月，温家宝总理赴云南考察工作期间，地方官员向他反映怒江水电建设停工已久，地方不知如何进退，希望中央能尽快定夺。温总理回京后，即指示国家发改委、环保总局、水利部等有关部门“加紧论证研究，尽快拿出自己的意见”。由于担心怒江工程重新启动，61 个环保组织和 99 位个人又于 2005 年 8 月起草一份《民间呼吁依法公示怒江水电环评报告的公开信》，并将它呈送给国家发改委、国家环保总局等有关部委。[60] 与此同时，支持开发怒江水电的人也上书中央领导，希望该工程早日上马。[61] 正反两方面的上书形成拉锯战，使中央到目前为止还没有对怒江工程定案。民间组织的活动与上书如此影响中央政府的决策，这在中国还是第一次，是一个标志性的事件。

随着社会自由度的加大，社会地位不同、立场各异的人将会更积极地运用自己的发言权。因此，上书模式今后有可能变成影响中国议程设置的主要模式之一。

外压模式

与上书模式一样，在外压模式里，议程变化的动力来自政府架构之外。它与上书模式不同之处不在于“外”，而在于“压”。在上书模式里，议程的提出者希望通过给决策者摆事实、讲道理来影响议程设置；在外压模式里，议程的提出者虽然不排除摆事实、讲道理的方式，但他们更注重诉诸舆论、争取民意支持，目的是对决策者形成足够的压力，迫使他们改变旧议程、接受新议程。在前面提到的怒江水电一案中，我们已经看到了外压模式的影子。在一般情况下，外压模式有以下几个特点：

第一，只有在初始阶段，外压模式里的议案倡导者是可以确定的。随着议案影响力的扩大、议案支持者的增加，谁是倡导者已越来越难分辨，他们的身份已变得越来越模糊。这时的关键是议案的民意基础到底有多深厚，是否对决策者构成足够的压力。说到民意，我们应该区分两部分民众。一部分是所谓“关切的民众”（attentive public），一部分是一般大众（general public）。前者在数量上永远是总人口的一小部分，但他们对公共议题不仅十分关心，而且相当了解。他们对议案的支持有助于防止议案滑出舆论的焦点圈。后者是大多数人，他们对多数公共议题的注意力往往是短暂的；一般大众很少长期、执着地卷入某项争议。正是因为如此，一旦一般民众支持改变旧议程、接受新议程，对决策者的压力之大是可想而知的。在这种情况下，公共议程最可能变为正式议程。[62]

第二，外压模式产生作用的前提是少数人关心的议题变为相当多人关切的公共议程，否则压力便无从产生。而这个过程需要时间。即使某个议题已经提上了公共议程，如果它最终得以进入正式议程的话，同样也需要时间。因此，外压模式的一个特点是所需时间一般比其他模式长。

第三，由于头两个特点的存在，研究者往往很难准确地断定外力究竟通过什么方式最终影响了议程的设置。他们所能做的无非是在时间的先后顺序上将外部压力的形成与政府议程的变动联系起来。

上述三个特点是在一般情况下外压模式具备的特点。但也有特殊情况，即突然出现所谓“焦点事件”(focusing events)，引起社会普遍的关注，进而迫使决策者迅速调整议程。焦点事件一般都是坏事，如灾难、事故等，它的发生对某一群人的利益造成现实的伤害、对其他人的利益可能产生潜在的伤害。这类事件的发生使得利益群体、政府官员、大众传媒以及广大公众对现存问题有更深切的认识，希望纠正明显的政策失误。[63]注意焦点的集中有助于打破已往的权力平衡，使争取议程转换的意见在公众舆论里占据上风，形成强大的民意压力，迫使决策者在短时间里调整政策取向。因此，有学者把焦点事件引发的反应阶段称为“政策窗口”(policy window)。[64]由于焦点事件的影响是直接的、快速的、容易确定的，不少研究议程设置的学者都把注意力集中在它上面。[65]

过去，在中国，议程设置一般采取的是前面提到的五个模式，外压模式比较少见。尽管早在80年代中期，中央领导人就在提出决策科学化的同时，提出了决策民主化的主张[66]，但直到90年代后期以来，带民主色彩的外压模式才越来越常见。之所以会出现这样的变化，可以从两方面找到原因，一方面是压力从何而来，另一方面是压力为什么会产生影响议程设置的效果。

先看压力的根源。虽然中国经济在过去四分之一个世纪高速增长，但不惜一切代价追求GDP高增长率也带来一系列严重的问题。这些问题也许在改革初期并不凸显，但随着时间的推移，它们变得越来越引人注目。到90年代末，有些问题已变得令人触目惊心，包括环境危机、贫富悬殊(地区差距、城乡差距、居民收入差距)、缺乏经济与社会安全（大规模下岗失业、就学难、就医难、各类事故频发）等。人们切实体会到经济增长不等于社会进步。与此同时，社会分化程度越来越高。在改革初期，由于社会分化程度低，人们容易形成共识。那时，哪怕某些人必须为改革付出代价，他们也往往愿意为了长远的利益而牺牲短期利益，因为他们相信，改革最终会使所有人受益。随着社会日益分化，曾经让人充满希望的“改革”变得可疑起来。改革的金字招牌脱落了，有关改革的共识破裂了。[67]那些在前期改革中利益受损或受益不多的阶层对新推出的改革不再毫无保留地支持；恰恰相反，他们对凡是带有“改革”标签的举措都疑虑重重，生怕再次受到伤害。这些人仇视滥用权力、中饱私囊的官员，敌视一夜暴富、挥金如土的新贵，蔑视巧舌如簧、发“改革”财的学者。更重要的是，他们普遍感觉到中国的改革已经步入歧途，到了改弦更张、强调经济社会协调发展的时候了！这就是政府面临的社会压力所在。

那么潜在的压力是如何转化为现实的压力呢？四个领域的变化发挥了关键性作用：利益相关者的施压；非政府组织的卷入；大众传媒的转型；互联网的兴起。

先看利益相关者的施压。当社会分化不太严重时，各利益相关群体往往处于“自在”阶段，缺乏“自为”意识，也不大会为自身的利益向决策者施压。随着社会分化程度提高，各利益群体对自身利益变得更加敏感；随着各利益群体对自身利益变得更加敏感，他们便会产生向决策者施压的冲动。当然，冲动是一回事，能在多大程度上施压是另一回事。这里的关键是利益相关群体的动员能力。在所有利益相关群体中，拥有政治和组织资源的地区无疑最强。

区域政策是利益相关群体施压的一个例子。80 年代中期以前，中国存在地区差距，但问题并不突出。“七五”期间（1986—1990 年）提出了所谓“梯度发展理论”，1988 年更明确提出了“沿海地区发展战略”。这种非均衡发展战略反映了邓小平“两个大局”的构想。他说：“沿海地区要加快对外开放，使这个拥有两亿人口的广大地带较快地先发展起来，从而带动内地更好地发展，这是一个事关大局的问题。内地要顾全这个大局。反过来，发展到一定的时候，又要求沿海拿出更多力量来帮助内地发展，这也是个大局。那时沿海也要服从这个大局”[68]。

由于国家政策明显向东部倾斜，结果导致东西部差距从 80 年代末起迅速扩大。[69]90 年代初，学者与政策研究者就地区差距展开了一场争论，当时的主流要么认为中国地区差距没有扩大，要么认为地区差距不算太大，不必大惊小怪。[70]邓小平也主张“现在不能削弱发达地区的活力”，应等到“本世纪末达到小康水平的时候”，再“突出地提出和解决”地区差距问题。[71]不过，落后地区不愿再等了。这时，在每年 3 月召开的全国人民代表大会上，都有来自内陆的代表公开表示对中央政策倾斜的不满。面对来自内陆省份的越来越大的压力，1996 年八届全国人大四次会议上通过的“九五”计划及 2010 年远景目标纲要指出：要坚持区域经济协调发展，逐步缩小地区差距。可惜，大部分政策措施力度不够，对于缩小东西部差距没有产生明显的效果。因此，90 年代后半期，对政府区域政策批评的声音不绝于耳。在这个背景下，1999 年 3 月，当时的总书记江泽民承诺，要研究实施西部大开发战略，加快中西部地区的发展；6 月，他又提出，要把加快开发西部地区作为党和国家的一项重大战略任务。2000 年 1 月，党中央对实施西部大开发战略提出了明确要求，国务院成立了西部地区开发领导小组，才真正进入西部大开发的实施阶段。[72]其后，在全国人大上，面临巨大转型困难的东北三省人大代表纷纷投书，强烈要求中央实施东北振兴战略。2003 年 9 月，“振兴东北地区等老工业基地”终于也正式成为中国政府的“战略决策”。[73]

再看非政府组织的卷入。在过去 20 年里，中国目睹一场前所未有的社团革命。截至 2004 年底，全国共有各类在民政系统注册的社会团体近 15 万个。很多研究中国社团的国内外学者把注意力放在注册社团上，误认为它们代表了中国整个社团领域。但事实上，在民政部门登记注册的组织仅仅是这个版图的很小一块。大量应该在民政部门注册的组织选择注册为商业机构，或者干脆不注册而开展活动。例如，许多为人熟知的民间环保组织就没有在民政部门注册。[74]更容易被忽略的是，按照中国法律，县以下的草根组织根本无须在民政部门登记注册，比如那些在企业、机关、学校、街道、乡镇和村落内开展活动的社团。把注册与未注册的社团加在一起，总数至少在 50 万以上。[75]

大多数社团也许对公共政策毫无兴趣，但有一类社团最大的关注点便是公共政策。它们是倡导性社团（advocacy groups）。人们习惯于把这类社团称为“非政府组织”或“NGO”。在中国各类 NGO 中，环保 NGO 最为积极。90 年代以前，中国也有环保社团，但绝大多数是自上而下组建的、半官方的环境科学研究团体。那时中国的环境污染问题还不太突出，民众对此不太关心。因此，那时的环保社团要么研究多于行动，要么干脆没有什么行动。90 年代以后，生态环境恶化日渐显著，人们的环保意识也逐步高涨。在这个背景下，1994 年 3 月 31 日，中国首家民间环保

NGO——“中国文化书院·绿色文化分院”在民政部注册于北京成立，简称“自然之友”。此后，北京又涌现出一批民间环保NGO，如“地球村”、“绿家园”等。[76]进入新世纪，民间环保NGO（尤其是高校学生团体）开始在各地大量出现，遍布安徽、四川、山东、福建、重庆、广东、河北、云南等省、自治区、直辖市，并呈逐年增加的趋势。据不完全统计，全国现有2 000多家环保NGO。[77]它们的经费主要靠自筹（相当大的比重来自境外捐赠），不依靠政府财政拨款。除了开展环保教育、配合政府编制环保计划、担任有关机构环保顾问外，这些环保NGO还竭力呼吁改善生态环境，并动员各种力量干预破坏环境的行为、工程和计划，对政府形成巨大的压力。[78]在“上书模式”里提到的怒江水电工程便是一例。

环保NGO数量不大，但能量巨大，原因之一是很多组织与大众传媒有千丝万缕的联系，要么其发起人、负责人和主要成员在传媒机构任职，要么其传媒机构有大量支持者和朋友。传媒把环保NGO的声音以放大的方式传播出去，无形中加大了它们的影响力。

中国的大众传媒不仅充当了环保NGO的“扩音器”，而且近年来在公众议程设置方面扮演着越来越积极主动的角色，进而影响到正式议程的设置与调整。传媒的议程设置功能有三个层次，第一是大众传媒报道或不报道哪些“议题”，第二是大众传媒是否突出强调某些“议题”，第三是大众传媒如何对它强调的“议题”进行排序。[79]我们这里说的不是指某几家传媒机构的某几次报道，而是指整体大众传媒在较长时期里的报道活动。很显然，不进入第一个层次，民众对一些议题就不会感知。例如，研究表明，80年代的煤矿事故比现在更普遍、更严重，但当时矿难并没有成为一个公共议题。90年代中后期以来，矿难成为国人关注的焦点之一，主要是因为大众传媒对它进行的广泛报道引起了公众的重视，不仅进入了第一个层次，还进入了第二个层次。[80]在一个较长时期里，进入第二个层次的议题当然不止一个，这时，如果大众传媒对一系列“议题”的报道呈现一定排序的话，也会影响公众对这些议题的重要性的判断。

近几年来，中国民众对“三农”、农民工、生态环境、公共卫生、医疗保障、贫富差距等问题的关切，在很大程度上是传媒强调的结果。在中国，媒体的角色一直被定位在“宣传机器”上。例如，新闻出版署1990年颁布的《报纸管理暂行规定》第7条讲得很明确，“我国的报纸事业是中国共产党领导的社会主义新闻事业的重要组成部分，必须坚持为社会主义服务、为人民服务的基本方针，坚持以社会效益为最高准则，宣传马克思列宁主义、毛泽东思想，宣传中国共产党和中华人民共和国政府的方针和政策；传播信息和科学技术、文化知识，为人民群众提供健康的娱乐；反映人民群众的意见和建议，发挥新闻舆论的监督作用”[81]。那么，党的喉舌为什么近年来会变得越来越具有公共性，成为连接政府与民众的双向桥梁呢？这是因为媒体的数量和性质都发生了巨大的变化。

在量方面，与改革初期比，电台的数量增加了三倍，电视台、报纸、杂志的数量都增加了十倍左右。[82]质的变化更为深刻。从80年代开始，中国的传媒便开始市场化，这个进程在90年代以后加快了。现在，虽然国家仍掌握电台、电视台、报纸和一些刊物的所有权，但传媒机构失去了国家财政拨款，必须在激烈的市场竞争中求生存。一旦追求利润成为传媒机构的主要驱动力，其日常运作的逻辑便改变了：它们必须考虑如何吸引读者或观众、如何扩大自身的影响力。当然，党和政府的机关报、机关刊物自由度比较小，但这些传媒机构在转向传媒产业的过程中，都增设了自由度相对大得多的附属报刊，例如，《人民日报》属下的《环球时报》，新华社属下的《瞭望东方周刊》，上海文汇新民联合报业集团属下的《新民周刊》和《外滩画报》，广东省新闻出版集团属下的《新周刊》，以及南方报业传媒集团属下的《南方周末》、《南方都市报》、《21世纪经济报道》等。本来就不属于党报系统的《中国新闻周刊》、《财经》、《商务周刊》、《中华工商时报》等报刊相对独立性也不小。在这些著名报刊的带动下，全国几百家报刊（例如《江南时报》、《大河报》等）纷纷开辟或增加新闻评论和公共事务讨论的版面，不断试图拓宽的言论边界。影响所至，已经波及了某些广播和电视媒体。

在竞争的压力下，媒体往往会主动“三贴近”：贴近群众，贴近生活，贴近真实，不时报道敏感的新闻事件，评论敏感的时政话题。正是在这种背景下，大众传媒开始更积极主动地为各种利益诉求开辟表达的空间，促使某些民众关心的议题变为公共议题，进而推动国家政策、法律、体制的变革。

大众传媒面临的竞争不仅来自传统媒体内部，还来自新兴网络媒体，如互联网、手机短信等，尤其是互联网的兴起迫使传统媒体不得不改变以往新闻和信息的传播格局，并且为公众讨论公共事务提供更开放的空间。

如果从 1994 年 4 月 20 日中国正式进入互联网之日算起的话，中国进入网络时代不过 10 年 之余。然而，如图 3—2 所示，互联网发展可以用“爆炸型”来形容。1997 年初，全国的互联网使用者不过区区 62 万人；到 2006 年 1 月，这个数字已经暴增至 1.1 亿，而且增长的势头仍没有放缓的迹象。

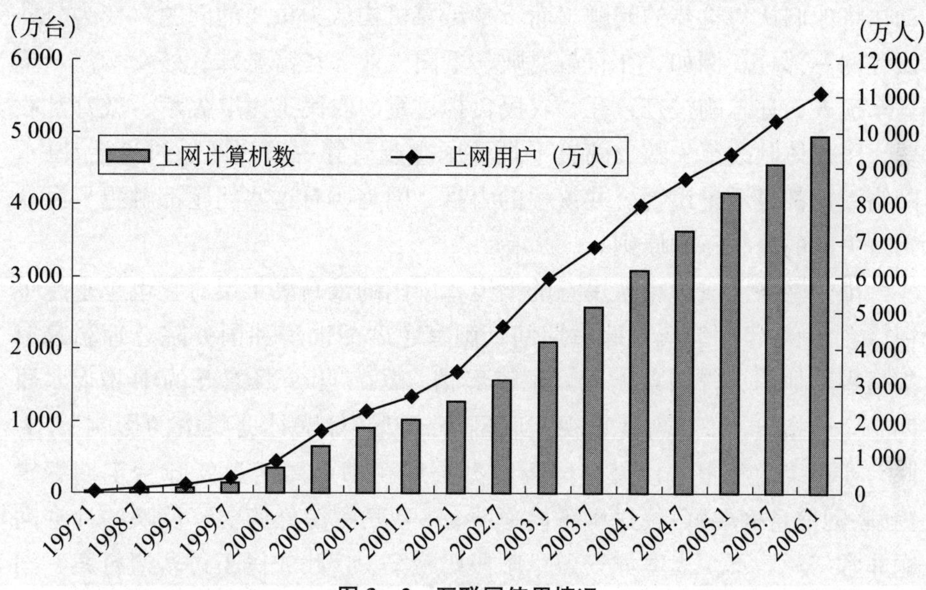

图 3—2　互联网使用情况

资料来源：历年《中国互联网络发展状况统计报告》。

2000 年前，由于网民数量低于 1 000 万人，真正意义上的网络媒体还没有形成。随着网民在 2001 年突破 2 500 万人，情况开始发生变化。2002 年，当网民超过 4 500 万人时，网络舆论急遽升温。2003 年，当网民达到 7 000 万人时，网络舆论风起云涌，“黄碟”案、刘涌案、黄静案、宝马案、日本人珠海买春案、京沪高铁案、孙志刚案在虚拟空间掀起一个又一个巨大的舆论浪潮。难怪这一年后来被人称作“网络舆论年”。[83] 此后，互联网成为公众传递信息、表达意见、评论时政、释放情绪的一个主要渠道，网络舆论对公共议程设置的影响越来越显著。

与传统媒体比较，互联网最大的特点是人人都是潜在的信息发布者，信息多向（而不是单向）传播，信息传播范围扩大到全世界，信息可以瞬时传遍地球每个角落。这些特点使控制信息难上加难，使普通网民拥有了前所未有的话语权，也使公共权力不再可能完全在暗箱中操作。[84]

出现具有公共性、开放性、交互性、多元性、瞬时性的网络媒体后，公共议程的设置逻辑也开始发生变化。在传统媒体时代，议程说到底是由屈指可数的传媒机构设置的；而政府通过控制传媒机构来影响议程设置相对来说比较容易。进入大众网络时代，情况就不同了，网民可以通过互动，将他们认为重要的问题（而不是传媒机构认为重要的问题）变为公共议程的一部分。例如，在官员腐败、下岗失业、贫富悬殊、处女卖淫、宝马车撞人、孙志刚被打致死、农民负担过重、农民工讨取欠薪、教育乱收费、医疗体制改革失败、郎咸平批评国企改革等一系列网上讨论活动中，网络舆论都显示出设置公共议程的力量，因为所有这些问题都触犯了民众十分关心的公平正义原则。

由于网络已成为反映民意的渠道，中国的最高决策层对它也越来越重视。在2003年“非典”肆虐期间，国家主席胡锦涛和国务院总理温家宝都透露，他们也曾亲自上网，了解舆情。2004年9月召开的中共十六届四中全会指出，“要高度重视互联网等新型媒体对社会舆论的影响”。为此，在传统内参报告以外，国务院办公厅秘书一局信息处开始定期编辑《互联网信息摘要》，报送国务院领导。《互联网信息摘要》反映的社会问题非常广泛，不少大案如安徽阜阳假奶粉案、广州农民工讨薪遭打案、湖南嘉阳违法拆迁案等都是通过这条渠道迅速上达国务院的。[85]从高层对网络舆情的高度关注，可以看出网络媒体的影响力之大。

当然，网络媒体与传统媒体并不是相互对立的，它们的作用完全可以是互补的。当某个议题引起网民广泛关注时，传统媒体往往会马上介入，进行采访和深度报道，黄静案、日本人珠海买春案、京沪高铁事件都是这样的例子。反过来，某家传统媒体机构对个别事件的报道可能在网络论坛上引起轩然大波，使它迅速变为公共议程的一部分。在更多情况下，网络媒体与传统媒体交互作用，很难辨别是谁引导谁。孙志刚事件就是两者互动的一个典型。在网络普及以前，广州地区的报纸就曾对“收容遣送事件”作过一些调查性或揭露性的报道，仅在2000—2001年两年间，这样的报道就有6则之多，但都没有引起太大的反响。[86]2003年3月20日，湖北青年孙志刚因未带证件，在广州收容所被打致死。3月底，一位在北京学传媒的研究生在著名 BBS 提供网站“西祠胡同”的“桃花坞”讨论区公布了这个消息。“桃花坞”是全国各地媒体从业者聚集的地方。这则消息于是引起了《南方都市报》记者陈峰的注意。陈峰与他的同事在采访孙志刚的亲属和有关部门以后，于 4 月 25 日率先在报纸上对此案进行了揭露。[87]其后，别的媒体纷纷转载。但更重要的是，这时中国的互联网已发展到拥有近 7 000 万网民，孙志刚事件在网络上引起了强烈反响。如果没有网民的推波助澜，这个事件也许会像以前一样，一时激起层层涟漪，但很快便恢复到风平浪静、水波不兴的局面。然而，借助网络的威力，这个事件造成舆论哗然，形成强大而持续的民意压力，并最终推动政府于 6 月 20 日废止了实行多年的收容遣送制度。网络媒体与传统媒体的交叉作用竟能这么快导致一项制度的变革，这不仅在中国，即使在世界上恐怕也是空前的。

除了像孙志刚案这样的“焦点事件”外，在多数情况下，舆论影响公共议程的设置、进而影响正式议程的设置是一个较长的过程。对比最近几年提上公共议程的话题与政府政策的调整，我们可以看到两者之间存在一条清晰的脉络，包括“三农”问题、农民工问题、户籍改革问题、义务教育问题、公共卫生问题、医疗保障问题等。在所有这些领域，舆论对原有政策的批评一般都比政策调整要早 3～5 年，前者对后者的推动作用毋庸置疑。[88]

最初，舆论批评的焦点集中在具体政策领域，但人们逐步认识到，具体政策之所以出现偏差，是因为中央政府采取了“效率优先”的整体政策导向[89]，地方政府则为了追求 GDP 高增长率而不惜一切代价。于是，近年来在网络和传统媒体上，我们看到对这种政策导向的普遍质疑和强烈抨击。面对舆论的压力，中央决策层不得不作出回应。为了缓解批评，2002 年底召开的中共十六大试图重新解释“效率优先、兼顾公平”的含义，使用了“初次分配效率优先、再次分配注重公平”的提法。[90]但贫富悬殊的残酷现实告诉人们，初次分配中的不公平问题（例如，垄断行业与非垄断行业之间的收入差距，老板、经理、干部与普通职工之间的收入差距）同样需要重视，单靠财税等再分配杠杆来调节是远远不够的。[91]2003 年 10 月，党的十六届三中全会虽然仍然沿用“效率优先、兼顾公平”的提法，但其分量已被“以人为本”的“科学发展观”大大冲淡。到了 2004 年，十六届四中全会干脆放弃了“效率优先、兼顾公平”的提法。[92] 2005 年底，中共十六届五中全会通过的《关于制定国民经济和社会发展第十一个五年规划的建议》又进了一步，提出未来中国要“更加注重社会公平，使全体人民共享改革发展成果”[93]。

指导思想是个纲，纲举目张。指导思想开始调整以后，新一届中央领导集体已经或正在采取一系列重大举措，切实解决生态环境恶化、地区发展失衡、农业基础薄弱、农村发展滞后、农民增收缓慢、城乡差距拉大、工人下岗失业、克扣拖欠工资、国有资产流失、职工权益受损、贫富过于悬殊、矿难事故频发、疾病疫情不断、医疗保障缺失、教育费用高昂、房价上涨过快、征地拆迁野蛮、社会治安不靖等问题。[94] 从“发展是硬道理”、“先富论”、盲目追求 GDP 增长，到“以人为本”、“共同富裕”、“构建社会主义和谐社会”，是个历史性的跨越。没有民众对“改革”的质疑反思，没有新兴与传统媒体对公共政策的激烈辩论，没有社会要求重新定位中国改革的强烈呼声，政策导向出现如此巨大的转折是难以想象的。[95]

小　结

在今日中国，六种公共政策议程设置模式依然同时并存。但与毛泽东和邓小平时代相比，强人政治的色彩已近销声匿迹。在议程设置过程中，随着专家、传媒、利益相关群体和民间大众发挥的影响力越来越大，“关门模式”和“动员模式”逐渐式微，“内参模式”成为常态，“上书模式”和“借力模式”时有所闻，“外压模式”频繁出现。用中共自己的术语来说，议程设置已变得日益“科学化”和“民主化”了；或用原国务院总理温家宝的话来说，议程设置“突出了着力解决经济社会发展中涉及全局和人民群众关注的重点问题”[96]。虽然“科学化”和“民主化”的程度未必尽如人意，但从这个角度观察，我们可以看到，中国政治的逻辑已经发生了根本性的变化，而西方舶来的“威权主义”(authoritarianism) 分析框架则完全无力把握中国政治中这些深刻的变化，在过去几十年里，这个标签像狗皮膏药一样往往被随处乱贴，从晚清时代开始，一直到民初时代、军阀时代、蒋介石时代、毛泽东时代、邓小平时代、江泽民时代、胡锦涛时代无一幸免。中国政治在此期间发生了翻天覆地的变化，贴在中国政治上的标签却一成不变。如此荒唐的概念与其说是学术分析工具，不如说是意识形态的诅咒。现在已经到了彻底摆脱这类梦呓的时候了。

注释

[1] Peter Bachrach and Morton Baratz，"Two Faces of Power，" *American Political Science Review*，Vol. 56，No. 4（Dec. 1962）：947 - 52.

[2] Matthew A. Crenson，*The Un-politics of Air Pollution*（Baltimore：Johns Hopkins University Press，1971）.

[3] John Gaventa，*Power and Powerlessness*（Urbana：University of Illinois Press，1982）.

[4] Bernard C. Cohen，*The Press and Foreign Policy*（Princeton：Princeton University Press，1963），p. 13.

[5] Maxwell McCombs and Donald Shaw，"The Agenda-Setting Function of Mass Media，" *Public Opinion Quarterly*，*Vol*. 36（1972）：176 - 87；Steven Hilgartner and Charles Bosk，"The Rise and Fall of Social Problems：A Public Arenas Model，" *American Journal of Sociology*，Vol. 94（1988）：53 - 78；Maxwell McCombs and Jian-Hua Zhu，"Capacity，Diversity，and Volatility of the Public Agenda：Trends from 1954 to 1994，" *Public Opinion Quarterly*，Vol. 59（1995）：495 - 525.

[6] Frank R. Baumgartner and Bryan D. Jones，*Agendas and Instability in American Politics*（Chicago：University of Chicago Press，1993）；John W. Kingdon，*Agenda*，*Alternatives*，*and Public Policies*（New York：Harper Collins，1995）. 通过影响公众对各类议题重要性的判断，传媒可以间接影响决策者政策议程的设置。当然，传媒也可能影响决策者对事物的看法，从而直接影响政策议程的设置。

[7] Thomas R. Rochon，*Culture Moves*：*Ideas*，*Activism and Changing Values*（Princeton：Princeton University Press，1998）；Thomas A. Birkland，*After Disaster*：*Agenda Setting*，*Public Policy*，*and Focusing Events*（Washington，DC：Georgetown University Press 1997）.

[8] Cobb以及他的合作者认为议程设定有三种模式，相当于我们这里所说的"外压"、"动员"和"内参"模式。受Cobb及其合作者研究的启发，再结合中国的实际，我们提出议程设定有六种模式，而不是三种模式。参见Roger Cobb，Jennie-Keith Ross，and Marc Howard Ross，"Agenda Building as a Comparative Politics Process，" *American Political Science Review*，Vol. 70，No. 1（March 1976）：pp. 126 - 138。

［9］福建省地方志编纂委员会：《福建省志·物价》，见 http：//www. fjsq. gov. cn/ShowText _ nomain. asp? ToBook=181&index=32&。

［10］《邓小平文选》，1 版，第 3 卷，131 页。

［11］参见《中国统计年鉴 1999》，北京，中国统计出版社，1999。

［12］《邓小平文选》，1 版，第 3 卷，262 页。

［13］同上书，263 页。

［14］同上书，265 页。

［15］《邓小平文选》，1 版，第 3 卷，288 页。

［16］参见［美］查尔斯·林德布洛姆：《政治与市场：世界的政治—经济制度》，上海，上海三联书店，1992。

［17］参见《中国共产党大事记》，见 http：//zg. people. com. cn/GB/33835/index. html。

［18］"内参"是"内部参考资料"的简称。

［19］很大部分例证参见中央档案馆《党的文献》编辑部编：《共和国重大决策和事件述实》，北京，人民出版社，2005。

［20］转引自雷英夫：《抗美援朝战争几个重大决策的回忆》，载《党的文献》，1993（6）；雷英夫：《抗美援朝战争几个重大决策的回忆（续一）》，载《党的文献》，1994（1）。近年来有人提出证据，称毛泽东早在 1950 年 7 月初已预料到美军在仁川登陆的可能性。（参见［韩］徐相文：《关于"毛泽东预言美军仁川登陆"的时间考》，载《中共党史数据》总第 73 辑（2000 年）；卢建东：《对雷英夫有关抗美援朝回忆若干问题的质疑》，载《党的文献》，2001（2）。）不过，即使毛泽东比雷英夫更早提出这个预测，当雷英夫的分析应证他本人的预测时，也有利于他作出战略决策。

［21］转引自沈志华：《1956 年 10 月危机：中国的角色和影响》，载《历史研究》，2005（2）。

［22］参见王殊：《一位讲实话的记者同事》，载《大公报》，2005－07－19；吴冷西：《十年论战》，36 页，北京，中央文献出版社，1999。

［23］参见申倚敏、盛海涛：《学部咨询在国家科技发展中的重大作用》，见 http：//www. cas. ac. cn/html/Dir/2005/04/05/6950. htm；中国科学院：《中国科学院编年史·1958》，见 http：//www. cas. ac. cn/html/cas50/bns/1958. html；《中华人民共和国航天事业大事年表》，见 http：//202. 117. 24. 24/html/xjtu/qxs/sxyj/sxyj23. htm。

［24］参见王殊：《历史回顾：毛泽东的一次紧急召见》，载《生活时报》，2000－08－02；王殊：《中国与联邦德国建交侧记》，载《德国研究》，2002（1）。

［25］参见王殊：《中德建交亲历记》，北京，世界知识出版社，2002。

［26］参见黄锫坚：《王小鲁：十年》，载《经济观察报》，2005－04－21；杨勋：《心路：良知的命运》，第 40～41 节，"全力支持发展组"，北京，新华出版社，2004。

［27］参见邹蓝：《中国智囊机构对政府管理决策过程的影响》，见 http：//www. chinareform. org. cn，2004-02-18。

[28] 例如，据统计，从1998年至2003年，被中央办公厅和国务院办公厅采用的中国科学院的信息与咨询建议共计334条，其中得到中央、国务院领导批示的有66条。这些意见和建议在国家重大决策中起到了积极作用。参见林双川：《中南海倾听“科学思想库”进言》，载《半月谈》，2004（20）；申倚敏、盛海涛：《学部咨询在国家科技发展中的重大作用》，载《中国科学院院刊》，2005-04-05，见http://www.cas.ac.cn/html/Dir/2005/04/05/6950.htm。

[29] 参见孙哲：《中国外交思想库：参与决策的角色分析》，载《复旦学报》（社会科学版），2004（4）。

[30] 参见洪绂曾：《开创参政议政、社会服务工作的新局面——在九三学社中央参政议政和社会服务工作会议上的讲话》，见http://www.93.gov.cn/ldyl/ldjh/ldjh9.htm；贺劲松：《多士成大业　群贤济弘绩——温家宝总理关心参事文史工作纪事》，新华网北京2005年2月3日电。

[31] 参见玉米：《易纲入选中央直管专家》，见http://www.southcn.com/finance/zhixing/200503150885.htm。

[32] 参见詹小洪：《经济学家不是研究马尾巴功能的》，载《经济学家茶座》，2002（2）。除了研究机构出版的新型内参外，传统的、由新闻机构出版的内参也依然发挥着不小的作用，参见谌彦辉：《内参揭秘》，载《凤凰周刊》，2005（14）。

[33] 例如，原社科院研究员、现全国政协专职委员何新曾将自己写的每个报告同时复印七份，送报邓小平、江泽民、陈云、王震、李鹏、李先念、王任重等高层领导，并向一些领导人当面进言。参见何新：《我在中国政治中的风雨二十年》，见http://www.hexinnet.com/documents/qcth/1.htm。

[34] 参见郭琨：《中国南极长城站是怎样建成的?》，载《科技中国》，2005（2）；国家海洋局极地考察办公室：《中国极地考察大事记》，见http://www.soa.gov.cn/jdsy。

[35] 参见曹思源：《中国政改先声：破产拓荒的台前幕后》，香港，香港夏菲尔国际出版公司，1998。

[36] 参见黄锫坚：《华生：双轨》，载《经济观察报》，2005-07-13。

[37] 参见科技部863计划联合办公室：《863简介》，见http://www.863.org.cn/863_105/863brief/index.html。

[38] 参见《王建个人简历》，见http://business.sohu.com/2004/05/14/45/article220134507.shtml。

[39] 参见《邓小平生平年表·1988年》，见http://zg.people.com.cn/GB/33839/34943/34981/2619630.html。

[40] 参见《中国共产党大事记（1988年）》，见http://www.people.com.cn/GB/33831/33835/2527651.html。

[41] 当时直接参与分税制改革的浙江省财政厅厅长翁礼华用“一份报告与一场改革”来形容这份报告的影响。参见翁礼华:《让历史告诉未来:回顾分税制改革的历程》,载《中国财经报》,2003-08-07,第四版。

[42] 参见胡鞍钢:《我是如何研究中国国情的?》,见胡鞍钢:《影响决策的国情报告》,北京,清华大学出版社,2003;高海燕:《经济学家胡鞍钢:与中国发展同行的学者》,载《中国经济周刊》,2005-01-15。

[43] 参见曾勇明:《中央政治局集体学习制度解读:决策科学化民主化》,载《学习时报》,2005-10-13。

[44] 参见李长春:《从“三贴近”入手改进和加强宣传思想工作》,载《求是》,2003(10)。

[45] 齐彬:《中国科学院学部正在积极构建国家科学思想库》,中新社北京2004年6月2日电。

[46] 张车伟:《努力发挥思想库和智囊团的作用》,载《中国社会科学院院报》,2004-02-24,见 http://www.cass.cn/webnew/file/2004022412838.html。

[47] 参见王绍光:《国家汲取能力、政策导向和中国城镇卫生保健的筹资与服务不公平》,载《中国社会科学》,2005(6)。

[48] 参见王绍光:《中国公共卫生的危机与转机》,载《比较》,2003(7)。

[49] 参见张冉燃:《医改“会诊”结论:从总体上讲,改革不成功》,载《瞭望新闻周刊》,2005-06-28。

[50] 参见杨中旭:《中国医改思路出现重大转折》,载《中国新闻周刊》,2005-06-30。

[51] 参见曹海东、傅剑锋:《中国医改20年》,载《南方周末》,2005-08-04。

[52] 参见唐勇林:《调查显示九成公众不满意10年来医疗体制变化》,载《中国青年报》,2005-08-22。

[53] 参见胡舒立:《谨防医保改革刮“共产风”》,载《财经》,2005(16)。

[54] 参见李宗品:《高强:不要争论医改成功与否》,载《新京报》,2005-11-29。

[55] 这可以从胡舒立的文章和高强的讲话发表后引发的批评潮看出一斑。

[56] 参见刘星:《电荒为什么没想起夏时制》,载《中国青年报》,2004-07-19。

[57] 参见解思忠:《中国国民素质危机》,北京,中国长安出版社,2004。

[58] 参见周琼:《十大风云人物·李林楷:为民营经济发展鼓与呼》,见 http://www.ycwb.com/gb/content/2005-01/07/content_828418.htm。

[59] 参见曹海东、张朋:《怒江保卫战幕后的民间力量》,载《经济》,2004-05-24,见 http://finance.sina.com.cn/g/20040524/1237774903.shtml。

[60] 参见胥晓莺:《NGO“怒江保卫战”逆转?》,载《商务周刊》,2005-10-21,见 http://www.businesswatch.com.cn/ArticleShow.asp?ArticleID=1253。

[61] 参见郭少峰:《两院士上书建议开发怒江水电》,载《新京报》,2005-10-23,见

http://www.china5e.com/news/water/200510/20051024058.html。

[62] Roger W. Cobb and Charles D. Elder, *Participation in American Politics: The Dynamics of Agenda Building* (Baltimore: The Johns Hopkins Press, 1975), pp. 107 - 108.

[63] Thomas A. Birkland, *After Disaster: Agenda Setting, Public Policy and Focusing Events* (Washington, D. C.: Georgetown University Press, 1997).

[64] John W. Kingdon, *Agenda, Alternatives and Public Policies*, 2nd ed. (New York: Harper Collins, 1995).

[65] Jack L. Walker, "Setting the agenda in the U. S. Senate: a theory of problem selection," *British Journal of Political Science*, 7 (1977), 423 - 445; Paul C. Light, (1982) *The President's Agenda: Domestic Policy Choice from Kennedy to Carter* (with Notes on Ronald Reagan) (Baltimore: Johns Hopkins University Press, 1982); Giandomenico Majone, *Evidence, Argument and Persuasion in the Policy Process* (New Haven: Yale University Press, 1989); Frank Baumgartner and Bryan D. Jones, *Agenda and Instability in American Politics* (Chicago: University of Chicago Press, 1993).

[66] 1986年7月31日，在全国软科学研究工作座谈会上，时任国务院副总理的万里首次亮出决策民主化和科学化的提法。他强调，领导人要尊重人们充分发表意见的权利，不要害怕别人讲不同意见的话，甚至讲反对自己的话，只有在高度学术自由的气氛中，才能才思泉涌，触类旁通，独立思考，提出真知灼见。邓小平审阅万里的讲话全文后，当即作了“很好，全文发表”的指示。参见张登义：《邓小平同志与中国软科学》，见 http://www.cssm.com.cn/web/news/displaynews/displaymod/mod1.asp? id=562。

[67] 参见孙立平：《改革共识基本破裂》，见 http://www.cul-studies.com/jiangtan/jianggao/200511/3077.html。

[68]《邓小平文选》，1版，第3卷，277～278页。

[69] 参见《中国西部开发政策的战略转变：访国务院发展研究中心市场经济研究所副所长陈淮研究员》，见 http://www.chinatalents.gov.cn/xbkf/index9.htm。

[70] 关于当时的争论，参见王绍光、胡鞍钢：《中国：不平衡发展的政治经济学》，第一章，北京，中国计划出版社，1999。

[71] 参见《邓小平文选》，1版，第3卷，374页。

[72] 参见吕书正：《实施西部大开发战略》，见 http://www.china.org.cn/chinese/archive/219330.htm。

[73] 参见吴冬艳：《“振兴东北等老工业基地”国策出台始末》，新浪网，2003-11-24。

[74] 一位上海民政局的原官员告诉笔者，她退休之后就为一家未经注册的非政府组织工作，因为社团的注册门槛设得太高了。

[75] 参见王绍光、何建宇：《中国的社团革命：中国人的结社版图》，载《浙江学刊》，2004（6），71～77页。

[76] 参见吴晨光：《婴儿期的中国环保NGO》，载《南方周末》，2002-01-07。

[77] 参见洪大用：《民间环保力量成长机制研究》，见http：//www.fon.org.cn/forum/printthread.php？threadid=5806。

[78] 参见唐建光：《中国NGO：我反对！》，载《中国新闻周刊》，2004（24）。

[79] 参见陈力丹、李予慧：《谁在安排我们每天的议论话题？》，载《学习时报》，2005-11-22。

[80] 参见王绍光：《煤矿安全生产监管：中国治理模式的转变》，载《比较》，2004年第13辑。

[81] 见http：//www.jincao.com/fa/law14.02.htm。

[82] 参见《中国统计摘要2005》，187页，北京，中国统计出版社，2005。

[83] 参见张玉洪：《前不见古人的波澜壮阔：2003年中国网络事件述评》，见http：//www.usc.cuhk.edu.hk/wk_wzdetails.asp？id=2960。

[84] "全球互联网项目"通过比较各国资料发现，其他国家的多数受访者都不认为"通过使用互联网，人们对政府会有更多的发言权"，只有中国例外，60%以上的受访者同意这一说法。参见郭良：《中国互联网的发展及其对民意的影响》，见http：//www.usc.cuhk.edu.hk/wk_wzdetails.asp？id=3329。

[85] 参见陈亮、董晓常：《互联网中国的新民意时代：意见也是"财富"》，载《互联网周刊》，2005-03-31，见http：//media.163.com/05/0331/11/1G5T8FDT00141E7P.html。

[86] 参见李艳红：《弱势社群的公共表达：当代中国市场化条件下的城市报业对"农民工"收容遣送议题的报导》，见http：//mumford.albany.edu/chinanet/shanghai2005/liyanhong_ch.doc。

[87] 参见陈峰：《孙志刚事件采访记》，载《今传媒》，2005（3）。

[88] 参见李异平：《论媒体维护农民权益的多元化意义：以〈南方周末〉为例》，见http：//www.chinareform.org.cn/cgi-bin/BBS_Read_new.asp？Topic_ID=3091。

[89] "效率优先、兼顾公平"最初是由周为民、卢中原牵头的"社会公平与社会保障制度改革研究"课题组提出来的，其主报告以"效率优先、兼顾公平——通向繁荣的权衡"为题发表于《经济研究》1986年第2期。1993年，中共十四届三中全会通过的《中共中央关于建立社会主义市场经济体制若干问题的决定》正式使用了"效率优先、兼顾公平"的提法。十五大坚持了这个提法。

[90] 参见江泽民：《全面建设小康社会，开创中国特色社会主义事业新局面：在中国共产党第十六次全国代表大会上的报告》，载《人民日报》，2002-11-18。

[91] 参见刘国光：《把"效率优先"放到该讲的地方去》，载《经济参考报》，2005-10-15。

[92] 参见《中国共产党第十六届中央委员会第四次全体会议公报》，见 http：//news. xinhuanet. com/newscenter/2004 - 09/19/content _ 1995366. htm。

[93] 见 http：//news. xinhuanet. com/politics/2005 - 10/18/content _ 3640318. htm。

[94] 参见徐京跃、毛晓梅：《2003 年：中国发展观创新，国家踏上全面进步》，新华网，2003 - 11 - 27；东仁：《2004 决定中国走向的关键之年》，载《瞭望东方周刊》，2004 -12 - 27；孙爱东：《中南海关注民生一年间》，新华网，2005 - 12 - 01；陈二厚、林红梅、谢登科：《透视中央经济工作会议：让百姓看得起病上得起学》，新华网，2005 - 12 - 7。

[95] 参见吴金勇、商思林：《重思改革》，载《商务周刊》，2005 (22)；仲伟志：《2005 中国改革交锋录》，载《 经济观察报 》，2005 - 10 - 10；赵瀚之：《改革年演变成为质疑改革年：2005 进进退退话改革》，载《赢周刊》，2005 - 12 - 12 。

[96] 《温家宝主持召开座谈会 征求“十一五”规划意见》，见 http：//www. chinanews. com. cn/news/2006/2006 - 02 - 10/8/688742. shtml。

四、改革时期的公安分权与集权*

——中国国家强制能力建设的轨迹与逻辑

警察是现代国家强制能力[1]的主体，也是一项基本的国家制度。对近现代欧洲警察历史的跨国比较研究表明，警察制度的演变与一国的政治发展经验高度相关，反映其行政体制成长的一般特征。[2]许多西方学者时常根据近现代欧洲警察发展的历史经验，尤其是以英、法等国为代表的西欧历史经验，来概括现代国家强制能力形成与发展的一般特征与演变逻辑。

历史学家菲利普·斯蒂德（Philip John Stead）在有关法国警察的研究中指出："法国警察的变迁是法国现代国家构建不可分割的一部分，它伴随着国家体制的整体发展而成长，是国家积累、集中权力这一复杂过程的一部分。"[3]社会学家凯罗林·斯蒂德曼（Carolyn Steedman）对英国各郡地方警察的研究表明，随着近代以来国家对地方警察日常生活与工作实施规范化的管理，原初植根于地方社会结构与独特的乡村生活之中的英国警察逐渐脱离了地方社会团体的利益与文化，最终成为国家的"代理人"(agents)，变成国家机器的一部分。[4]政治学家查尔斯·蒂利（Charles Tilly）更直截了当地指出，西欧以警察为代表的国家强制能力的发展，本身就是国家形成的过程。在这一过程中，国家通过自上而下地垄断暴力，逐步将地方机构变成其完全"代理人"，完成现代国家的构建。[5]可见，依据西欧警察发展的历史经验，国家被视为一个垄断暴力的组织，现代国家

---

* 本文由笔者与中国社会科学院政治学研究所樊鹏副研究员、上海外国语大学副教授汪卫华合作完成，曾发表于《经济社会体制比较》，2009（5）。

的形成被视为国家积极地从地方或社会集中权力的过程。

改革开放深刻改变了中国的经济、社会结构，国家统治的焦点也随之发生了重大转变。在这一过程中，国家如何发展其暴力机制和强制能力，对于维护社会稳定、促进国家制度建设具有重大影响。改革以来，以公安[6]为代表的中国国家强制能力的建设先后经历了行政分权与行政集权两个阶段。通过对这一时期公安行政体制变化的梳理，本研究试图剖析影响中国国家强制能力发展的关键因素，以便更深刻地了解现代国家体制在中国的成长轨迹及其背后的转化逻辑。另一方面，对公安警察制度变迁的研究，为探寻中国与西方世界在国家建设方面的“同”与“异”，观察具体条件变化和历史传统如何作用于国家体制的变迁，提供了一个独特的视角和经验基础。

调动地方资源——公安行政分权的意义

中国公安的领导体制，一般被概括为“统一领导，分级管理”、“条块结合，以块为主”，即在理论上由上级公安机关对下级业务部门统一领导，同时又赋予地方党委与政府对同级公安机关的第一领导权。这一体制肇始于 20 世纪 30 年代中国共产党领导下的抗日根据地，既是中国共产党特殊政治经验的产物，也是对苏联垂直领导的警察体制引发的政治灾难进行反思的结果。[7]建国以后，中国公安的人事、财政及组织机构管理体制经历过多次调整，但始终延续了“以块为主”的基本特征。

改革开放后，随着党和国家中心任务的转移，公安警察队伍的统治职能发生了重大变化。中央将发展国家强制能力的权责下放给地方，以期更有效地调动地方资源，分散社会转型带来的风险。于是，改革以来公安行政管理呈现进一步分权的趋势。

人员编制权力下放

核定公安机关的警力编制总额，是国家对公安专项编制从宏观上进行控制和调节的基本手段。经过几十年外患、内战，为了实现国家的完全统一，

1949年后我国曾一度实行高度集权的管理体制：全国公安系统的编制由公安部统一管理，对中央负责。国家统一得到巩固以后，中央于1958年改变了由公安部垂直管理的办法，将公安编制完全交给各级编制委员会管理。[8]

1982年，中央决定各级政法机关的编制分别从国家行政编制中划出单列，实行统一领导，中央和省（自治区、直辖市）分级管理。1984年以来，我国公安专项编制一直实施单列，由中央统一核定各级公安机关的编制总额，逐级下达，专项使用。[9]这对于统一人民警察体制、统一编制、统一训练，维持公安队伍的稳定和管理，发挥了重要作用。但过于集中的编制管理体制削弱了地方灵活性，造成地方警力发展严重落后于实际社会治安需求的局面。

从职业制人民警察[10]的国家专项编制发展来看，建国初期全国第一次整编以后公安民警总量大约为70万人，此后经历了多次缩编减员。[11]改革初期，根据公安部的数字，1982年公安警察编制为658 000名。1995年底，中央核定全国各级公安机关专项编制职业制人民警察总额为87万人，1996年为862 752人。从1986年到1996年底，中央为公安机关共增编159 900人。[12]《中国法律年鉴》的数据与公安部的数据稍有出入（见表4—1），可能个别年份的统计口径有变化。但是两项数据共同表明，国家专项民警编制的扩增主要发生在80年代中后期至90年代初这个阶段。2003年国家专项编制大约为100万，即从1996年至2003年这一数字仅增长了10余万，而且主要分配给东部沿海省份。由于国家政法编制管理体制的严格限制，国家专项民警编制的增长严重落后于改革后的实际需求，地方警力尤其是县级基层警力不足已经成为地方公安工作的一项瓶颈。[13]

表4—1　　1978—2004年中国国家专项编制职业制民警数量　　单位：万人

年份	1978	1986	1987	1988	1989	1990	1991	1996	2003	2004*
职业制人民警察数量	68.0	60.0	60.0	76.0	76.9	82.5	85.4	86.3	100.0	140.0

*2004年的数字（140万）是统计口径发生变化的结果，第一次将前期产生的地方编制统计进来。

注：如无特别说明，本书中所列举的“中国”统计数据均为中国大陆统计数据。

资料来源：《中国法律年鉴》及公安部公布数字。

改革之前建立起来的警力分布结构相对固定，其分配原则已经不能适应新形势下的实际需要。1992年，中共中央发布《关于加强政法工作，更好地为改革开放和经济建设服务的意见》，文件提出：地方可以根据任务发展的需要，自由给政法部门增加一些编制。经济发达地区和其他有条件的地区，还可以由省、自治区、直辖市采取适当措施，解决政法部门警力不足的问题。此后，市、县自定编制成为一个普遍现象，其财政开支由地方承担，职能与国家编制人员并无区别。这实际上是通过“变相放权”的方式调动地方自主性，在不触动编制体制的情况下，对改革之前建立起来的警力分配结构与权力架构做出了调整。

2004 年，公安部开展地方自定公安编制摸底调查，初步统计出全国地方自定公安编制共 41.8 万。[14] 实际上，改革时期地方编制的增幅远远大于国家专项编制的增幅，同时各省地方编制增长的幅度也出现显著差异。图 4—1 是截至 2004 年中国各省警力中国家编制与地方编制的构成状况，就地方编制的比重而言，省份之间已然出现了较大差异，如广东省超过 50%的警力属地方编制。地方编制的整体增长，反映了放权对于提高国家强制能力的正面作用，省份差异则反映出地方根据环境变化并结合自身能力进行了灵活调整，与 1992 年中央提出的“根据地方任务发展的需要增加一些编制”这一初衷相吻合。

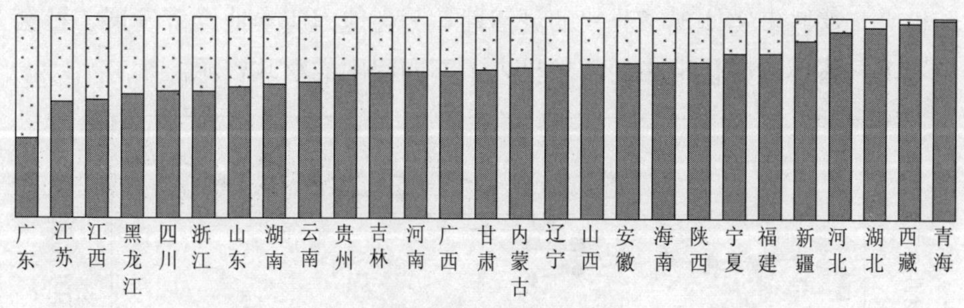

图 4—1　2004 年各省、自治区警力编制构成比例

说明：图中隐去了具体人数，但可以表明各省区地方编制的相对增幅。

资料来源：作者的数据库。

经费保障责任下移

改革时期的公安经费保障，是一个开支权责严重分权的机制。[15] 1995

年颁布的《人民警察法》第 37 条规定："国家保障人民警察的经费。人民警察的经费，按照事权划分的原则，分别列入中央和地方的财政预算"。但在实际工作中，受"分级保障、分级管理"的财政管理体制影响，公安警察的经费来源主要由所属同级地方财政负责。1996 年，全国公安计划财务会议提出要建立中央对地方、上级对下级的公安经费补助制度。但是，此后中央财政对地方公安的补助主要集中在重大项目建设方面，对于公安经费开支中最大的两块（人头费与业务费）并没有起到太大作用。

1988—2004 年各省公安财政支出数据（包括省、市、县总合）的分析显示，公安财政分权给国家强制能力的增长带来了积极效果。公安财政支出占 GDP 的比重从改革初期不到 4‰的平均水平发展到后来的 7‰（见图4—2），这一比重越高，说明国家从社会经济发展中汲取了越多的经济资源用以实施强制功能。在地方财政开支中，公安财政支出占地方财政总支出的比重从改革初期 2%强的平均水平发展到后来的 6%（见图 4—2），这一比重越高，说明公安工作在地方政府职能中的重要性越强。此外，各省公安财政支出占地方财政总支出的比重（见图 4—3）及各省人均实际公安财政支出水平（见图 4—4），随时间推移均出现明显的地区差异并逐渐扩大。这些事实体现了分权的灵活性——各地因应本地经济发展、社会犯罪等具体环境变化带来的需求投入了不同程度的财政资源。[16]

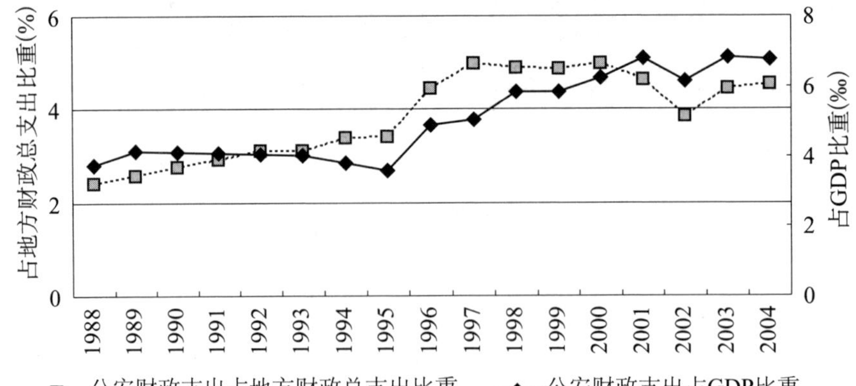

图 4—2　1988—2004 年各省公安财政支出占地方 GDP、地方财政总支出比重平均值

说明：1980—1992 年数据缺失，以移动平均值替代。

资料来源：1993—2006 年《地方财政统计资料》。

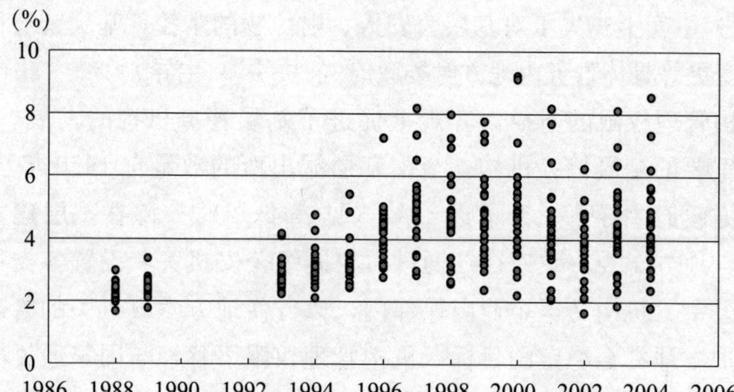

图 4—3 1988—2004 年各省公安财政支出占地方财政总支出比重按年分布

资料来源：1993—2006 年《地方财政统计资料》。

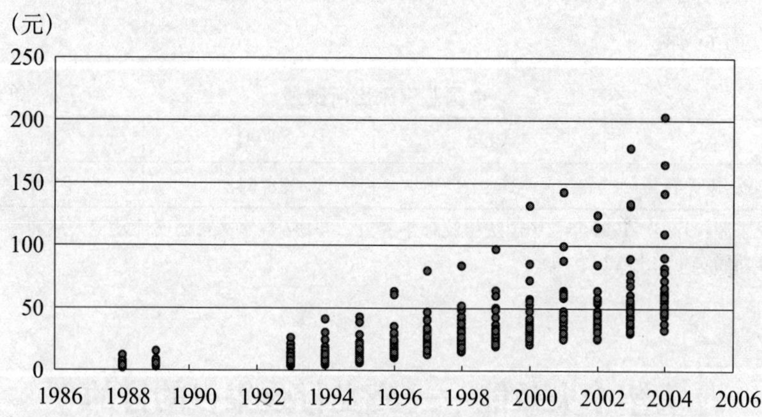

图 4—4 1988—2004 年各省人均实际公安财政支出水平按年分布

资料来源：1993—2006 年《地方财政统计资料》。

机构管理权限下放

改革开放以来，由于经济、社会结构的变化与人口流动的增加，改革之前以基层治保组织为主体的群众治安体系功能式微。为了维系基层治安，国家不得不发展正规的警务机构填充因传统治安组织萎缩带来的真空，这一任务被交由地方自主负责。随着人事编制与财政经费两方面权力的下移，国家也不得不随之下放对地方公安机构的管理权。公安系统

(“条条”）事实上丧失了对基层公安人、财、物的掌控，基层公安机构的设置、变更等具体事务由地方党委政府（“块块”）主导。

机构管理权限的下放，客观上促进了基层警务机构的发展。例如，作为最重要的基层警务机构，全国基层派出所的数量自 1990 年至 2004 年在地方政府主导下上升了近 40%（见表 4—2）。[17]除在基层建立派出所以外，地方党委、政府往往通过授权同级公安机关，设置各类科股级以下办公室、机构乃至企业内保部门，以方便地方党政机关的管理，实现其维护本地社会稳定的目标。机构管理权限下移，与国家通过分权调动地方资源、增强地方灵活性的初衷一致。基层公安机关对同级党委、政府负有政治上的责任，后者可以通过调整公安机关的机构设置与警力配置，灵活掌控暴力机关，按照本地实际需求及具体治安目标，分配、调动警力资源。

表 4—2　　中国基层派出所数量　　单位：个

年份	1990	1991	2004
基层派出所数量	37 978	38 648	52 000

资料来源：1991、1992 年《中国法律统计年鉴》；2004 年数字来自公安部发言人武和平在 2006 年公安部新闻发布会上答记者问。

重塑中央效能——公安行政集权的目的

改革以来的公安建设以行政分权为主导，时至今日，“以块为主”仍然是中国公安管理体制的基本特征。但是自上世纪末，中央政府开始有意识地扭转国家强制能力长期分权化发展的趋势，在人员编制调整、基层经费保障机制建设以及机构设置、人员监管等方面重塑中央效能，试图以集权化方式主导公安队伍建设，使国家强制能力发展适应不断变化的环境。

调整编制，向基层倾斜

国家对公安专项编制的增减要考虑地方公安的实际需求，但更多的则是考虑公安编制占行政编制的整体比例，以及国家财政负担能力等方面的因素。公安编制的核定与分配，牵涉中央编办、中组部、财政部、劳动部等多个部门，形成了一个由多重否决者参与的决策结构。[18]

1992年，中央授权各地方根据实际需要自定地方编制，变通性地避开了僵硬的编制管理体制，促进了地方警力的发展。然而，地方编制的增长同样受制于地方财政能力、决策者因素以及外部环境变化的影响。尤其是随着改革的深入，社会流动性增加，地方公安投入的本地收益下降，结果大大降低了地方政府增加警力的意愿。图4—5反映的是2007年平均每万人口警察人数的一项国际比较[19]，我国（台湾、香港地区除外）警力资源水平已经从改革初期每万人口5名发展至每万人口11名，但是仍然落后于世界平均水平，甚至落后于一些发展中国家和地区。[20]仅靠地方编制的增长无法突破警力资源（尤其是基层警力）整体不足的瓶颈。同时，受经济发展与财政能力不平衡的影响，各地警力增长、分配失衡的现象日渐加剧。

2003年全国第20次公安工作会议后，公安部开始积极寻求在国家政法编制核定与分配方面的“角色突破”。在分权化阶段，关于各地到底增加了多少警力，中央在相当长时间里并没有掌握确切的信息。2004年公安部开展了地方自定公安编制调查摸底和审核认定，初步统计出全国地方自定公安编制共41.8万，24个省、自治区、直辖市按照规定程序，由省级编制部门进行了认定。[21]2005年，中央一次性给地方增加了30多万的国家专项编制，将公安部初步核定的大部分地方编制转为国家编制，这些警力大多落实到派出所和其他一线队伍。[22]此外，公安部还通过政策制定对基层警务改革过程中的具体警力分配施加影响。[23]这些事实标志着国家公安业务领导机构在国家政法编制方面的影响力已有所加强，同时也体现了中央利用自身权威，通过实施规范化的管理，向地方逐步垄断暴力资源，加强其在国家强制能力建设方面的主导地位。

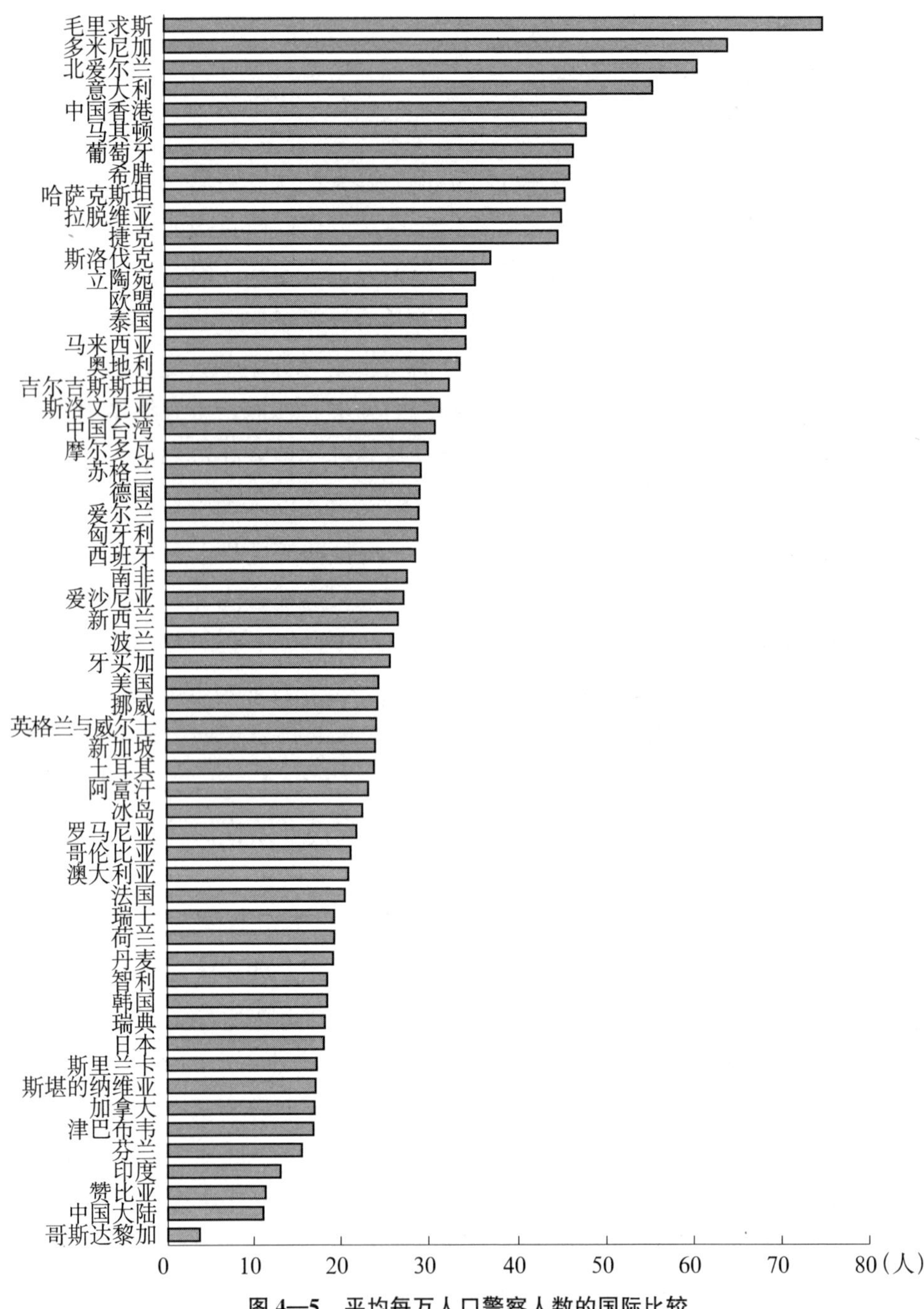

图 4—5　平均每万人口警察人数的国际比较

说明：图中的“斯堪的纳维亚”是挪威、瑞典、丹麦、芬兰的统称。这里的数据是四国的平均数。

资料来源：作者的数据库（基于 2007 年的警力数据）。

建设经费保障机制

“分级保障、分级管理”的公安财政体制对于调动地方资源产生了积极的作用，但其消极效果也日趋明显。欠发达地区因地方财源匮乏造成经费保障严重不足，地区间经费保障水平差距日渐扩大。公安部装备财务局对全国 2 066 个县的“综合公用经费标准”的调研显示，2003 年全国县级实际公用经费标准为人均 2.17 万元/年。其中预算内 1.61 万元，预算外 0.56 万元。全国城区公安分局（974 个）人均公用经费 2.54 万元，其中预算内 2.11 万元，预算外 0.43 万元。东部沿海地区的许多县市公安机关的公用经费实际已超过这个标准，有的甚至是这个标准的几倍，但是西部地区距离这个标准至少还需要数年。[24]

即使在东部发达地区，公安经费预算与实际需求之间的差距也在持续扩大。随着社会发展中新问题不断出现，公安工作逐渐陷入高效能需求与财政低投入的矛盾中。例如，山东省青岛市 H 公安分局 2006 年全年办案费支出 200 万元，但是财政仅批复了 80 万元。[25] 在财政保障不足的情况下，许多地方公安不得不依靠罚没收入维持日常运转。不少地方公安的收入与支出挂钩，地方财政干脆明确采取罚没返还的方式，按罚没款的固定比例返还替代财政预算拨款，给基层警察行政造成一种恶性激励，鼓励多罚，对于缺少罚没回报的案件则放任自流。

公安经费保障不足，尤其是基层经费不足，除了受地方财政能力制约外，长期以来在分权体制下，就公安经费保障的主体、标准、预算定额以及公安装备配置标准，未能形成统一的国家制度，也是重要的原因。无论 1995 年的《人民警察法》，还是 1996 年的“全国公安计划财务会议”，均未产生对基层经费不足问题具体有效的制度安排。

2003 年 11 月《中共中央关于进一步加强和改进公安工作的决定》（中发〔2003〕13 号）要求按照“收支脱钩、全额保障、突出重点、分步实施”的原则，研究制定公安机关装备配备、各项经费开支定额等标准，并按照事权划分的原则，由中央财政和地方财政分别予以保障。同时，“加大中央财政对中西部地区县级公安机关的补助力度，保障基层公安机关办公、办案的经费支出”，“增加公安基础设施建设投入，实施公安监管场所及西部地区公安派出所‘两所’建设工程”。在这一原则指导下，公安部与各省公安厅为县级公安经费保障机制建设做了大量工作，各地更根据实际情况制定了具体的实施意见。

自上而下的公安经费保障机制建设，其意图在于规范县级财政，使其充分保障地方公安的必要开支，同时借此约束公安部门的执法行为，使之不再因经费问题的困扰而滥用职权。尽管这一措施并没有从根本上改变目前地方公安与地方财政的关系，甚至公安经费预算的发展仍然受到前期形成的地方预算模式与权力关系的制约，然而，这一措施毕竟为基层公安向同级财政争取经费提供了政策性保障，同时为规范公安内部的财政管理提供了必要压力，一定程度上推进了公安预算的增长，也为进一步的改革奠定了基础。

强化机构纵向监管

公安分权的一项后果，是造成中央对地方公安实行监管、干预的能力下降，影响了公安队伍的正规化。进入新世纪，中央开始强化纵向监管，有意识地扭转在公安机构与人员管理方面的过度地方化局面。

1. 推进基层公安管理体制改革，重塑公安行政体系

改革开放以来，由于财政与人事权的下放，基层派出所与城市公安分局的管理体制出现严重分权的趋势，在客观上强化了基层公安对同级政府的依赖，造成公安工作管人与管事主体的不统一、事权与财权主体的不统一，影响了公安系统的统筹能力。以县级派出所为例，由于派出所经费由所在乡镇负担，后者往往滥用警力，使警察为基层政权的各项政策目标服务。同样，城市公安分局在人事与财政方面长期隶属于各区政府，弱化了市级公安局对下级的监管与调动，影响了区域统筹发展。

上世纪末开始，基层公安机构的管理体制出现逐步“向上收”的趋势。2003 年《中共中央关于进一步加强和改进公安工作的决定》要求尽快理顺城市公安分局和基层派出所的管理体制，各省出台具体实施措施。

以山东省为例，2004年开始将城市公安分局和派出所垂直到市级公安机关管理，实现“管人与管事相统一、财权与事权相匹配，以及警力资源的合理配置”。同时规定县级公安机关的派出人员和业务经费必须列入县级财政预算，与原乡镇打破财政依附关系，实现公安机关对基层派出所业务领导与财政监管的统一。针对城市公安分局，规定各市从实际出发，按照有利于工作、有利于调动各方积极性的原则确定保障规则。[26]目前，大部分城市公安分局已将人事与财政全部转移至市公安局直接管辖。

2. 实施基层警务机构重组改造，建立新型警务机制

2003年《中共中央关于进一步加强和改进公安工作的决定》提出社区警务战略，要求全国建立起与新型社区管理机制相适应的警务机制。这一决定使中国公安的建设方向发生重大战略转移。公安部随后提出了“大基层，小机关”的改革原则，要求新的警务改革必须将85%的警力放在基层一线。自2004年始，基层下移工作在地方逐步实施。2005年，公安部确定将2006年作为基础建设年。2006年，公安部《关于实施社区和农村警务战略的决定》要求公安机关在社区和农村根据人口规模建立新型警务室，同时通过精简机关、整合机构、增加编制等途径，进一步推动警力下沉；通过实行“一区一警”或“一区多警”的警务模式，重新划分警务区，合理设置警务室。这是改革开放以来公安系统第一次对地方公安科股级以下的警务机构进行组织改造，也是第一次将警权延伸至派出所以下的基层社会。

3. 加强基础设施建设，实现系统工作职能

改革初期，基层公安机关基础设施普遍落后，许多地方甚至基本办公用房匮乏，严重影响工作。早在1991年，中央就提出了城市与农村基层派出所设置、建设的基本标准与原则。[27]但长期以来由于各地财政能力的悬殊，导致基础设施建设的步伐严重不一。2003年以来，中央将基础设施建设作为强化纵向领导、推进全国范围内公安标准化、正规化建设的一项举措。2004年公安部印发《关于进一步加强公安派出所建设的意见》，

对规范基层派出所建设提出了具体要求。同时，中央制定计划，于 2005 年底前解决了中西部地区部分派出所无房办公和危旧房改造的问题，2006 年底前全部解决了派出所无办公用房问题。

全国范围内派出所基础设施建设与外观改造工程，由公安部装备财务局统筹领导。公安部要求各级公安机关成立装备财务部门牵头、派出所业务主管等部门参加的领导小组和工作班子，要求各级装备财务部门从“管本级工作”转变为“管本系统工作”。同时，中央开始加大对基础建设与改造工程的专项转移支付，从 2004 年至 2008 年，中央计划安排 74 亿元资金，用于解决西部地区公安派出所、中西部地区乡镇司法所和人民法庭无房及危房问题；其中，中央决定投资建设 1.5 万个中、西部派出所。中央投资计划也同步解决了这些派出所的外观统一问题。[28]在这一过程中，公安部要求各级装备财务部门不仅要负责资金投入，同时要监督资金的使用，实现从“单纯的资金物资供应”到“管理监督和供应兼顾”的职能转变，加强自上而下行政干预的力量。通过公安系统内部的各级装备财务部门，完成全国近 5 万个派出所建筑外观的统一工作，这在公安装备史上尚属首次。

4. 强化基层治安信息统计监督，打破地方激励结构

受到分权的影响，改革时期国家对地方治安信息统计的监控力量减弱。[29]警察的政治升迁与经济福利由地方党委、政府决定，前者的行为逻辑无可避免地受到地方激励结构与政策偏好的影响。由于地方政府通常看重短期的治安目标，从上世纪 80 年代起，基层普遍实行治安包干制，通过将破案率与警察个人的升迁、福利挂钩，达到敦促警察积极办案的目的。基层警员往往通过缩小基数（立案数量），同时提高侦破案件的数量，来提高破案率，对于抓不到嫌疑人的案件干脆不立案。此外，地方党政领导并不希望本级公安上报真实的犯罪数据——较低的犯罪数据显然更有利于领导个人的政治升迁。

宏观犯罪信息收集能力的弱化，影响到国家对治安形势做出正确判断，可能引致国家对基层社会秩序控制策略失当的危险。[30]近年来，中央不断强化对基层犯罪信息统计工作的监督。除了明确提出符合标准的

案件“必须立案、必须上报”的原则外，公安系统开始对基层犯罪统计体制进行具体改革，包括变革统计监管模式、完善信息上报程序及通过信息化建设（如110接警信息平台层级对接）强化上级对下级的信息监督。[31]信息统计方面的改革，与国家宏观警务改革的战略目标相吻合；新型警务机制要求国家在更大的范围内对犯罪信息进行综合研判，合理分布警力资源。

5. 建立独立纪检监察监督体系，强化警权约束机制

在高度分权体制下，公安警察在执法过程中腐败与滥用职权的现象时有发生，但长期以来国家对基层警察的纪律监管似乎效果不彰。[32]我国县级以上各级公安纪检监察工作，由同级公安内部纪检监察派驻机构实施监督。但原则上，上级纪检监察部门对下级公安机关不具备查案权与处置权，因此对下无法进行直接监督与干预。受地方权力关系左右，同级公安机关的纪检监察工作也长期缺乏权威性。[33]

2000年6月，中共中央办公厅、国务院办公厅下发《关于印发〈中共中央纪律检查委员会、监察部派驻纪检、监察机构职能配置、机构调整和编制配备方案〉的通知》，公安系统开始自上而下建立起完整的纪检、监察组织机构，配备相应的干部，形成了公安纪检、监察组织体系。这种垂直监管体系的建立，赋予上级纪检监察部门对下审案权与处置权，意味着对下级公安机关与人员可以实施直接的纪律监管与行政干预。[34]以省辖各市的监察机构为例，其职能开始针对下辖各区、县公安机构，负责接受涉及各区、县公安警察违法乱纪的群众申诉案件，并对各区、县公安办案卷宗进行审核。它们相对独立于地方党委、政府，代表中央直接对基层公安权力运作实施监督，这对于加强中央对地方警力的监管调动具有重要意义。

上述一系列措施体现了集权型发展业已成为中国公安建设的新趋势，但这一过程还远未完成，它对于中国公安体制发展的长远影响还未充分显现。但是，经过这一轮“收权”改造，中央与地方在警力资源配置与监管调动上严重失衡、各地警力资源发展不平衡加剧的局面在一定程度上得到了扭转。

从分权向集权转变的原因

通过对改革以来中国公安建设两个阶段特征的总结，可以发现从分权到集权的制度变迁过程受多重因素的影响。例如，在观念与意识形态领域，新时期落实依法治国以及建立服务型政府的执政理念，使执政者开始对灵活、放权的公安行政带来的消极效果进行反思。同时，对包括香港特别行政区在内的许多发达地区警察制度建设经验的模仿学习，也是强化公安行政集权、加强监管的重要动因。但是，与这些因素相比，以下三个方面的变化才是影响公安从分权向集权转变的关键。

控制对象与控制主体的变化

改革开放之前，我国很少依赖正规警察实施社会控制。1949 年建国以后，我国公安编制规模与财政开支水平相当低，却取得了突出的治安成就，当时每万人口年均发案率仅为 7 或 8，大大低于世界一般水平。20 世纪五六十年代中国的犯罪率是世界上最低的，1956 年中国每万人口的年均发案率仅为 2.9，1964 年这一数字仅为 3.1。[35]

这些数字的背后，一方面是这一时期稳定的社会结构所起的作用，另一方面还隐含着国家在治理方面的独特经验：政府积极利用多元的社会控制机制及半官方的治安主体实施基层治理。包括户籍及人事档案制度等在内的多元机制，在客观上发挥了社会控制的作用。同时，受到“群众路线”的影响，公安在基层建立大量治保、调解组织，积极吸纳社区居民参与，调节基层纠纷、维持基层治安。公安警察只是多元社会机制中的一个部分。当时，中国每万人口的警察数量仅为 3 人左右。社会治安状况最好的 20 世纪五六十年代，反而是建国以来警察力量最少的时期。[36]毛泽东时代特殊的治理方式取得了巨大的治安成就，也保持了一套低成本的国家机器。

改革开放以来，随着人、财、物的大流动以及城市单位体制、农村公社体制的逐步瓦解，群众路线的控制机制式微。而社会价值观的变化，使国家再无法单纯依靠政治动员或意识形态教育调动群众。米歇尔·达通（Michael Dutton）的研究就说明，金钱激励的缺乏导致“群众路线”功能的退化。[37] 与此矛盾的是，公安正规力量不足，国家缺乏足够的强制资源应对日益严重的犯罪形势与社会不安定因素。在基础设施落后、警力资源匮乏的条件下，中央不得不通过放权来调动地方资源发展国家强制力量，以应对新形势的需要。在改革初期，包括“严打”、“专项斗争”在内的运动式、短期奏效的治理方式曾一度成为基层警务治理的重要手段。这反映了改革以来国家强制能力建设所面临的结构性制约。

随着改革的深入，人口流动量的加大，以及社会信息、交通条件的改善，社会控制的对象在形态上发生了重大改变。流窜犯罪、跨地区犯罪以及恶性暴力犯罪自20世纪90年代末期开始呈现明显上升的趋势。[38] 控制对象的显著变化，使公安工作的外部性（externality）增强，直接导致以分权为基础的警务治理结构效率下降。过度分权使地方政府难以处理跨地区犯罪，也阻碍了宏观层次国家对治安信息的搜集、对警力资源的合理分配。更严重的是，由于跨地区犯罪增加，本地区的公安投入与本地安全收益不成比例，各地方决策者必然倾向于削减这方面的开支，从而导致公安财政资源整体投入的下降。一方面，正是由于社会结构和控制对象带来的新变化，中央开始积极推进各项集权型改革，应对外部形势发展的需要；另一方面，经过分权化阶段的发展，警力与财政资源已具相当规模，这为中央对地方警力实行规范化管理、国家对社会实施常规化的治理，创造了必要的条件。

分权与集权自身矛盾的演变

公安分权到集权，是行政分权与集权两种制度安排自身矛盾转化的产物。20世纪90年代末期以来行政集权化的趋势，体现了中央为解决长期分权发展后出现的问题做出的反向努力。

首先，分权体制下，地方资源投入开始出现停滞甚至下降势头。从警力发展的规模来看，以山东省沿海Y市Z区为例（见图4—6），从1992

年起该区警力（国家编制与地方编制总和）经历了一个显著的上升阶段，但是从 1998 年起开始停滞不前。与此同时，随着该地区人口的持续增长，每万人口警察人数持续下降。

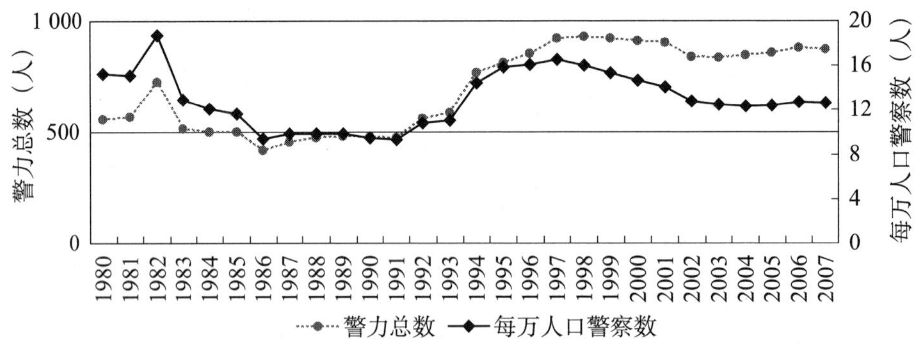

图 4—6　山东省沿海 Y 市 Z 区警力变迁状况（1980—2007 年）

资料来源：调研资料。

从财政投入的规模来看，由于增加编制意味着地方财政投入的增加，因此公安财政表现出与编制发展类似的趋势。前文图 4—2 显示，从 20 世纪 80 年代末到 1997 年，中国公安财政经费规模持续上升；但自 1998 年地方公安财政支出规模达到一个平均上限（地方财政支出的 5%）后，地方公安投入的规模开始稳中有降，逐渐落后于地方财政能力的增长。

其次，以公安警察为代表的国家强制能力发展地区间差异呈现明显扩大化的趋势，这一点同样体现在警力发展与经费预算方面。前文图 4—1 说明了地区间警力资源的差距，图 4—3 与图 4—4 则说明了地区间财政资源的差距。通常，由于地区之间转型程度、治安压力不完全一样，其警力配置、强制力度存在一定程度的差别是自然的。但是，如果这种差别超出了一定的限度，就会带来消极的影响。尤其是随着人口流动的加大，强制执法力度的不均衡分布可能降低犯罪分子从事跨地区犯罪的成本，最终导致社会犯罪形势的恶化。

最后，分权体制导致中央对地方公安机构监管、规制能力下降。有研究发现，受到长期行政分权的影响，在公安体制运作与资源分配过程中，中央与地方之间的影响力与干预能力的不平衡日趋突出，导致中央对地方的监管调动能力下降，也造成公安正规化建设的滞后。[39]分权使地方警察与当地党委、政府形成相对稳定的政治与经济依附关系，如 90 年代许多基层警察参与乡镇政府收缴公粮、提留，执行计划生育政策，以及控制上访人员等非警务活动，这种“合作”腐蚀了公安队伍，恶化了警民关系，广为群众诟病，给基层公安形象造成恶劣影响。执法机构与基层党政部门的利益联盟，是导致上级监管弱化与基层警察腐败的重要原因。[40]

行政集权化的种种措施，无不体现出中央试图弥补与克服分权化发展过程中出现的上述消极后果的努力。经费保障机制建设体现了国家利用中央效能，通过制度建设解决财政领域激励不足的问题。基层警务机构改革体现出中央试图通过自上而下的努力将外部性问题内部化，实现公安事权与财权相统一；公安纪检监察模式变革，则体现了中央试图强化直接监管，实现对地方的行政约束与干预。

中央与地方财政关系的变化

1953—1978年，中国政府的财政收入占国民收入分配的比重平均为34.2%，其中1978年为37.2%。从1979年开始，这一比例逐步降低，至1988年仅占19.3%，政府整体的汲取能力严重下降。同时，伴随着这一过程，在国家财政预算收入中，中央政府所占比重大幅下降，从20世纪50年代的70%、60年代的60%下降至90年代初的50%以下。[41]作为分权的底线，当中央政府财政收入低于政府财政总收入的50%时，中央政府所能承担的公共服务职能十分有限。在此背景下，从80年代开始，中国的公安管理权力逐步下放到地方。1992年，中央首次允许地方自行增加地方警察编制，因为此时中央财政汲取能力已经跌入谷底。由于国家整体财政汲取水平的低下，基层公安工作对包括罚没款在内的预算外资金形成严重依赖。在社会转型的压力下，毛泽东时代相对成本低廉但效率颇高的基层治安体系，演变成为了一个高成本但效率低下甚至充满故障的强制体系。

1993—1994年中国政府进行了财政体制的重大调整，分税制改革的实施从根本上扭转了“两个比重”（指政府财政总收入占GDP的比重和中央政府财政收入占财政总收入的比重）连续15年的下滑趋势，从而在增强政府整体财政汲取能力的同时，提高了中央政府的财政汲取能力。[42]从图4—2可见，1995年是个转折点，分税制实行以后地方公安经费开支占

GDP的比重开始持续上升。而与此同时，在分权体制下，地方公安经费开支占整个政府财政开支的比例也在持续上升，应该说这是政府整体财政汲取能力改善的结果。

前文已述，世纪之交前后，地方强制资源投入的规模在增长了一个阶段以后开始停滞甚至下降。这是因为分权体制本身无法解决逐渐增加的跨地区外部效应问题，使地方公安经费的投入滞后于地方财政收入水平的增长。然而，世纪之交中央政府财政汲取能力的提高，可以解释国家在公安建设方面行政集权化的努力。杨大力的研究说明，中央政府在1998年以后开始致力于重塑政府结构，尤其是在多个行政领域建立垂直领导的规制型（regulatory）体制，与实行分税制以后中央政府财政能力的增强分不开。[43]公安领域集权型建设的措施，无不与中央政府财政能力的改善有重要关联。在警察编制改革方面，2004年中央一次性地将几十万地方编制转化为国家编制，这一决定是建立在国家财力可控制、可承担的范围之内。在公安经费保障与基层警务建设方面，尽管目前主要的经费仍由地方解决，但中央专项补助资金以及针对性转移支付力度在持续加大。[44]无疑，中央财政能力的增强，是改革后期公安行政集权趋势出现的必要条件。

国家强制能力建设的逻辑

通过对改革时期中国公安由分权到集权发展的分析，我们认为，无论是放还是收，均体现了特定历史时期促进国家强制能力建设的不同现实需求与发展思路。何种条件下应当分权发展？什么前提下应当采取必要的集权措施？这是协调行政分权与行政集权关系的关键，也是改革开放30多年来国家强制能力建设的核心问题。与西方国家现代化进程中国家强制能力建设主要表现为“向上收”的基本经验不同，“灵活放权、简约治理；地方为主、统分结合”是我国以公安为代表的国家强制能力建设的基本特征。

分权化发展的条件

与人民解放军、武警部队等其他类型的国家强制力量不同，公安工作显著的地方性是我国公安警察力量长期以地方建设为主、分权化发展的基本前提。改革开放以后，各地区社会经济的不平衡发展、经济形态与人口结构的分化，使得各地的社会犯罪形势与治安压力各不相同。在这种情况下，如果以集权型建设的思路来推动公安队伍建设，势必牺牲地方的信息优势，导致行政失效的概率上升。分权化发展适应了地方的信息优势，使各地能够根据实际需要灵活地发展自己的强制能力、调整治安策略。

另一方面，在国家财政“分灶吃饭”的影响下，地方政府的首要目标是发展地方经济。分权化发展的方式使地方政府有意愿动用自身的经济与财政资源来支持公安工作，经费投入的规模得以扩大，警力编制得到扩充。这在客观上既为经济发展创造了安定的社会环境，也在中央财力匮乏、编制有限的条件下推动了国家强制能力建设。

同时，在国家缺乏足够的正规强制资源应对社会急剧变革的情势下，建国以来形成的以群众路线为主体的治安结构依然有效。已有研究表明，毛泽东时代遗留下来的组织资源在市场转型过程中发挥了巨大作用，将之善加利用和改造对于中国顺利渡过转型期格外重要。[45]毛泽东时代形成的以地方治保组织为主体的半正式控制结构功能齐全、覆盖面广。为了维持转型期的社会稳定，改革后，在正规警察力量不足的情况下，通过放权使地方对既有治安力量进行充分利用、改造，不失为当时最好的策略选择。[46]

集权型建设的前提

随着改革的不断深化与社会转型的加剧，地区间经济交往频繁、人口流动加速、交通条件改善。跨地区犯罪与流窜犯罪的增加，加剧了公安工作的外部性，这是分权向集权转变的条件之一。社会结构的变化以及由此带来的外部性，一方面导致地方增加治安投入的动力下降，另一方面造成地方治安工作信息优势的丧失。此外，社会结构的变化以及犯罪流动性的增加，使警力资源相对缺乏的地区间接承担了警力资源相对丰富的地区的犯罪压力，不同地区的公民享受的公共服务水平出现事实上的差异，政府公共服务的公平性受到质疑。在这种情况下，一定程度的集权，可以有效地将外部性产生的问题内部化，使国家强制能力的发展适应新形势变化发展的需要。

从行政分权化到集权型建设的演变，也是行政体制本身分权与集权两种治理形式矛盾转化的产物。分权体制的灵活性有利于调动地方积极性，但是长期的分权必然蕴含着向事物反面演变发展的矛盾规律。行政体制内部权力的过分集权，必然蕴含着分散的边陲力量寻求自主性的要求；相反，长期分权之后，行政体系又必然产生对协调、调动及平衡发展能力的需求。首先，公安长期分权化的结果，弱化了中央政府对整体社会治安状况的准确把握，造成上下级之间的信息不对称，无形中加大了维护稳定工作的成本。通过行政集权的方式，强化了国家对宏观治安信息进行综合分析的能力，借以合理分配暴力资源。其次，长期分权弱化了中央对地方公安队伍进行调动与监管的“统领能力”，使中央难以对公安队伍中日益严重的腐败、滥权现象实施有效的监督。通过适度的集权化措施，改变原有地方“委托—代理”关系和激励机制，成为强化中央统领能力、推进公安队伍正规化的必然选择。

国家汲取能力的提高，是行政分权到集权演变机制中的必要条件。过度的行政分权，导致行政体系对协调、调动及平衡能力的需求，而国家的汲取能力尤其是中央政府汲取能力的增强，不仅使中央有能力调动经济资源强化公安建设，而且使中央在向地方公安实施统一的规范化管理过程中的权力增强。然而，在公安集权得以强化之后，合理平衡分权与集权的关系，成为继续深化公安改革的下一项议题。如何在中央与地方财政关系发生根本转变的条件下，既能够保障地方能因应本地社会经济发展的需要，又能够保证警力资源得到合理配置、其调动使用得到有效监管，使公安警察力量沿着法治化的道路实现可持续发展，这是目前我国国家强制能力建设中需要着重探索的大问题。

小结及讨论

在现代西方国家理论中，国家构建（state building）被描述成国家自上而下逐步垄断暴力的过程。本研究表明，与西方国家现代化进程中国家强制能力建设“向上收”的经验不同，“灵活放权、简约治理；地方为主、统分结合”是中国国家强制能力建设的基本特征。

黄宗智提出“集权的简约治理”（centralized minimalism）一词来概括中国国家治理的传统特征：在传统中国，中央通常在保持高度政治集权的同时，倾向于把国家治理的权责高度下放给地方。而地方政府也同样遵循简约的原则，将治理权下放给半官方的组织与人员，以非正式的机制处理社会事务，作为政府维持整个体系高效率、低负担的办法。[47]如果说西欧历史经验中的“国家”表现出强烈的工具性与集权化特征，那么中国国家治理的传统视乎国家是否有能力保持政府低成本地运作，从而减少对基层的干预，并充分利用社会内部的稳定机制以及官民之间、中央与地方之间广泛的分工合作达到社会稳定的目的。

灵活放权与简约治理可以被视为中国国家治理的重要传统，这一传统不仅在古代中国发挥了重要的作用，而且部分地延续到民国时期和毛泽东时代。以建国后政法综治战线脍炙人口的“枫桥经验”为例，针对社教运动中浙江省诸暨市枫桥区“坚持少捕人，矛盾不上交，依靠群众就地改造四类分子”的做法，毛泽东指出“依靠群众办事是个好办法”，于 1963 年 11 月 22 日亲笔批示向全国推广。经过 40 余年的发展，“发动和依靠群众，坚持矛盾不上交，就地解决，实现捕人少，治安好”的“枫桥经验”已成为中国公安工作和社会治安综合治理的一面旗帜。

改革初期，中国并没有通过一味中央集权来统揽国家暴力，而是在很大程度上给地方灵活放权，与传统治理模式一脉相承。然而，随着经济改革的深入，社会变迁加速，以公安为代表的国家行政治理结构与基层行政实践模式均发生了重大变化。国家正规治理的结构逐步完善，国家对地方与基层社会进行干预的范围与手段也在逐渐扩大。国家治理的传统模式逐渐被以国家介入为中心、以正规人员为主体、以文牍治理为手段的行政模式所替代。这种国家治理模式的变化也意味着历史上长期形成的“半正式的治理结构”被彻底打破。改革以后，社会控制的主体逐步缩减为正规的警察力量，基层治理模式也随之发生变化。国家与社会日渐“脱嵌”，官民协作的性质消退，国家治理越来越呈现出单向的“支配”与“干预”色彩。随着社会流动性加大，警察在空间上脱离了他们所属的社区；随着利益结构的深度调整，警察在感情上更脱离了人民。警察暴力执法职能的增长体现了因应社会经济分化而不得不进行的治理模式调整，但这显然背离了“人民公安”的宗旨，并在现阶段直接表现为公安工作群众基础的削弱、警民关系的恶化，乃至体现为警民对立的恶性案件此起彼伏。更重要的是，面对社会利益纠纷日趋错综复杂、形形色色的“群体性事件”频发的局面，待遇大幅改善、装备日趋精良的公安队伍反而往往显得捉襟见肘，缺乏及时化解矛盾纠纷的有效手段。

因此，仅仅通过集权化的措施固然可以令国家强制能力在法治化、正规化的指标上得到改善，但如果我们把国家治理的实际效果纳入评价国家强制能力的标准，显然必须清醒地认识到国家强制能力在整体上应该体现为“备而不用”的威慑力量，是社会矛盾纠纷无法通过其他手段化解时的最终选择。核武器的威力显然大于步枪，但如果发展核武器的基本逻辑不是立足于“威慑”而是立足于“实战”，其结果必定是毁灭性的。同样的道理，加强国家强制能力建设并不是为了更频繁地动用强制能力来解决问题。立足于就地化解矛盾、强化基层组织、“专群结合”仍是中国国家强制能力建设值得汲取的有效经验。

如果站在这样的立场审视中国公安从分权发展向集权发展的转变，那么这种变化是否必然意味着对“群众路线”、“简约治理”等传统治理模式的彻底否定？如果强制资源整体不足、区域发展不平衡的客观限制条件在短期内得不到根本性的改善，那么能否重新审视传统社会控制手段的基本经验，调动社会力量“返本开新”或“另辟蹊径”，以此弥补正规国家强制能力的不足？显然，在这些问题上探索不同于西方历史道路的国家强制能力建设的“中国经验”才是更令人期待的。

注释

[1] 国家强制能力即国家运用暴力或暴力威胁维护其统治地位的能力，是国家政权得以生存和运作的基础。现代国家只有具备适当的强制能力，才能确保法律法规的有效实施，从而维护正常的社会秩序。参见王绍光：《挑战市场神话：国家在经济转型中的作用》，83 页，香港，牛津大学出版社，1997。

[2] David H. Bayley, "The Police and Political Development in Europe: The Formation of National States," in Charles Tilly ed. *The Formation of National States in Western Europe*, Princeton: Princeton University Press, 1975, pp. 328 - 379.

[3] Philip J. Stead, *The Police of France*, New York: Macmillan, 1983.

[4] Carolyn Steedman, *Policing the Victorian Community: The Formation of English Provincial Police Forces*: 1856 - 80, Longdon: Routledge and Kegan Paul, 1984.

[5] Charles Tilly, *Coercion, Capital, and European States: AD* 1990 - 1992, Cambridge, Mass.: Blackwell, 1990.

[6] 根据《人民警察法》的规定，我国人民警察包括公安机关、国家安全机关、监狱、劳动教养管理机关的人民警察和人民法院、人民检察院的司法警察。本文的研究对象仅限公安机关人民警察。

[7] 参见中国人民警察简史编写组：《中国人民警察简史》，北京，警官教育出版社，1989；Michael Dutton, *Policing Chinese Politics: A History*, Durham, N. C.: Duke University Press, 2005。

[8] 1965 年，经中央批准，公安部、中央编委下文，确定公安编制单列，由省、自治区、直辖市统一管理，同时向公安部备案，公安编制的管理权进一步下移。

[9] 参见公安部政治部与人事训练部：《公安人事管理》，64 页，北京，群众出版社，1997。

[10] 我国专项警察编制包括三块：一是职业制人民警察，二是武警中间的公安边防、消防、警卫部队，三是铁道、交通、民航、林业、海关缉私等双重领导的警察队伍。

[11] 参见王虹铈：《建国初期人民公安机构的建立与构成》，载《江苏公安专科学校学报》，2002 (16)。

[12] 参见公安部政治部与人事训练部：《公安人事管理》，68 页。

[13] 从中央的立场来看，编制总额不能随意扩大，否则造成机构臃肿，无法保证国家行政机关的效率。同时，编制与国家行政预算有着直接的关系，中央编委必须考虑紧缩编制以节省国家行政经费。

[14] 参见《中国法律年鉴 (2005)》，208 页，北京，中国法律年鉴社，2005。

[15] 1949 年以后，公安经费开支中最主要的人员经费、基本建设投资一直由地方同级财

政保障。公安业务经费的保障形式则根据不同时期政治经济状况经历过多次调整，但中央财政曾在不同时期针对地方公安业务经费提供过基本保障。

[16] 参见樊鹏、易君健：《地方分权、社会犯罪与国家强制增长：基于改革时期中国公安经费发展的实证分析》，载《世界经济文汇》，2009（3）。

[17] 例如，1996年江西省为了集中整治农村治安、加强基层控制，曾一次性增设了500个公安派出所，这些新增加的派出所的人员与经费开支完全由所在地基层政府解决。参见《中国社会治安综合治理年鉴（1997—1998）》，北京，法律出版社，2000。

[18] 有关多重否决者理论，参见George Tsebelis，*Veto Players*：*How Political Institutions Work*，Princeton，N. J.：Princeton University Press，2002。

[19] 这是一项国际通行的指标，用以衡量国家强制能力的一般水平。Samuel Walker在《美国警察》一书中提出，如果一个国家的警察数量低于每万人口25名，那么警察体系就很难发挥有效作用。参见Samuel Walker，*The Police in America*：*An Introduction*，Boston：McGraw Hill，1999。

[20] 以1995年个别城市为例，如北京为35名，上海为26.9名，天津为23.6名，然而全国地级市每万人口平均警察人数仅为17名，县级市仅为5名。参见公安部政治部与人事训练部：《公安人事管理》，67～68页。

[21] 参见《中国法律年鉴（2005）》，208页。

[22]《中国基层警察缺衣少食，权力薪酬不相当很危险》，载《瞭望东方周刊》，2005-06-22。

[23] 公安部要求各地公安机关通过增加编制、精简机关，达到“城区派出所不少于20人，建制镇派出所不少于10人，建制乡派出所不少于5人”的标准。按照这一要求，在未来的几年内至少要给基层派出所再补充7万警力。参见《公安部着力解决派出所警力紧张问题》，载《法制日报》，2005-07-23，第1版。

[24] 参见公安部装备财务局编：《公安装备财务理论研究——第四届全国公安装备财务理论研究征文获奖论文集》，16页，北京，中国人民公安大学出版社，2006。

[25] 参见徐立伟：《对县级公安机关经费保障体制的思考》，载《青岛警坛》，2005（4）。

[26] 参见山东省委《关于贯彻中发〔2003〕13号文件精神，进一步加强和改进公安工作的实施意见》，山东省公安厅、省编制委员会、省财政厅《关于尽快理顺城市公安分局和公安派出所管理体制有关问题的通知》。[参见公安档案，山东省档案馆藏（档号：X055-001-2004-008）。]

[27] 参见《建设部、公安部关于加强城市基层治安管理机构设施规划建设的通知》（1991年11月21日）。

[28] 参见《74亿元倾斜中西部“两所一庭”》，载《人民公安报》，2006-01-26。

[29] 1991年公安部针对15个省、自治区的98个县、35个乡镇及71个城区展开一项调查，发现基层犯罪信息隐藏问题严重。参见戴宜生：《治安策论》，重庆，重庆出版

社，1994。

[30] Borge Bakken，“Comparative Perspectives on Crime in China，” in Børge Bakken ed. *Crime，Punishment，and Policing in China*，Lanham：Rowman & Littlefield，2005，pp. 64 - 102.

[31] 经验观察来自山东省 H 市的调研，2007 年 7 月。

[32] Murray Scot Tanner，“State Coercion and the Balance of Awe：The 1983—1986 ‘Stern Blows’ Anti-Crime Campaign，” China Journal No. 4（2000），pp. 93 - 125；Murray Scot Tanner，“Shackling the Coercive State：China’s Ambivalent Struggle against Torture，” *Problems of Post-Communism*，Vol. 47，no. 5（2000），pp. 13 - 30；Harold M. Tanner，*Strike Hard！Anti-Crime Campaigns and Chinese Criminal Justice* 1979—1985，Ithaca，N. Y.：Cornell East Asian Series，1999.

[33] 参见舒如天：《公安机关纪检监察机制垂直、异地、动态运行的必要性》，载《江西公安专科学校学报》，1999（4）。

[34] 参见权军编著：《公安纪检监察》，44～46 页，北京，中国人民公安大学出版社，2004。

[35] 参见康树华等编著：《犯罪学通论》，93～94 页，北京，北京大学出版社，1992；He Bingsong，“Crime and control in China”，in Hans-Gunther Heiland et al. eds. *Crime and Control in Comparative Perspectives*，New York：De Gruyter，1992，p. 251。

[36] 可以参见地方公安档案，如 1956 年山东省公安厅文件《全省公安系统精简机构紧缩编制方案》，从这份文件可以看出，山东省在建国以后的十几年间县级公安机构的数量与人员编制在逐年降低。[参见公安档案，山东省档案馆藏（档号 A101 - 03 -0064 - 002）。]

[37] Michael Dutton，“The End of the（Mass）Line? Chinese Policing in the Era of the Contract，” *Social Justice*，Vol. 27，No. 2（2000），pp. 61 - 102.

[38] 参见胡联合：《转型与犯罪：中国转型期犯罪问题的实证研究》，北京，中央党校出版社，2006。

[39] Murry Scot Tanner and Eric Green，“Principals and Secret Agents：Central Versus Local Control Over Policing and Obstacles to ‘Rule of Law’ in China，” *The China Quarterly*，No. 191（2007），pp. 644 - 670.

[40] Michael Dutton，“Toward a Government of Contract：Policing in the Era of Reform，” in Børge Bakken ed. *Crime，Punishment，and Policing in China*，Lanham：Rowman & Littlefield，2005，pp. 203 - 204.

[41] 参见王绍光：《挑战市场神话：国家在经济转型中的作用》，38 页。

[42] 参见王绍光、胡鞍钢：《中国：不平衡发展的政治经济学》，北京，中国计划出版社，1999。

[43] Yang Dali, "China's Changing of the Guard: State Capacity on the Rebound," *Journal of Democracy*, Vol. 14, No. 1 (2003), pp. 43-50.

[44] 比如在基层监管场所基础改造过程中，2006年1月24日温家宝总理主持召开国务院常务会议，审议并原则通过了《中西部地区基层派出所、乡镇司法所、人民法庭建设规划》，提出西部基层所改造的资金由中央专项资金安排，计划到2008年中央专项划拨74亿元资金。伴随着中央专项转移支付资金的下达，公安部将下达相应的建设标准，试图强化业务领导机关对基层公安机构的人、财、物的干预。参见《温家宝主持国务院常务会议 研究部署十一五扶贫》，载《人民日报》，2006-01-26，第1版。

[45] 参见潘维：《农民与市场：中国基层政权与乡镇企业》，389页，北京，商务印书馆，2003。

[46] 从1983—1984年城市建设阶段开始，中国大部分城市地区的党政领导开始致力于恢复城市治保会工作。1986—1989年，城市和乡镇治保会的数量上升了10.8%（绝对数增加16 414个），而治保人员也增加了相同的比例（绝对数增加92 576人）。同期，农村治保组织瓦解衰落，但是这一时期农村普遍建立治安联防队等组织，是对既有治安模式进行利用改造的结果。参见《中国法律年鉴（1991）》，北京，中国法律出版社，1991。

[47] Philip C. C. Huang, "Centralized Minimalism: Semiformal Governance by Quasi Officials and Dispute Resolution in China," *Modern China*, Vol. 34, No. 1 (2008), pp. 9-35; Pierre-Etienne Will, "State Intervention in the Administration of a Hydraulic Infrastructure: the Example of Hubei Province in Late Imperial Times," in Stuart Schram ed. *The Scope of State Power in China*, Hong Kong: Chinese University Press, 1985.

五、走向“预算国家”*

——财政转型与国家建设

毫不夸张地说，一个国家的治理能力在很大程度上取决于它的预算能力。

——A. Schick（1990）

如果你不能预算，你如何治理？

——A. Wildavsky（1988）

任何国家都要汲取财政资源并按一定的方式进行支出。国家汲取和使用财政资源的方式有很多，也就是说，财政制度有很多种。不同的财政制度通常与不同的国家治理制度相联系，并意味着不同的国家治理水平。现代国家一般都采用现代预算制度来组织和管理财政收支。王绍光（2007）将这样的国家称为“预算国家”，并分析了法国、英国和美国向“预算国家”转型的历史过程。本文通过将财政转型和国家建设联系起来，进一步完善了“预算国家”这一分析概念，并用来分析中国的预算改革。本文主要包括三大部分。在第一部分，我们将在国家建设的框架内讨论财政转型，并试图构建一个以预算国家为核心的国家建设的初步理论。我们首先阐明这样一个观点：财政制度转型是国家治理制度转型的关键，财政转型可以引导国家治理转型。随后，我们总结了国家建设历史上两次重要的财

* 本文由笔者与中山大学政治与公共事务管理学院教授马骏合作完成，曾发表于《公共行政评论》，2008（1）。

政转型——从“领地国家”到“税收国家”，再到“预算国家”，并分析了预算国家的两个基本特征——集中统一和预算监督。在第二部分，我们总结了英国、法国和美国这三个国家建立“预算国家”的经验。从某种角度看，这不仅是三条建立“预算国家”的道路，也是三条建立现代国家的道路。对这些历史经验的分析和总结，有助于我们更好地理解中国预算改革在现阶段的主要任务以及相应的制度建设重点。在借鉴国外经验时，我们需要具备必要的历史意识。我们要看其他国家处在大致类似的发展阶段、面临大致相同的问题时，它们是如何解决的，而不能仅仅看别人正在做什么，我们就跟着做什么。本文的第三部分以建立预算国家为核心，对中国的预算改革进行了分析，并提出了进一步完善的建议。最后对全文进行总结。

国家建设、财政转型与预算国家：一个初步的理论

无论是哪一种类型的国家，它都必须汲取财政资源并按一定的方式进行支出。一旦国家的财政制度发生改变，在很大程度上，国家的治理制度也会随之改变。因此，在国家建设的过程中，应抓住财政制度这个关键环节，通过财政制度改革来引导国家治理制度转型。

国家建设与财政转型

建立一个有能力而且负责的国家，是现代国家建设的基本目标。要实现这个目标，需要在很多方面进行制度建设，重构国家治理制度。在这一过程中，财政制度无疑是一个非常关键的环节，因为无论是什么性质的国家，其活动都离不开财政支撑。国家机器的运转需要资金，制定政策实质上是在分配资金，实施政策也需要资金保障。总之，没有资金，什么活动都不可能开展。从这个意义上看，如何筹集资金并进行支出固然首先是一个财政问题，但更是一个国家治理问题。不同的财政制度，一般都是与不同的国家治理制度联系在一起

的，通常也意味着不同的国家治理水平。因此，改变国家取钱、分钱和用钱的方式，就能在很大程度上改变国家做事的方式、改变国家的治理制度。财政制度转型可以在很大程度上引导国家治理制度转型。如果能通过财政制度重构，提高国家的理财水平，也就可以在很大程度上提高国家的治理水平。正如著名预算专家希克（Schick，1990：1）所说的：“毫不夸张地说，一个国家的治理能力在很大程度上取决于它的预算能力。”所谓预算能力，就是指能否有效而且负责地筹集和使用财政资金的能力。下面，将从提高国家能力和建立负责的政府这两个角度，进一步阐明财政制度转型的重要性。

首先，无论如何定义国家能力，它都必须包括汲取财政收入并按照一定的方式进行支出这两个方面的内容。例如，麦格达尔（Migdal，1988：4－5）定义的国家能力就包括国家的社会渗透能力、调节社会关系的能力、汲取资源以及按既定的方式拨款或者使用资源的能力。不过，更准确地说，汲取财政收入并按一定方式进行支出是国家能力最基本的支持性要素之一。[1]而且，“相对于其他任何要素而言，一个国家筹集和配置财政资源的方式更能说明国家现有的（和即将具备的）能力”（Skocpol，1985：17）。

分析国家能力，必须兼顾汲取和使用财政资源这两个方面的内容。国家固然需要有足够的汲取能力才能有效地实现其目标，而且，无论出于什么动机或目的，即使仅仅是为了满足统治者的消费，国家也都会有很强的动机去汲取财政收入。但是，仅有汲取能力并不能确保国家能有效地实现其政策目标并取得合法性。如果没有有效的财政制度，国家汲取财政收入的活动也可能是低效率的。例如，可能会存在各种腐败。即使国家汲取财政收入的活动是高效率的，也不能说它就一定具有很高的国家能力——即使仅仅从实现国家的目标来看。例如，尽管国家已经从社会中汲取了足够的财政资源，但是，由于收入管理分散，资金都被控制在地方政府或者各个政府部门，国家实际上可用的财政资源反而经常面临短缺。在既定的财政收入水平下，国家能力在很大程度上取决于国家能不能有效率地分配财政资源，并在资金的使用过程中减少各种浪费和腐败。无论在历史上还是在现实中，我们都不难找到这样的例子：一个国家可能有很高的收入汲取能力，但是，它的资源配置能力及进而通过配置资源来发展经济、解决社会问题的能力却很低。总而言之，只有将汲取和支出资源这两方面结合起来，才能准确地理解国家能力。

其次，对于建立责任政府、落实“政治问责”（political accountability）这一目标来说，“财政问责”（financial accountability）是根本性的、必不可少的条件。如果缺乏财政问责，政治问责就不可能具有实质性的内容（Funnell & Cooper，1998：10）。此外，政治问责本身也更加关注这样一个基本的问题：“为什么要以某种特定的方式支出资金以及它们带来了什么结果或好处”（Glynn，1987：21）。

从本质上看，政治问责包括两个基本要素：可回答性（answerability）和实施性（enforcement）。前者主要是指应该负责的官员有义务提供关于他们的行动——无论是计划的、正在从事的或者已经完成的各种相关行动的信息，并就这些行动的正当性进行解释。后者主要是指“问责机构”有能力根据行动的恰当与否，对应该负责的机构或者官员进行奖励或者惩罚（Schedler，1999：14）。可见，要使政府负责，首先必须要求它提供关于活动的各种信息，并就这些活动的正当性进行解释。从问责的需要来看，所有与政府活动相关的信息和解释都是有用的。但是，最重要的关于活动的信息应该是关于政府收支方面的信息。这个道理是显而易见的。政府开展任何活动都需要筹集和安排一定的财政资源。没有财政资源，什么活动都不可能开展。因此，政府在这方面提供的信息越全面和详细，我们对政府的活动也就了解得越全面和详细。在此基础上，如果能建立起一种要求政府提供解释并对那些不能提供恰当解释的活动进行否决的制度，以及一种以奖惩为特征的实施机制，那么，我们就可以让政府变得负责。

在西方现代国家建设的历史上，发生了两次意义深远的财政制度转型。它们不仅改变了国家汲取和支出财政资源的方式，而且也导致国家治理制度的转型。第一次财政制度转型是从“领地国家”向“税收国家”转型，第二次转型是从“税收国家”向“预算国家”转型（王绍光，2007）。前者使得国家汲取财政收入的方式发生了根本性的转变，后者不仅从根本上改变了国家使用财政资源的方式，而且从整体上重构了国家的收支管理。随着财政制度的成功转型，这些国家开始迈向现代国家。在很大程度上可以说，如果没有这两次财政制度转型，现代国家建设是不可能成功的。

税收国家

在现代国家建设的历史上，财政制度的转型最早发生在财政收入方面。这似乎并不难以理解。无论是什么国家，它都必须有相对充足的财政收入才能成其为国家。在汲取充足的财政收入方面，所有国家都有很强的动机。然而，汲取财政收入必然会引起国家与社会经济之间的互动，一旦国家汲取财政收入的方式发生转变，必然会产生超出财政领域的社会影响。正如熊彼特（Schumpeter，1991［1918］）指出的，与财政收入相联系的财政体系是理解社会和政治变化的关键，它不仅是衡量社会变化的重要指标，也是社会变化的源泉。在不同的财政收入汲取方式下，国家和社会之间的关系是不同的。一旦国家汲取财政收入的方式发生变化，必然会使得国家与社会的关系发生改变，有时甚至是根本性的改变。

在财政社会学中，与财政收入相联系的概念是“财政国家”（fiscal state）。根据收入来源不同，主要有六种“财政国家”：领地国家（domain-state）、贡赋国家（tribute-state）、关税国家（tariff-state）、税收国家（tax-state）、贸易国家（trade-state）、自产国家（owner-state）（Tarschy，1988；Campbell，1996）。从一种类型的财政国家转向另一种类型的财政国家，不仅国家汲取财政收入的方式会发生转变，而且常常会伴随着国家与社会关系的调整，伴随着政治变迁和国家治理方式的转型。在近现代时期（1500—1800年），最重要的财政国家转型是从“领地国家”转变到“税收国家”。这始于欧洲中世纪后期，一直到18世纪末期才完成。这一转型对欧洲国家的政治制度与国家治理产生了重大影响，从根本上改变了它们的国家治理制度。

中世纪的欧洲国家都是“领地国家”，它是封建制度的产物。在封建制下，国家的财政收入主要有两个来源，一部分来自国王自己的领地，另一部分来自诸侯进贡以及来自司法收费方面的收入；国家无权直接对诸侯领地进行征税。由于领地国家的统治者主要依赖其领地收入而生存，因此，国家财政对于社会的影响是有限的。从中世纪后期开始，在战争和宫廷消费所形成的巨大支出压力的驱使之下，加上新兴的商业繁荣也累积了让各国统治者垂涎三尺的财富，国家于是开始到领地之外去寻找额外的收入来源，以税收的方式将领地之外的其他财产所有者的财富的一部分转化为国家财政收入。这就使得这些欧洲国家逐渐转变为另一种类型的财政国家——“税收国家”。税收自古便有，但有税收的国家不一定是税收国家。税收国家是中央政府及下级政府在全国范围内用税收的方式来汲取财力，而且，更重要的是，国家的财政收入主要来源于私人部门（家庭和私有经济）的财富，这使得税收国家的财政收入高度依赖于私人财富（Schumpeter，1991 [1918]；Musgrave，1980；Bates & Lien，1985；Tarschy，1988；王绍光，2007）。

欧洲各国向税收国家转变的速度是不同的。大约在 13 世纪晚期至 15 世纪中期，英国和法国王室才逐步摆脱对领地收入的依赖。但直到 1630 年，瑞典、丹麦的领地收入仍占财政总收入的 44.8%和 36.9%。在普鲁士，迟至 1778—1779 年，仍有近一半的财政收入来自领地。总的说来，从 13 世纪末到 18 世纪是欧洲国家建立税收国家的关键时期（王绍光，2007）。在这一时期，随着统治者开始获得并垄断了征税权，欧洲国家纷纷转向税收国家。税收国家的建立大大地提高了国家的财政汲取能力（主要与领地国家相比），但是它也使得国家越来越依赖于私人部门。在汲取税收收入的过程中，国家不得不与私人部门讨价还价，并在某些关键的时候做出政治上的让步，最终导致国家重新构造了财政制度和政治制度，其中尤以议会制的产生最为重要。早期的议会制既是纳税人（尤其是纳税大户）为了保护自己的财产而建立起来的制度，也是国家用来和这些纳税大户讨价还价、获得征税方面的同意与合作的制度（Musgrave，1980；Bates & Lien，1985）。

然而，从领地国家转向税收国家的政治影响远不止于此。在税收国家，由于国家的财政收入越来越依赖于私人部门的财富，一种纳税人意识逐渐形成。在这种背景下，纳税人及其代表不仅希望将国家的征税行为纳入某种制度化的约束，而且越来越要求国家能够负责而且有效率地使用这些纳税人提供给国家的资金。对于税收国家来说，由于财政收入不再是来自统治者自己的财产所形成的收益，不再是“私人资金”，而是“公共资金”，用公共资金建立起来的政府就不再是“私人政府”，而是“公共政府”。既然是“公共政府”，就必须对公众负责，尤其是在资金的汲取和使用上负责（Webber & Wildavsky，1986：148，299）。正是在这个意义上，著名财政学家马斯格雷夫（Musgrave，1980：363）总结说：“税收是现代民主制度兴起的先决条件。”

然而，如果没有一个有效的财政制度将所有的收支都集中起来并进行约束和规范，要约束国家的收支行为并使之负责是很难的。正如韦贝尔和瓦尔达沃夫斯基（Webber &Wildavsky，1986：228）总结的：

> 在中世纪欧洲，国王和他的人民都很穷；在近现代时期（从15世纪到18世纪），绝大多数人民仍然很穷，但是，国王开始变富裕了，这主要是因为通过提高收入征收能力，他们的政府的财富上升了。通过机敏地估计他们的臣民的容忍度，统治者稳步地增加税收负担……通过收获来自生产率提高的果实，上升的财政收入使得国王可以过上令人炫目的生活和发动扩展国家的战争。在一些国家，负担之重已经超过了人民的容忍度。

在13世纪末至18世纪末这一时期，随着国家逐步从领地国家过渡到税收国家，国家的财政收入汲取能力大大得到提高。然而，由于不能将国家所有的收支活动都整合进一个有效率而且负责的制度框架内进行规范和约束，财政收支管理仍然弊端丛生。一方面，国家的收入汲取行为经常存在各种过度掠夺的现象，甚至激发了各种抗税暴动，而且收入征收也是低效率甚至是腐败的；另一方面，尽管国家汲取的财政收入越来越多，但是这些资金中的绝大部分并没有被用于公共目的，而主要被用来满足统治者及其军队和官僚体系的消费，而且充满着浪费和腐败（Webber & Wildavsky，1986：228－282；Caiden，1988，1989）。要解决这些问题，需要全面、彻底地根据“公共政府”的原则重构国家财政制度。没有一种符合“公共政府”精神的现代预算制度，就不可能有真正的公共政府。

预算国家

如果把财政收支的记录称为“预算”，则预算古已有之，因为任何统治者都需要财政方面的记录，尤其是税收方面的记录，以便预测收入，防止下属盗用税收款项。在支出方面，统治者当然也希望限制下属乱花钱，尽管他们并不想限制自己的开销。不过，前现代国家的“预算”有三个特点：一是乱，税收、支出与借贷往往混杂在一起；二是散，收入往往采取分头包税（tax farming）的方式进行征收，支出往往采取专款专用（earmarking）的方式，君王无从了解国家整体的收支状况；三是只限制贪官而不限制君王，无论中外，除个别王朝的统治者能因国用不足、下民困苦而简乘舆服御、后宫用度外，大多是挥霍无度。所以，这些前现代国家都不是我们所说的“预算国家”。也就说，有预算的国家不一定就是预算国家（王绍光，2007）。

建立预算国家经历了一个漫长的历史过程。税收国家为预算国家的建立奠定了基础，只有转化为税收国家后，才可能变为预算国家。然而，税收国家只是预算国家产生的必要条件，不是充分条件。只有拥有现代预算制度的国家，才能称为“预算国家”（王绍光，2007）。现代预算制度萌芽于税收国家形成的后期，即 17 世纪后期的英国。1688 年光荣革命后，为了适应国会议员们越来越强烈的加强监督政府资金的要求，英国国会不仅进一步巩固了原有的收入同意权，而且获得了对政府开支的否决权以及对已开支的支出款项的审计权，国会进而任命了各种委员会来审查它授权的资金在使用过程中是否做到了“明智、诚实和经济”。这些措施极大地加强了国会的预算监督权，也提高了它的预算监督能力（North & Weingast，1989；Premchand，1999）。这也使得财政问责进入了一个崭新的阶段。在 17 世纪以前，国家也有财政问责的问题，但它主要是和领地国家君主的私产管理联系在一起的，问责的重点是：财政官员是否保证君主的财产安全、保值和增值。然而，17 世纪后期的这一系列旨在加强议会监督的改革颠倒了财政问责的链条，使得财政问责在“向谁负责”这个问题上发生了根本性的改变：“从对国王的个人负责转变为对人民的代表负责”（Premchand，1999：152）。18 世纪末期，为了实现资金收支管理的经济与效率，英国进一步对政府的财政管理进行集中和规范。例如，要求建立一个将所有支出合并在一起的支出预算，要求各个政府部门提前计划一年的支出，要求所有部门都按照统一的格式记录支出，等等（Webber & Wildavsky，1986：326）。18 世纪后期，法国也开始在政府内部将收支权力集中到当时建立起来的财政部，由它在政府内部进行集中的管理，其集中型的国库管理模式对现代预算制度产生了很大影响（Premchand，

1999）。

不过，直到19世纪，现代预算制度才最后成型，并发展成为现代国家治理的基本制度。西方国家建立现代预算制度的时间各异。尽管英国在18世纪的后25年就已开始编制预算，但是，直到1866年，它才在支出方面建立起全面的国库控制，也是在这一时期，它才建立以内阁承担整体预算责任的行政预算体制，从而才建立起真正的预算体制（Cleveland，1915；Webber & Wildavsky，1986：327）。1814年，法国开始编制年度预算，这被视为现代预算的第一次实践（Caiden，1989）。从1817年到1827年间，法国颁布了一系列旨在对税收和支出进行集中管理的法令。但其后的预算改革经常被政治动荡打断。1830年，比利时模仿法国模式建立了现代预算制度，但不是很成功，它的预算体系很长时间都没有整合在一起，例如议会经常要在一年中不停地审批预算。1848年后，荷兰建立了有利于议会控制支出的集中型财政体制。其他的欧洲国家也在19世纪后期和20世纪初建立起现代预算制度：意大利（1860年）、瑞典（1876年）、挪威（1905年）、丹麦（1915年）。美国的现代预算制度建立比较晚，直到20世纪20年代才建立起现代预算制度（Webber & Wildavsky，1986：327）。

那么，什么是现代预算？根据著名预算专家克里夫兰（Cleveland，1915）对现代预算的讨论，现代预算可以定义如下（王绍光，2007）：

> 现代预算必须是经法定程序批准的、政府机关在一定时期的财政收支计划。它不仅仅是财政数据的记录、汇集、估算和汇报，而且是一个计划。这个计划必须由行政首脑准备与提交；它必须是全面的、有清晰分类的、统一的、准确的、严密的、有时效的、有约束力的；它必须经代议机构批准与授权后方可实施，并公之于众。

这一定义有三点关键之处：（1）现代预算是由应该负责并且可以负责的行政首脑提交的财政收支计划，这是它区别于其他计划之处；（2）这个计划必须由代议机构审查批准，在代议机构批准政府的财政收支计划之前，政府不得收一分钱、花一分钱；（3）这个计划必须包括全面而且详细的政府计划的活动的各种信息，以有助于负责审批的代议机构做出同意或不同意的决定（Cleveland，1915）。总之，遵循现代预算原则建立起来的

“预算国家”，必须具备两个显著标志：第一是财政上的集中统一，也就是说，在财政收支管理方面实行权力集中，将所有的政府收支统到一本账里，而不能有两本账、三本账、四本账，并建立统一的程序与规则对所有的收支进行管理。这样才能确保预算是全面的、统一的、准确的、严密的、有时效的。第二是预算监督，也就是说代议机构能监督政府的财政收支，确保预算是依财政年度制定的、公开透明的、清楚的、事先批准的、事后有约束力的。这两者是互相支持、缺一不可的（王绍光，2007）。

随着现代预算制度的建立，前述那些国家开始以一种“前所未有的方式”从公民那里汲取财政收入，并将之用于公共的目的或“集体目标”。这些现代民主国家终于发展出一种“被广泛视为有效率的、有生产率的，而且比以前更加公正的”财政制度（Webber &Wildavsky，1986：300，301）。现代预算制度的建立，使得国家汲取和支出财政资源的方式发生了根本性的转变。因此，预算专家凯顿（Caiden，1989）将中世纪后期一直到 19 世纪以前的财政史称为“前预算时代”，而将现代预算制度成型的 19 世纪视为“预算时代”的开始。然而，财政制度的转型也是国家治理制度的转型。随着现代预算制度的确立，这些建立起现代预算制度的“预算国家”也进入了现代国家，开始以一种全新的方式更理性、更负责地治理国家。总的说来，19 世纪成型的现代预算制度有两个重要的目标：一是理性，二是负责。在财政领域实现这两个目标，在很大程度上引导了国家治理制度朝着这一方向迈进。

首先，财政管理理性化带来了整个政府管理及国家治理的理性化。财政管理理性化的主要目标是建立秩序、规范行为、实现经济（减少浪费），它深受当时发生的工业革命的理性化和追求效率的影响。因此，在这一时期，各国的预算改革都致力于在政府财政管理领域进行集权，解决资金管理分散化的问题，并设计相应的程序和规则来规范政府及其各个机构的收支行为，建立像财政部这样的控制机构来监督政府各个机构的收支。在当时，财政管理领域是政府内部最早实现这种理性化的，财政管理理性化标志着“政府理性”这一现代理念开始付诸实施，并为以后政府管理逐步理性化以及政府承担更多的职能创造了条件（Webber &Wildavsky，1986：323－326）。而且，现代预算制度使得这些预算国家开始建立起一个内在一致的预算体系，不仅将整个财政收支有机地联系在一起，而且将政府内部各个部分及其行动有机地联结起来，这使得国家治理开始以一种“内在一致的、互相联系的、统一的国家”的形式展开（Khan，1997：139）。

其次，在财政领域落实财政责任，为建立责任政府奠定了坚实的基础。19世纪是民主化浪潮席卷欧洲的时期。在这一时期，征税权从国王手中转移到议会手中。在这种背景下，各国议会纷纷开始建立各种预算监督机制，加强议会对政府收支的监督，这使得财政问责进入一个全新的阶段。一方面，法国式的以财政部为核心的集中型预算管理被置于议会各个委员会的监督之下；另一方面，在独立的审计机构的协助之下，议会开始比较有效地监督政府及其各个机构的收支行为是否与预算保持一致，是否遵守各种规章制度，是否做到经济、节约（Webber & Wildavsky，1986：299-230，329-331；Premchand，1999）。这就在选举问责这一“纵向问责”机制之上增加了一套更具有实质性内容的“横向问责”机制（Schedler，1999），从而确保国家活动对人民负责。

从税收国家到预算国家：法国、英国和美国的经验

预算国家有两个标志：集中统一和预算监督。从这两个标志出发，从逻辑上讲，存在三种向预算国家转型的可能途径。一是先有集中统一，后有预算监督；二是集中统一和预算监督交替推进；三是先有预算监督，后有集中统一。历史上，法国、英国、美国正好分别走上了这三条路。这实际上也可以看成建立现代预算制度以及预算国家的三条道路，因为无论如何对20世纪的预算体系进行分类，英国模式、法国模式、美国模式都是三种最重要的模式。英国模式主要是在英国形成，随后又被各个曾经是英属殖民地的国家借鉴的预算模式。尽管美国也曾经是英属殖民地，但是由于其相对独特的国家建设历程，它成为一个例外，并发展成一个独立的模式。法国模式是在法国形成并影响了原法属殖民地国家的预算制度。当然，自20世纪50年代以来，由于各国互相借鉴其他国家的预算改革，各国之间的预算制度的差别已不如此前那么明显（Premchand，1983：132-134）。不过，由于本文主要讨论现代预算制度形成的早期，因此将这三

个国家的建设道路视为三条建立预算国家的基本道路是成立的。同时，从国家建设的角度看，这也是三条建设现代国家的道路。

法国道路

法国从税收国家到预算国家的转型模式就是先实现集中统一，后实现预算监督。虽然早在15世纪初，法国就规定税收必须经过等级议会批准，但在当时的等级议会制度下，这项权力形同虚设，不经国王的召集，就不能因其开会——1614年后便没有开会。在1789年以前的175年间，一切税收都是国王说了算。1789年，路易十六之所以召集等级议会，是为了解决法国面临的严重财政危机，结果却导致了革命。不过，在大革命以前，法国就已经开始采取一系列措施，把财政集中统一起来。每年伊始，中央政府各部都要向国王呈交一份资金需求表；每个月，各部委都必须呈交一份资金分配表，说明哪项税收用于哪项支出。而且，这些都须经国王签署后才有效。同时，每年各行省也得向国王呈交收支平衡表（先列支出，后确定资金来自哪项税源），经国王签署后，各省必须严格按计划开支。正因为如此，一位国务卿于1770年对路易十五说："大臣们并不对其所在部门的开支负责，即使他们愿意负责，因为所有的支出最终都需得到殿下您的肯首。因此，当有人批评某部门的支出时，人们知道被批评的对象不是该部的大臣，而是殿下您。"尽管如此，当时的财政统一程度还不是很高。1788年3月，也就是法国大革命前一年，旧政权通过了它的第一个也是最后一个所谓的"预算"。它之所以推出这个预算，其理由是："长久以来，我们的财政一直被分灶吃饭困扰。我们的税收相当分散，不同的收入用于不同目的的支出。所有的税收最好还是由财政部统起来比较好。"实际上，这份预算只停留在文字上。更何况，一年以后，革命就爆发了。

1789年6月，刚刚召集的国民会议颁布一项法令，宣告以后表决课税（不包括开支）的权限应当专属于全国代表。但原则归原则，当时的国民会议根本不知道如何行使自己的权力，也没有建立相应的预算制度。进入19世纪，受理性哲学家的影响，拿破仑试图对所有财政开支（包括军事与非军事开支）进行控制。1807年，拿破仑还创立了国家审计署（The Cour des Comp tes），目的是更有效地掌握有关各类开支的信息，从而对财政开支进行有效的监督控制。从这以后，中央政府已经基本上获取了对财政资源的掌控。但拿破仑不把议会监督放在眼里，引发强烈反感。拿破仑被迫流亡后，复辟的波旁王朝进一步强化财政的集中统一的力度。1814年，法国开始编制年度预算，并宣布每年将根据政府部门的需要对它们进行拨款。1817—1827年间，法国通过了一系列财政法令，希望以此实现对财政收入与支出的集中管理。这些法令决定了预算文件的形式，规定了会计年度和结账的时间，统一了会计机关的工作，决定了账目的形式和报告书的性质；每年各部长要把报告提交到国家审计署接受审查。尽管实行了财政的集中统一，法国王室仍经常滥用权力。1824年登基的查理十世对王权的滥用最终导致了1830年革命。在法律上，七月王朝和复辟王朝没有太大变化。但在实践上，七月王朝的国王和以前的国王却有很大区别，新国王路易·菲力浦正式承认君主立宪政体。1831年，国民议会开始决定财政拨款的细节。至此，法国向预算国家的转型大致完成。

英国道路

英国的模式是另外一个模式，即财政的集中统一与预算监督交替推进。早在1215年，英国就有《大宪章》，它规定，“在国土内，非经众议会，不得征课任何兵役免除税或补助金”。换句话说，就是必须通过议会的批准，国王才能征税。1344年，议会又要求国王依照议会所决定的用途才能用钱。所以，理论上，这时预算监督的原则已经确定。但实际情况是，直到17世纪的光荣革命以前，议会基本上是个摆设，对国王的收和支都没有太大的控制能力。

1688年光荣革命后，议会获得了控制政府开支的法定权力。但下议院主要关注开支总量，对经费具体是怎样用掉的倒不大根究（只有对军队和停靠在码头的军舰的支出是例外，目的是防止国王用武力推翻议会体制）。实际上，即使议会想管得细一点，也做不到，因为当时英国的财政太分散，各个部门都卷入收费，各个部门都有自己的会计方式，非常混乱，没有预算，没有审计，没有决算。所以，议会根本不知道一年总共收了多少税，也不知道政府那些款项是怎么花出去的。可见，尽管议会有监督权，但如果没有财政上的集中统一的话，预算监督也无从下手。

早在光荣革命前夕，1667—1668 年间，在乔治·唐宁爵士的影响下，英国就已经开始试图把所有的税收统在财政部手里。但其后，英国又花了将近两个世纪，才逐渐完成了财政上的集中统一。比如说 1780 年，英国议会成立一个委员会，其目的是推进简单明了的财政管理体制，以限制或削减各类多余的、不必要的开支。为此，它提出了 14 份报告，建议建立单一账户来取代分散的部门小金库。1783 年提交的第 11 份报告建立了公务人员工资等级制度。虽然在开始时，工资还是靠部门收费建立起来的小金库支付，但其后越来越大比重的开支来自议会拨付的资金，并接受下议院的监察。议会控制的“杂项资金”的数额就这样快速增长，逐步超过了其他资金。

1787 年，英国议会又通过了《统一账户法》（The Consolidated Fund Act），要求废除分散的部门账户，建立一个统一的账户体系——所有的财政收入必须缴入该账户、所有的财政支出必须从这个账户流出，并且，无论收支都必须准确进行会计记录。这就向制定全面预算的方向迈进了一大步。在此基础上，1802 年，议会要求政府每年提供全面的财政报告。不过在这个时候，还只是要求而已，实际上没有做到。又过了近半个世纪，在 1847—1848 年间，英国议会曾对预算机制进行过一次检讨，它发现无论是在财政集中统一方面，还是在预算监督方面，问题都依然非常多：各部门之间甚至各部门内部的会计方法还未统一；各部门的财务报告十分笼统；财政部依然无法有效控制权势巨大的外交部、内政部、国防部的收支；各部门还有小金库，使用小金库的钱往往绕过了议会；不少大笔开支未经说明；一次性拨款相当普遍；虽然大部分资金需要议会拨款，但还没有一份文件能反映所有的政府收支；议会对拨款和拨款的实际使用未作比较；簿记未按财政年度保存；财政盈余简单地滚入下一财政年度等。总之，议会在很大程度上依然无法进行有效监督，其最重要的原因是财政集中统一的水平有待提高。

直到格莱斯顿（Gladstone）上台，这一局面才得到根本改变。格莱斯顿于1852年第一次担任财政大臣，其后又连任了几次财政大臣，并四次出任首相。格莱斯顿与其他改革者对当时法国集中型的国库管理体制推崇有加，希望用一个系统性的制度安排来取代过去那种修修补补式的改革。1854年，议会通过格莱斯顿的《公共税收与统一账户法》。此后，政府每年都必须定期向下议院报告财政总收入与总支出。1861年，格莱斯顿设立了国库收支审核委员会，其成员由下议院在每一次会期的开始任命，负责审查政府的财政工作，并向下议院报告审查的结果。1866年，《财政审计法》又规定建立了独立的政府收支审计部门，不受政府首脑和各部委的管辖，专对下议院负责，其主要职务是审查政府的账目，并向国库收支审核委员会报告。在格莱斯顿的领导下，财政集中统一与预算监督双管齐下，英国才得以在19世纪70年代左右完成了向预算国家的转型。

美国道路

与法国、英国及其他欧洲国家相比，美国向预算国家的转型要慢得多。早在美国建国前，殖民地议会就开始对英国王室任命的总督进行财政监督，要求大部分税源需定期经议会重新授权，拨款需确定具体的支出目的和金额，详细规定拨款可以用于何处、不能用于何处、可以用多少，余款则必须返还国库。当英国试图用《印花法》（1765年）、茶叶税（1773年）等措施为殖民官员提供一些独立财源时，便很快引发了美国革命（1775—1783年）。建国后，议会监督不仅延续下来，而且得到了加强。但是，政府的财政管理极度分散，整个预算体制非常碎片化，政府各个部门通常直接向议会的各个委员会以及议员申请拨款。所以，在20世纪以前，美国从上到下都没有一个内在一致的预算体制（Khan，1997：1）。由于缺乏集中统一，不仅政府的财政管理问题很多，而且议会的预算监督也很难有效。直到20世纪初，外国访客还嘲笑说，美国虽然技术上很先进，却没有预算制度。美国预算改革的推动者之一克利夫兰（Cleveland，1912）曾以这样的标题发表了一篇文章：“没有预算，我们是怎么过来的”。直到进步时代（1890—1920）后期，美国才开始启动预算改革，建立现代预算制度。总的说来，美国建立现代预算制度的过程有两个特点：一是从地方到中央；二是先实行预算监督后，实行集中统一。

美国19世纪末20世纪初的政府间财政关系与现在的情况非常不一样。今天，政府的财政收入和支出大部分集中在联邦政府，其次是州政府，最后才是地方政府。而在那个时期，绝大部分财政收支都发生在地方政府一级。例如1902年，美国地方政府财政收入占三级政府财政总收入的52%，财政支出占三级政府财政总支出的59%。而现在，这两个比重分别下降到22%和25%。那么，当时在地方一级，是谁控制钱袋子呢？是市议会和其中形形色色的独立委员会，它们在拨款方面享有巨大的权力。这些批钱机构之间的关系非常复杂、重叠又模糊。政府各个部门都得独自向市议会及其委员会争取资金，独自掌控开支。市议会说起来是监督政府，但它们自身的行为却不受限制，这样一级政府不可能形成一份详尽而统一的预算。

预算体制太分散造成了一系列的问题，其中一个问题就是腐败猖獗。19世纪末，美国的地方政府被普遍认为是极度腐败的。当时，市政府的雇员发工资都是现金支付，也没有账目。城市维修工程没有开支记录，政府机构发了钱，不知道发给了谁；得到钱的人，不知道是不是为市政府干了活；而干了活的人有可能没有收到钱。市政府也没有公共资产记录，公有资产的流失因而屡见不鲜。当时贪污受贿最严重的领域包括土地批租、公共服务（如清洁、垃圾处理的发包）、公共工程（如街道、交通体系、下水道等基础设施建设的发包）、政府采购（如市立医院、济贫院的采购）、规管（如警察对赌博、娼妓网开一面）。另一个问题是滥用公款。由于没有统一的现代预算，账目非常乱，根本无法搞清楚钱从哪里来、到哪里去。比如说1911年费城的“预算”中，有25 000美元用于“邮费、冰块、档案、餐饮、维修、广告、贷款、招待本市和来访官员，以及其他”。换句话说，随便官员用在哪里都可以。到了年终，拆东墙补西墙的现象十分普遍。例如，纽约市1908年的1.4亿美元总拨款中包括800万美元用于偿还“特殊税收债券”。其实，根本没有什么“特殊税收债券”，这笔钱是用来填1907年的超支窟窿的。年终突击花钱也很常见，如在纽约市1895年的财政报表中，我们发现那些年薪为5 000美元（平均每月

417 美元）的雇员在 12 月拿的工资竟达 1 583 美元（相当于年薪近 19 000 美元）。与其他城市相比，纽约的情况并不是最坏的，拿它举例只不过是因为其历史记录较为完整而已。

在联邦政府一级，情况同样混乱。宪法把一切财政收支的决定权都赋予众议院。1794 年，众议院依照英国下院的方式，任命一个专门的筹款委员会，该委员会在 1802 年成为国会里一个常设机构。从 1802 年到 1865 年，财政收支权都集中在众议院筹款委员会手中。1861 年，美国内战开始后，林肯总统命令财政部支付未经国会拨款的战争开支，并要求国会事后补办拨款。政府各部委也开始随意超支或随意支配项目余款。在战争状况下，国会没有办法，只得合作，并对以前不允许的事睁一只眼闭一只眼，如总额拨款、超拨款开支、拨款转移等。内战结束后，为了防止自己的权力再受侵蚀，众议院于 1865 年将以前既管收入也管支出的筹款委员会一分为二，让它只负责收入（现译为“岁入委员会”），并另起炉灶成立了负责支出的拨款委员会。由此，开支与收入被分开考虑。其后，除拨款委员会外，其他国会委员会也涉足拨款事务，如河流、港口、农业、陆军、海军、外交、印第安人事务方面的拨款都不再归拨款委员会管辖，而落入其他委员会的权力范围。到 1885 年，众议院已有 8 个委员会负责拨款，其后增加到 10 个。到 1912 年，有 14 个委员会负责拨款，参议院也有十多个委员会负责拨款事务。最后，超过一半的拨款摆脱了拨款委员会的控制。至此，国会内统一财政计划的最后痕迹也完全消失了，形成了“国会小组委员会治国”的格局。议员们为了扩充自己的影响，其关注点往往是如何用拨款取悦自己的潜在支持者。如此，财政拨款就完全分散了。与立法部门一样，行政部门也变成了诸侯政治。几乎每个政府部门都需要单独的拨款法案。这些法案都掌握在国会里不同小组委员会手里，并在不同的时间通过。如卫生方面的问题需要与 4 个国会委员会讨论拨款，战争部要与 7 个委员会打交道，运输部门要与 7 个委员会打交道，其拨款由 8 个法案授权。更糟糕的是，不同政府部门使用不同的会计方法。就连财政部的 18 个局和办公室，其会计方法也各不相同。

联邦财政体制的混乱同样带来腐败的后果。例如，滥用公款就让人触目惊心。据一个参议员估计，1909 财政年度有 5 000 万美元的拨款是被浪费的，而当年的整个财政支出只有 6.6 亿美元。这也就是说，将近 8%的财政拨款实际上是被浪费掉了。无怪乎从1895年到1913年，其中有一半的时间，美国的财政是处于赤字状态的。更严重的是，在财政收支权力支离破碎的情况下，无论是在地方一级，还是在联邦一级，都没有一个人或机构了解政府一共收了多少税、花了多少钱，没有一个人或机构能确定政府的目标优先次序，没有一个人或机构能对人民全面负责。

面对这样的局面，出现两种人，一种被称为耙粪者（muckraker），这是一批以揭露社会黑暗面为己任的新闻记者、作家和批评家。他们的文章大量集中出现在1902—1906年期间，对制造改革舆论、唤醒民众和动员群众、推动美国的社会改革起了一定作用。但民众对耙粪者的支持在1912年左右逐渐消失了。另外一种人，被称为改革者。与耙粪者不同，改革者不仅批评现状，还能拿出替代方案；他们不是不要政府，而是希望通过制度建设让政府变得公开、透明、有效。

改革者认为国会没有控制政府开支的积极性，议员们的兴趣在于把钱花在自己的支持者身上；只有行政首脑才会考虑本辖区的整体利益。因此，当时美国最急需的是建立以行政首脑为核心的行政预算体制。所谓行政首脑，在市一级就是市长，州一级就是州长，全国一级就是总统。改革者希望把预算权力在一定程度上集中到这些人手里。他们推动的行政预算体制有如下特征：（1）统一，预算涵盖政府的所有活动领域；（2）全面，包括特定财政年度里的所有收入和支出；（3）分类细化，按资金使用功能将它们分成标准的几大类，使之既有利于监控，又保持一定的灵活性，便于执行；（4）行政首脑主导，预算由行政首脑准备和提交，也由行政首脑负责。行政预算体制在政府内部建立起一种集中统一的预算体制，将预算权力集中到政府首脑手中，使得政府各个部门对政府首脑负责。对于建立一个责任政府来说，这一步是基础性的。这是因为，权力太分散，监督无从谈起；集中起来再监督才是有效的监督。

美国的预算改革是从地方开始的。1905年，一批改革者在纽约建立了纽约市政研究所，并将该所的首要任务确立为建立现代预算。1907年，该所发表一个题为《制定一份市政预算》的报告，并提议在纽约市的卫生工作领域进行试点。在该所的敦促下，纽约市在1908年推出了美国历史上第一份现代预算。这份预算还很粗糙，只有市政府的4个主要部门拿出了分类开支计划。尽管粗糙，效果却立竿见影，当年纽约市薪金拨款减少了 314 706 美元；第二年，这方面的节省增加到 1 081 748 美元；1910 年，推行薪金分级制，并纳入预算，这方面的节省增至 200 万美元。以后几年，纽约市的预算也日臻完善。到 1913 年，预算文件已从 1908 年的 122 页增加到 836 页。

纽约市的经验很快引起了美国其他城市的兴趣，它们纷纷索要市政研究所编制的《市政会计手册》，并派人到市政研究所举办的培训班学习。到 20 年代中期，大部分美国城市引入了现代预算体制。不久，“预算”这个词就像“民主”和“社会正义”一样变成美国的日常用语，对任何政治参与者而言都能朗朗上口。到 1919 年，全国已有 44 个州通过了《预算法》；到 1929 年，除阿拉斯加外，所有的州都有了自己的《预算法》。

联邦政府动作稍微慢一点，因为联邦的权力还是集中在国会那里。要打破强国会、弱总统的态势才能进行预算改革。这个过程是在老罗斯福总统（1901—1909 年在任）带领下起步的，他开始打破强国会、弱总统的格局，把总统职权推进到他认为宪法没有明确禁止的领域，有力地发挥了行政部门的主导功能。老罗斯福的继任者进一步将联邦财政治理权从国会手中转移至行政部门，使总统的权威变得更为重要。与此同时，相对于地方各级政府，联邦政府的权力逐步扩大。历史学家卡恩（Khan，1997）将这个权力转移的过程称为“内部的国家建设”，它为预算改革奠定了制度基础。

塔夫脱总统（1909—1913 年在任）上任不久，于 1910 年任命了一个经济效率委员会，其中包括一些著名的财政改革家，由领导并参与了纽约市预算改革的克利夫兰担任主席。1912 年，该委员会提出了一个报告，题目就叫《国家预算的必要性》，建议由总统编制统一、全面的政府预算。1912 年 6 月 27 日，塔夫脱总统将报告提交国会，并制定了《1914 会计年度的预算》。但国会对此反应冷淡，没有理会。国会为什么反对？因为如果由总统主导编制统一的政府预算，国会很多小组委员会的权力就被剥夺了。但是，预算改革的民意支持越来越强，因为人民看到了地方预算改革成果，例如，当时美国各地都举办“预算展览会”，用直观方式向民众宣传预算改革成果。这迫使本来反对预算改革的国会议员们纷纷转而支持预算改革。到第一次世界大战期间，几个大党都在纲领中增加了支持预算改革的内容。第一次世界大战结束后，人们普遍希望改革国家的预算，因此，国会就不能再搁置这个问题了。1920 年 6 月，国会通过了一项法案，设立预算制度。但威尔逊总统（1913—1921 年在任）否决了它，原因是其中一个条款限制了总统的权力。次年，国会再次通过这项法案，几乎完全没有变化，但这一次却被哈丁总统（1921—1923 年在任）批准了，这便是 1921 年 6 月 10 日通过的、划时代的《会计与预算法》。该法案要求总统每年向国会提出预算，并创立了一个预算局，作为编制预算机关，局长由总统任命；作为平衡，同时成立了一个审计署，对国会负责。这项法案实施后不久，国会两院都把处理拨款的几个委员会合并成一个。《会计与预算法》的通过标志着美国完成了从税收国家到预算国家的过程。

综上所述，税收固然重要，预算也很重要。预算改革的目的是把一个看不见的政府变为一个透明的政府。如果政府收支没有一本账，如果政府收支不受监督，它就是一个看不见的政府。一个看不见的政府，不可能是一个负责任的政府。一个不负责任的政府，不可能是一个民主的政府。要建立一个民主的政府，首先要让它看得见；要让它看得见，它就得有一个统一的、受监督的预算。

中国的预算改革

1978 年经济改革以前，中国是一个“自产国家”，国家的财政收入主要来自国家自有的财产形成的收入，国家以国有企业为核心自己生产财政收入。1978 年的经济体制改革，不仅从根本上改变了中国经济体制，也使得中国从自产国家开始向税收国家转型（马骏，2005a：33－43）。在向税收国家转型的过程中，中国也在不断地对财政制度进行改革，调整财政职能，以适应经济体制改革和政府职能转变的需要。然而，由于财政改革的重点一直集中在财政收入方面，在传统的以计划为核心的预算管理体制瓦解之后，并未能及时建立一个现代预算制度来规范性地管理整个政府的财政收支。在这一时期，财政改革的重点是如何收钱，来不及考虑如何把钱管好用好。1999年，中国启动了预算改革，包括部门预算改革、国库集中收付体制改革、政府采购改革等，迈出了建立现代预算制度的第一步，开始走向预算国家。

预算改革前中国的财政：演进中的税收国家与“前预算时代”

自20世纪70年代末启动经济体制改革以来，中国逐步从自产国家向税收国家转型。从1956年到20世纪70年代末，中国的财政改革一直在不断简化税制，税收在国家财政收入中的比重越来越小。然而，经济体制改革以来，国家开始重构税收体制。经过80年代的两次利改税，到80年代末，中国已建立起现代税收体制的雏形（马骏，2005a：33-43）。在财政国家转型的过程中，财政改革的首要任务是重构财政收入的生产体系。这就是为什么中国财政改革的重点早期一直集中在财政收入领域。重建财政收入体系的过程是非常艰难而复杂的。尽管80年代末已经初步建立起一个现代税收体系，但是，直到90年代初期，中国政府的财政收入汲取能力仍然很低，而且，与以前相比出现了下降。中国政府的预算内财政收入（以正税为主），在1995年左右达到最低点，只占GDP的10%左右。所以，在那个时候税收是非常大的问题。政府没有钱，不要说给老百姓服务，连政府的基本运作都难以保证，军费难以保证，警察的工资也难以保证，这样的国家是很难稳定的（王绍光，2007）。这就在90年代初引发了关于“两个比重”（即财政收入占GDP的比重、中央财政收入占财政总收入的比重）是否偏低的讨论以及相关的国家能力的讨论（王绍光、胡鞍纲，1994）。在这种背景下，1994年，国家启动了新一轮的财政体制改革。这一改革包括建立分税制以及引入增值税。前者重新调整了中央和地方的财政收入分配，后者进一步完善了税收体制。1994年改革以后，国家的财政收入汲取能力开始稳步上升（见图5—1）。

在收入问题大致解决之后，就需要考虑支出问题，考虑怎么把钱花好、花得负责和有效率。1994年，国家颁布了《预算法》。这表明，国家已经开始考虑这个问题。但是，一直到1999年，预算改革才开始启动和全面推开。在预算改革之前的这一段时期，由于缺乏一个现代预算制度将

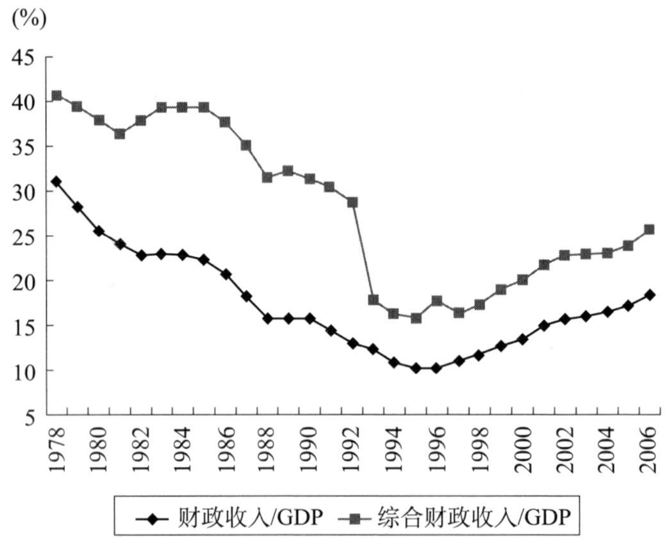

图 5—1 财政收入占 GDP 比重

说明：综合财政总收入包括预算内收入、预算外收入和社保基金收入。

资料来源：《中国统计年鉴 2007》，北京，中国统计出版社，2007。

整个收支都规范性地管理起来，中国基本上处于“前预算时代”（马骏，2005b），既缺乏集中统一，又缺乏预算监督。具体地说，前预算时代的中国财政存在三方面的问题（中国发展研究基金会，2008：14－16）：

（1）预算资金分配权极其分散，预算编制模式简单，没有部门预算，导致政府内部缺乏集中控制。除了财政部门之外，还有其他的部门拥有资金分配权，财政部门根本无法将整个收支集中起来进行规范性的管理。此外，随着预算外财政的膨胀，各个支出部门也拥有了可以自主支配的预算外资金甚至是各种非法的“小金库”。在资金分配权分散的同时，我国的政府预算编制继续采用原来的功能预算模式，没有部门预算。这一方面使得财政部门无法编制出一个包含所有财政收支、反映政府及其部门全部活动的政府预算。每年的政府预算实际上只包括财政预算内资金，而对于包括预算外资金、各种基金、各项事业收入在内的大量政府性资金，基本上仍由单位自行安排，游离于财政预算管理之外，无法用预算的形式对其进行规范。而且，政府预算的编制也只涵盖部分的预算内容。另一方面，传统的功能预算编制模式比较简单、粗糙，即将支出按其在经济建设中所发挥的功能进行分类、汇总，将收入按其经济性质进行分类、汇总，这使得预算编制不能将资金细化到部门和具体的项目。由于预算编制没有细化，财政部门就不能及时将预算批复给其他部门，使得其他部门无法准确地把握预算下达的时间，进而无法统筹安排年度事业发展计划，影响了预算资金效益的发挥，同时也使得部门获得了大量的资金二次分配权，进一步加剧了资金分配权的分散。

（2）财政管理体制极度分散，导致在预算执行中缺乏监督控制。我国长期实行分散的财政管理体制，各部门都在商业银行开设大量的账户，自行管理预算内外收支。这就导致账户及现金余额分散，缺乏财政单一账户体系。同时，各个部门自行采购商品或服务，并直接通过自己在商业银行的账户向商品和服务的供给者支付资金。更严重的是，对财政活动的监管和会计控制也非常分散。我国的政府会计体系包括相互分割的三套体系：行政单位会计体系、事业单位会计体系和代表政府整体的总预算会计体系，分别对发生在不同领域的财政交易进行记录和处理。在这种模式下，没有任何一个会计体系能够对发生在整个支出周期的财政交易进行完整的记录和监管，财政预算内资金一旦以拨款的形式离开财政部门，财政部门就无法进行监督与控制。至于预算外、制度外的资金，更完全由各个部门坐收坐支。这就使得预算执行过程完全没有集中控制，不仅降低了财政资金的运作效率，而且助长了各种违规行为。

（3）预算收支管理分散，预算编制粗放，政府根本无法向人大提交一份完整全面的、一致的而且细化的政府预算，政府是一个看不见的政府，这就使人大难以有效地履行预算监督的职能。政府预算只涵盖财政预算内资金，纳入人大预算监督的也只是这一部分资金。而这一部分资金的编制是非常粗略的，报送人大审批的预算草案是按功能汇总的，其预算口径不直接对应于预算部门，且一个科目涉及多个部门，不仅外行看不明白，内行也看不透，人大根本无法从预算草案中看出经费预算与部门工作间的对应关系。最后，没有部门预算，预算只编制到类一级，因此，在预算年度之初，资金并没有落实到具体部门和项目，而是由财政部门根据人代会批准的总预算，参照上一个预算年度的预决算数以及本年度的变化情况等因素逐步下达到各个部门，这就使得人代会批准的预算意义不大，导致预算执行过程中追加、变更频繁，进而使得人大难以跟踪和监督预算的执行情况。

1999 年以来的预算改革

1999 年，中国启动了一场意义深远的预算改革，包括部门预算改革、国库集中收付体制改革、政府采购改革等。这一改革的目标是建立现代预算制度。一方面，它在政府内部将整个政府收支集中统一起来进行规范性的管理；另一方面，随着财政集中统一的推进，政府提交人大审查、批准的政府预算开始越来越全面、完整和详细，这为人大加强预算监督创造了条件。总之，这一改革标志着中国开始迈向预算国家。

1. 集中统一

预算改革，尤其是部门预算改革和国库集中收付体制改革，极大地推动了财政收支的集中统一。前者将原来分散的财政资金分配权集中到财政部门，并由财政部门制定统一的程序和规则来进行规范。后者将分散的账户和资金集中起来，并在资金的使用过程中由财政部门进行监督与控制。这些都使得财政收支的分配和使用不再像原来那样是完全没有监督和控制的。在新的预算制度下，各个部门都必须遵守既定的程序和规则申请，并经审查和批准之后才能获得资金，也必须遵守既定的程序与规则，才能使用资金、开展活动。

部门预算改革的基本思路是政府预算以部门为基础进行编制，“一个部门一本预算”。它要求各部门按照法律或者部门的法定职责，将部门预算与部门的工作目标紧密地结合起来，统一安排使用财政性资金。部门预算改革主要包括两大基本内容（中国发展研究基金会，2008：16－18）。

首先，采取综合预算的方法编制部门预算，要求部门将所有收支统一纳入部门预算，这就改变了以前政府预算只反映预算内收支、大量预算外资金只报账甚至不报账的粗放管理方式。2002 年，根据国务院《关于深化收支两条线改革进一步加强财政管理的意见》，财政部门加大了将预算外资金纳入预算管理的力度，将公安部等 5 个部门的行政性收费全部纳入预算管理，对国家质检总局等 28 个部门实行“收支两条线”管理。随后几年，每年都逐步将预算外资金纳入预算管理或实行收支脱钩。到2007年上半年，国务院批准的收费项目90%以上已纳入预算管理，政府性基金则全部纳入预算管理。这些资金都全额上缴国库或财政专户，支出则纳入部门预算编制范围。

其次，完善、规范预算编制方法，细化部门预算，建立规范、科学的预算分配模式。部门预算将支出分为基本支出和项目支出两大类，分别采用不同的模式进行管理。对基本支出，建立和完善定额管理体系，不断细化定额项目、完善定额测定方法。同时，为提高基本支出预算编制的准确性，推进实物费用定额试点，探索定员定额与实物资产占用相结合的定额标准体系。对项目支出预算，采取项目库方式进行管理，将项目按重要程度和轻重缓急排序，使项目经费的安排与部门的事业发展和年度工作重点紧密结合。同时，推动项目支出滚动管理。为了提高预算管理的科学性、规范性和透明性，在编制2007年预算时开始全面采用新的政府收支分类体系。这是我国建国以来财政收支分类统计体系最为重大的一次改革，新的政府收支分类体系将有助于更为全面、准确和清晰地反映政府收支活动，编制出一个能够全面、准确地反映政府活动的政府预算。

国库体制改革的目标是建立以国库单一账户为基础、资金缴拨以国库集中收付为主要形式的现代国库管理制度。为了建立国库单一账户，在改革的过程中，各级各地都开展了清查账户的工作。例如，2001年全国范围清查账户时，在935 786个预算账户中，共取消或合并了140 725个账户。在此基础上，建立了国库单一账户体系，所有的财政资金必须缴纳进该账户，所有的支出资金都必须从该账户流出，而且不到实际支付发生之时，所有的资金都保留在该账户中。此外，在国库单一账户的基础上又实施了财政直接支付体系，即由财政部门直接将资金拨付给为各个部门提供商品和服务的供给者，这就使得部门只能看见数目（用款数），但是看不见钱，更碰不到钱（Ma & Ni，2008）。从2001年中央财政启动国库集中收付体制改革开始，截至2006年4月，中央国库集中收付体制改革扩大到全部中央部门，纳入改革的基层预算单位也从2001年的136个扩大到3 643个，并首次将中央补助地方的专项资金纳入国库集中支付（财政部预算司，2007：178）。国库集中收付体制改革在地方层面也进展顺利。至2005年底，36个省、自治区、直辖市和计划单列市全面实施了这一改革，并推进到200多个地市和500多个县。这一改革建立了一个相对集中的财政管理体制来取代原来过度分散的财政管理体制，有利于财政部门在预算执行过程中对资金的流动进行动态监控，建立起实时监控、综合核查、整改反馈、跟踪问效的运作机制，既能确保资金的安全性，又能提高预算执行的运作效率。同时，政府采购改革建立起一个集中的政府采购体系来取代原来分散的部门采购体系。1998年，全国的政府采购规模为31亿元；2002年突破1 000亿元；2005年超过2 500亿元，其中地方2 100亿元。公开招标和财政直接支付等方式也开始在政府采购领域使用，并逐步扩大范围（财政部预算司，2006：171）。

2. 预算监督

财政领域的集中统一是预算监督的基础。为了加强人大预算监督，1999年6月，在审议审计署代表国务院在第九届全国人民代表大会常务委员会第十次会议上所作的《关于1998年中央预算执行和其他财政收支的审计工作报告》时，全国人大要求中央政府改善政府预算编制，编制部门预算。这实质上是要求政府实现财政上的集中统一，从而编制并提交一个完整、全面而且详细的政府预算，以便人大进行审查。同年7月24日，财政部向国务院报送了《关于落实全国人大常委会意见改进和规范预算管理工作的请示》。经国务院批准，财政部在广泛征求部门意见的基础上，提出了《关于改进2000年中央部门预算编制的意见》，开始着手实施部门预算改革。随后，1999年12月25日，全国人大常委会通过《关于加强中央预算审查监督的决定》，强调应改进和完善中央预算编制工作。目前，各级人大基本上都制定了加强人大预算监督的条例或决定，为加强人大预算监督提供法律依据。总而言之，部门预算改革的推进和逐步完善，为人大加强预算监督创造了条件。一方面，部门预算改革使得提交审查的政府预算不仅包括反映财政收支总貌的总额数据，而且开始包括反映各个部门的全部收支活动的部门预算，而且也编制得越来越全面、细化和准确。另一方面，部门预算改革后，编制政府预算包括部门预算的时间大大地提前，报送人大审查（初审）的时间也大大地提前（中国发展研究基金会，2008：19）。

部门预算改革以来，各级政府报送人大审查的部门预算的数量一直在稳步上升。2000年，国务院向全国人大报送了教育部、农业部、科技部、劳动和社会保障部4个部门预算试点单位的部门预算；2001年增加到26个部门的部门预算，2003年增加到29个，2004年增加到34个，2005年增加到35个，2006年增加到40个，基本覆盖国务院所有职能部门。此外，报送全国人大审议的部门预算也不断细化，中央财政用于教育、科技、医疗、社保等涉及人民群众根本利益的重大支出总量和结构情况均报送全国人大审议；对不能列入部门预算的项目的安排情况，财政部在向国务院报告的同时也转送全国人大备案（财政部预算司，2007：18）。在地方层面，人大预算监督也稳步地得到加强。目前，全国已有2 408个省级部门预算报送同级人大审查，超过了编制部门预算的半数。其中，河北、广东、辽宁、黑龙江、江苏、安徽、福建、宁夏、新疆等省区，以及深圳、厦门、宁波等城市已将本级所有部门预算报送同级人大审查。而且，报送同级人大审查的预算正在不断细化（财政部预算司，2006：171）。除少数几个省外，大部分省（自治区、直辖市和计划单列市）已经开始向同级人大报送包括基本支出与项目支出明细情况在内的综合预算。最后，在报送人大审查的预算中，30多个省本级已经把超收安排情况、中央财政性转移支付情况、中央专款情况和预算调整情况列入报送内容（财政部预算司，2007：180）。

部门预算改革以来，各级人大的预算监督都开始加强，基本上确立了以部门预算为基础的预算监督模式。同时，为了提高人大对部门预算的审查水平，基本上建立了包括初审和大会审两大阶段的预算审查程序，并主要依赖初审来加强人大的预算监督。所谓初审，就是在政府预算正式提交每年一次的人代会审批前一个月，先提交人大常委会进行初步审查，人大常委会在审查中就相关的收支问题向政府反映人大的修改意见。为加强人大常委会的预算初审能力，各级人大常委会都在财经委员会下设立了专门的预算监督机构（有的还同时建立一个专门的预算工委）协助人大常委会财经委及常委会对预算进行审查。预算改革以来，在人大预算初审领域已经涌现出了各种各样的创新。例如，福建省、厦门市、深圳市人大常委会通过重点监督来加强人大预算审查的深度和力度；河北省人大尝试在预算初审中引入公民听证。大会审就是政府预算草案提交每年一次的人代会审查，经全体人大代表表决后通过政府预算。在这一阶段，一些地方人大的人大代表开始积极地开展预算审查。例如，在广东省，2003 年以来，随着政府提交的部门预算越来越详细，人大代表的预算审查行为开始出现了前所未有的变化，例如，开始质问一些不合理的支出，开始要求政府修改预算、调整支出结构，等等。武汉市和深圳市等在人代会审查期间发展出“单项表决”模式，并主要适用于重点支出的审查与批准。在 2003 年人代会期间，武汉市人大代表运用这一模式否决了政府某部门的基建支出（更多内容参见中国发展研究基金会，2008：第 3 章）。

3. 走向预算国家

1999 年开始的预算改革标志着中国财政开始进入“预算时代”（马骏，2005b），向预算国家转型。如果现代预算制度最终成为国家治理的基本制度，国家治理最核心的部分将随之发生根本性的变化，整个国家治理将会变得更加高效而且负责。通过实行集中统一，预算改革将资金汲取、分配和监督的权力集中到财政部门，各级财政部门随之建立起各种控制程序和规则来规范财政资金的汲取和使用，并在资金的使用过程中对财政交易进行实时监控，这相当于给资金的汲取、分配和使用加上“第一道保险”。进一步地，预算监督的加强又给资金的汲取、分配和使用加上了“第二道保险”（中国发展研究基金会，2008：20）。这些制度建设都有助于促进国家财政活动的规范化，提高资金的使用效率，并使政府更加负责。

全面评估预算改革的成效需要一项专门的研究，不过，许多证据表明，尽管预算改革才推行了八年，但已经初见成效。随着现代预算体系逐步制度化，预算的约束性和权威性正在逐步确立，政府各个部门的行为正在趋于规范（马骏，2007 ）。最近的一项研究（Ma & Ni，2008）也表明，预算改革使得中国的腐败治理开始进入一个通过制度建设来减少腐败动机与机会的新阶段。例如，预算改革以来，预算内资金在使用过程中出现违规的比例开始大幅度下降（见图 5—2）。尽管这项统计只涉及地方的预算内资金，而且是审计出来的违规资金，但是，这一结果仍然是非常令人鼓舞的。这是因为，一方面，预算改革才推行了八年，另一方面，在这一时期，各级审计的力度都在加强。这意味着，如果继续推进预算改革，将更多的资金纳入预算体制进行规范，资金的使用将会越来越规范。同时，资金使用开始呈现出节约与经济的特征。例如，从 2001 年到 2004 年，全国平均每年的采购资金节约率都在 10%～11%区间（财政部，2001，2002，2003，2004）。

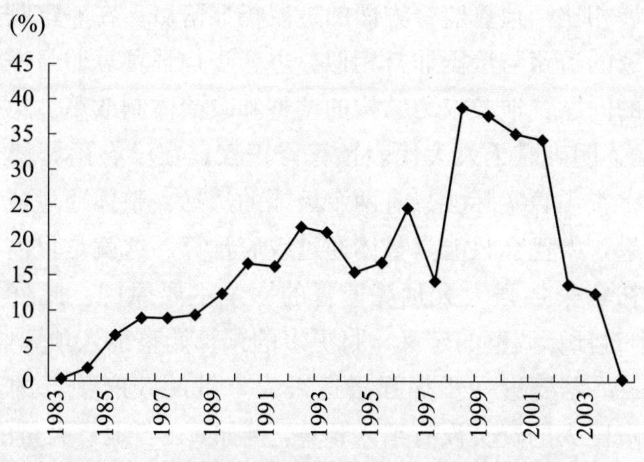

图 5—2　审计发现的地方预算内资金违规比例

资料来源：Ma & Ni (2008)。

建立预算国家面临的挑战

尽管预算改革已经开始见效，但在建立预算国家的道路上，中国还面临很多挑战。因为，无论是在财政上的集中统一还是在预算监督方面，中国都还有很长的路要走（王绍光，2007）。首先，在集中统一上，中国的预算改革仍然面临一些解决难度很大的问题。部门预算改革的集中统一主要是针对各个部门的预算外收支，而没有触及其他拥有资金分配权部门的权力，除了财政部门之外，计划部门和科技部门等强势部门仍然拥有巨大的资金分配权。如何建立核心预算机构是中国预算改革面临的一大挑战。至于各个部门拥有的预算外收入，虽然实行综合预算以后，这些资金纳入预算管理或者收支两条线的力度正在逐步加大，但是，绝大部分仍主要是由负责征收的部门继续使用，财政部门实际上很难对这些资金进行统筹使用，现在只不过是将这些资金集中到财政部门控制的国库账户中，部门需要“编制”预算来使用这些资金（马骏、牛美丽，2007）。

其次，尽管预算监督得到了加强，但是，从根本上看，在现阶段，它仍不是预算改革的重点（马骏、侯一麟，2004）。与政府内部财政集中统一取得的进展相比，预算监督方面的进展仍显落后。在一定程度上，中国建立预算国家的道路与法国非常相似。进一步加强预算监督需要解决一些难度比较大的问题，涉及权力结构的调整和政治体制改革。第一，需要修改《预算法》，明确赋予人大代表预算修正权。在没有预算修正权的情况下，人代会审查预算实际上只有两个极端的选择：整体通过或者否决政府预算。其结果，人代会只能是整体通过政府预算。这就是目前各级各地人大主要依赖初审来加强人大预算监督的一个主要原因。此外，需要修改《预算法》中对预算调整的定义，将更多的预算调整纳入预算监督（马骏，2007）。第二，需要进一步加强报送人大审批的政府预算的全面性。目前，仍有数量巨大的资金没有纳入预算，例如，在各地，大量的土地租金、中央转移支付的资金、变相借债形成的资金等，都未纳入政府预算，游离于人大监督之外。第三，需要进一步要求政府细化重大资金的预算编制。例如，转移支付资金的预算编制。自2004年以来，中央对地方税收返还和补助支出的规模已过万亿元，占中央财政总支出的一半以上。中国转移支付的一个特点是专项转移支付比重很高，而一般性转移支付比重较小。然而，专项转移支付的分配预算编制很粗，往往是将资金整块地“批发”给相应的部委，再由后者在预算执行中“二次分配”，这给人大预算审查监督工作带来很大的困难。最近几年，全国人大一直要求政府细化转移支付预算，提高年初列入地方政府预算的到位率，但一直进展不大（中国发展研究基金会，2008：89－92，99－100）。最后，预算改革以来，政府提交人大审查的预算越来越详细，信息也越来越多，此时，如何加强人大自身的预算审查能力就成为一个迫切需要解决的问题。人大在这方面存在的问题是：一方面，人代会会期短、议程多，而且，人大代表非专职；另一方面，人大内部专门负责预算审查的人员编制非常有限，如在绝大部分地方，财经委下设的预算监督机构一般只有五人左右。在这种状况下，就不可能仔细而且深入地审查政府预算。在一些地方，现在已经出现人大主动要求政府简化预算的苗头。而要解决这个问题，在短期内似乎面临很大的难度：前者涉及人民代表制度的改革，例如，实现人大代表专职化；后者需要增加人大内部的人员与编制，而能力的增加必然带来权力结构的变化。

总　结

没有纯粹技术性的预算改革，预算改革都具有政治含义（Wildavsky，1961）。预算改革将重新塑造国家的治理制度和政治文化。改变国家筹集、分配和使用资金的方式实质上就是在改变国家治理制度（Khan，1997：2）。换言之，正如卡恩（Khan，1997：2）所说的：公共预算不仅仅是配置政府资源的技术工具，它也是塑造公共生活、国家制度以及两者之间关系的文化建构。在现代国家建设的历史上，各国几乎都以预算改革作为突破口，建立预算国家，实现国家治理转型。在建立预算国家的过程中，财政上的集中统一和预算监督是两大关键。尽管在建立预算国家的过程中，国家可以先关注其中的一个方面，再推进另一方面的制度建设，但是，要成功地实现国家治理转型，必须意识到：两者同等重要，缺一不可。目前，以1999年的预算改革为契机，中国已经开始向预算国家转型，并已初见成效。但是，无论是在集中统一还是预算监督方面，仍有许多需要进一步完善的地方。进一步加大集中统一方面的改革力度非常重要，因为它是国家治理理性化的基础，也是加强预算监督的前提条件。但是，当集中统一方面的改革推进到一定程度时，进一步推动预算改革和国家治理转型在很大程度上就有赖于加强预算监督方面的制度建设。集中统一和预算监督就像预算国家的“两条腿”，迈出了一条腿之后，必须再迈出第二条腿才能前行。总之，既然集中统一与预算监督同样重要，在建立预算国家的过程中，中国的预算改革就应该选择两者交替推进或齐头并进的改革路径（王绍光，2007）。

此外，正如法国、英国和美国建立预算国家的历史经验告诉我们的，建设预算国家是一个漫长的历史过程。目前，中国的预算改革才进行了八年。尽管作为预算制度建设的后发国家，中国可以借鉴其他预算制度比较成熟的国家的经验，但是，建立现代预算制度仍然需要比较长的时间。这是因为，现代预算制度需要时间才能逐步制度化，才能镶嵌进现有的国家治理结构中，并逐步地改变决策者和管理者的决策与行为方式。而且，制度建设过程是一个学习过程，制度变迁的速度和方向都取决于组织和个人的学习能力，而学习是需要时间的。因此，在现阶段，存在各种各样的问题是不足为奇的。例如，2003 年以来，每年的审计报告都会发现很多问题。面对这些问题，我们需要做的事情是：检讨制度方面的缺失，加强制度建设。如果能不断如此，则中国就可以最终成功地建立预算国家，实现国家治理转型。

注释

[1] 在斯科波（Skocpol，1985：16）看来，国家能力必须具备的“普遍性的支撑”包括：绝对的主权完整，对于特定领土的行政—军事控制，忠诚且有技能的官员，充足的财政资源以及对之进行配置的权力和组织方式。

参考文献

1. 财政部．政府采购统计分析．http：//www. ccgp. gov. cn/tjzl/index. htm，2001，2002，2003，2004.

2. 财政部预算司．中央部门预算编制指南（2008 年）．北京：中国财政经济出版社，2007.

3. 财政部预算司．中央部门预算编制指南（2007 年）．北京：中国财政经济出版社，2006.

4. 马骏．中国公共预算改革：理性化与民主化．北京：中央编译出版社，2005a.

5. 马骏．中国公共预算改革的目标选择：近期目标与远期目标．中央财经大学学报，2005b（10）.

6. 马骏．中国预算改革的政治学：成就与困惑．中山大学学报（社会科学版），2007（3）.

7. 马骏，侯一麟．中国省级预算中的非正式制度：一个交易费用理论框架．经济研究，2004（10）.

8. 马骏，牛美丽．重构预算权力结构．中国发展观察，2007（2）.

9. 中国发展研究基金会．公共预算读本．北京：中国发展出版社，2008.

10. 王绍光．从税收国家到预算国家．见：马骏，侯一麟，林尚立主编．国家治理与公共预算．北京：中国财政经济出版社，2007.

11. 王绍光，胡鞍钢．中国国家能力报告．沈阳：辽宁人民出版社，1994.

12. 中国统计年鉴 2007. 北京：中国统计出版社，2007.

13. Betes，R. H. & Lien，D. D. （1985）. A Note on Taxation，Development，and Representative Government. *Politics & Society*，14.

14. Caiden，N. （1988）. Shap ing Things to Come：Super Budgeters as Heros（heorines）in the Late Twentieth Century. In Rubin ，I. Ed. 1988. *New Directions in Budget History*. New York：State University of New York Press.

15. Caiden，N. （1989）. A New Perspective on Budgetary Reform. *Australia Journal of Public Administration*，1.

16. Campbell，J. （1996）. An Institutional Analysis of Fiscal Reform in Postcommunist Europe. In Campbell，J. & Pedersen ，O. K. Eds. *Legacies of Change*. New York：Aldine De Gruyter.

17. Cleveland，F. A. （1915）. Evolution of the Budget Idea in the United States. In Hyde，A. C. Ed. 1992. *Government Budgeting：Theory，Process，Politics*. Pacific Grove：Brooks/ Cole Publishing Company.

18. Funnell，W. & Cooper，K. （1998）. *Public Sector Accounting and Accountability in Australia*. Sydney：University of New South Wales Press Ltd.

19. Glynn，J. （1987）. *Public Sector Financial Control and Accountability*. Oxford：Basil Blackwell.

20. Khan，J. （1997）. *Budgeting Democracy：State Building and Citizenship in America*，1890－1928. New York：Cornell University Press.

21. Ma，J. &Ni，X. （2008）. Toward a Clean Government：Does the Budget Reform Provide a Hope? . *Crime，Law & Social Change*，48（2）.

22. Migdal，J. S. （1988）. *Strong Societies and Weak States*. New Jersey：Princeton-University Press.

23. North，D. &Weingast，B. （1989）. Constitutions and Credible Commitments：The Evolution of Public Choice in 17th Century England. *Journal of Economic History* 49（4）.

24. Musgrave，R. A. （1980）. Theories of Fiscal Crises：An Essay in Fiscal Sociology. In Aaron，H. J. &Boskin，M. J. Eds. *The Economics of Taxation*. Washington：The Brookings Institution.

25. Premchand，A. （1983 ）. *Government Budgeting and Expenditure Control*. Washington：International Monetary Fund.

26. Premchand，A. （1999）. Public Financial Accountability. In Schiavo-Campo，S. Ed. *Governance，Corruption and Public Financial Management*. Manila：Asian Development Bank.

27. Schedler，A. （1999）. Conceptualizing Accountability. In Schedler，A.，Dia-

mond. L & Platterner , M. Eds. 1999. *The Self -restraining State: Power and Accountability in New Democracies*. Boulder: Lynne Rienner.

28. Schick, A. (1990). *Capacity to Budget*. Washington: The Urban Institute Press.

29. Schumpeter, J. A. (1991 [1918]). The Crisis of Tax State. In Swedberg, R., Schumpeter, J. A. Eds. *The Economics and Sociology of Capitalism*. Princeton: Princeton University Press.

30. Skocpol, T. (1985). Bringing the State Back In: Strategies of Analysis in Current Research. In Evans, P., Rueschemeyer, D. & Skocpol, T. Eds. *Bring the State Back In*. New York: Cambridge University Press.

31. Tarschys, D. (1988). Tribute, Tariffs, Taxes and Trade: The Changing Sources of Government Revenue. *British Journal of Political Science*, 35.

32. Webber, C & Wildavsky, A. (1986). *A History of Taxation and Expenditure in the Western World*. New York: Simon & Schuster.

33. Wildavsky, A. (1961). The Political Implications of Budgetary Reform. *Public Administration Review*, 21.

34. Wildavsky, A. (1988). If You Can't Budget, How Can You Govern? In Anderson, A. &Bark, D. L. Eds. *Thinking about America: The United States in the 1990s*. Stanford: Hoover Institution Press.

六、如何摸着石头过河?*

——从农村医疗融资体制的变迁看中国体制的学习模式与适应能力

到2008年，中国的改革开放已经走过了30年的历程。现在，越来越多的人开始探索是否存在一个“中国模式”。

回想1988年，改革开放十周年时，几乎没人想到谈论“中国模式”的必要。虽然中国的国内生产总值在1978—1988年间，平均年增长率高达10.2%，但那时的增长率波幅巨大，很不稳定。更严重的是，1988年居民消费价格指数比上年猛增18.8%，城市居民的生活费用价格指数增长更高达20.7%。面对解放以来从未有过的高通货膨胀率，社会上一片恐慌。次年，情况更糟。国内生产总值只微增4.1%，而通货膨胀率仍高达18%。[1]这种严峻的经济形势是引发1989年广泛城市抗议运动的原因之一。[2]那时，戈尔巴乔夫已在苏联启动了以“公开性”、“多元化”为特征的政治改革，成为西方人心目中的“时代英雄”。相形之下，不仅没有人谈“中国模式”，人们听到更多的是国内外观察家的预测：中国的政治体制即将崩溃。[3]

---

* 2008年7月14—16日，美国哈佛大学魏德海国际事务中心（Weatherhead Center for International Studies）与亚洲研究中心（Harvard Asia Center）联合举办了题为“Adaptive Authoritarianism：China's Party-State Resilience in Historical Perspective”的研讨会。本文是为会议准备的论文。中文版曾发表于《中国社会科学》，2008（6）；英文版曾收入Sebastian Heilmann and Elizabeth J. Perry，eds.，*Mao's Invisible Hand：The Political Foundations of Adaptive Governance in China*（Cambridge：Harvard University Press，2011）。

到改革开放二十周年前后，虽然还有人耸人听闻地预测中国体制即将崩溃[4]，但大多数人已经不以为然。到 1998 年，中国经济不仅已经连续 20 年以年均 10%的速度增长，而且学会了避免增长的大起大落[5]，并成功地抵挡了亚洲金融危机对自己的影响。对比前苏联和东欧国家在转型过程中遭遇的经济衰退，中国的转型模式引起了广泛的兴趣。那时人们对“中国模式”的概括集中在两方面：一是转型的速度，据说中国采取的是“渐进主义”，而苏东地区采取的是“震荡疗法”；二是转型的顺序，据说中国采取的是“先经济改革，后政治改革”，而苏东地区采取的是“先政治改革，后经济改革”。[6]

回头看来，“渐进主义”并不是对中国转型模式的准确概括，因为中国的不少改革一点也不“渐进”。例如，人民公社制度在很短的时间内便彻底废除了；1997 年后的“抓大放小、下岗分流”国企改制，在短短几年内导致几千万国有企业和集体企业职工失业。同样，说中国只有经济改革、没有政治改革也十分荒谬。持这种看法的人，对政治改革的理解十分狭隘，似乎只有出现多党竞争的体制才算政治改革。如果放宽对政治改革的定义，把它理解为不同政治势力之间权力分布的消长，则难以否认，中国政治已经发生了深刻的变化，包括中央与地方关系的变化、党政关系的变化、国家与社会关系的变化、大众传媒作用的变化、民众参与政治生活广度与深度的变化。

到 2008 年，中国已经创造了人类历史上前所未有的奇迹。尽管存在这样那样的问题，但一个十多亿人的超大经济体，以年均 9.9%的速度持续增长达 30 年之久，大幅减少了贫困人口，并大体上保持了政治稳定，这很难用偶然或幸运来解释。因此，更多的中外人士开始思考中国成功的秘诀。乔舒亚・库珀・雷默（Joshua Cooper Ramo）将中国模式概括为“北京共识”，它主要包括三方面内容：注重技术创新，追求发展的平等性与可持续性，坚持自主发展的道路。[7]在马歇尔讲座中，新任世界银行首席经济学家林毅夫暗示，中国过去近 30 年之所以能取得奇迹式的发展，从根本上来说是因为中国政府在进行决策时是针对本国国情，解放思想，实事求是，与时俱进。[8]林毅夫在北京大学经济研究中心的同事姚洋则把“中国模式”归纳为四项主要内容：第一，中国政府是一个以社会长远利益为追求目标的政府；第二，财政分权带动了地方的积极性；第三，中国探索了一条新的民主化道路；第四，中国的执政党不是一个僵化的意识形态政党，而是一个求真务实的政党。[9]

虽然在他的近作中，韩博天（Sebastian Heilmann）并没有大张旗鼓地谈论“中国模式”，但他认为中国的“中央主导的政策试验”（experimentation under hierarchy）是一种中国“独特的政策过程”，并相信它有助于解释为什么中国的党政体制能够摆脱僵化意识形态的束缚，遏制既得利益集团的干扰，不断推进制度与政策创新。中国由此获得了非同寻常的适应能力（an unusual adaptive capacity），使中国得以破除一些长期困扰经济发展的障碍，适应不断变化的内外政治经济形势，及时抓住转瞬即逝的机遇，为中国经济崛起创造了制度条件。[10]

适应能力与学习模式

所谓“适应能力”，是指面对环境变化等因素造成的种种不确定性时，一种制度发现和纠正既有缺陷，接受新信息，学习新知识，尝试新方法，应对新挑战，改进制度运作的能力。[11]

适应能力对任何国家都十分重要，因为人类社会必须应对种种复杂局面、未知环境、不确定性、价值和利益冲突；而所有人，包括决策者、政策研究者和专家都只具备有限理性，他们无力预见一切可能出现的局面以及自己行为的可能后果，因而也无力作出最佳抉择。[12]他们能做的仅仅是优先诊治最迫切的议题，在不断的试错中，通过比较不同的选择，最终找到未必最佳但令人满意的方案。对于像中国这样处于快速转型期的国家，适应能力更是至关重要，因为这个过程好比穿行在一条没有航标的河道上，水流湍急、暗礁密布、险象环生，如果缺乏适应能力，随时都会有翻船的危险。

的确，如果存在一个“中国模式”的话，中国政治体制的适应能力肯定是其中最关键的环节。在过去 30 年间，中国在转型过程中跨过了无数道被外人认为不可逾越的制度和政策障碍。曾几何时，领导干部退休制度改革、工资改革、物价改革、地方保护主义、国企改革、金融体制改革、财政体制改革、军队与公检法经商、“三农”问题、住房体制改革、教育体制改革、医疗体制改革都被人看作一道道“险关”，稍微处理不慎，就可能造成全局性的灾难。然而，回首过往的历程，不由人不发出“两岸猿声啼不住，轻舟已过万重山”的感叹。

关于适应能力，我们知之不多。但有一点是肯定的，它的基础是学习能力。[13]政治学中不乏与政策和制度学习相关的概念，如“政治学习”(political learning)[14]、“政府学习”(government learning)[15]、“吸取教训”(lesson drawing)[16]、“效仿”(emulation)[17]、“工具性学习”(instrumental learning)[18]、“政策输出”(policy transfer)[19]、“社会学习”(social learning)[20]、“政策导向学习”(policy-oriented learning)[21]等，虽然名词不一样，但它们的含义大同小异，都是指有意利用其他地点、其他时间有关政策或制度的经验教训来调整此时、此地的政策或制度。由于政策和制度学习涉及既得利益、体制惯性、定式思维，它并不像学校学习那么简单；恰恰相反，它往往是痛苦、困难、耗费时日的。

为了分析方便，我们可以依学习的推动者和学习源两个向度区分四大类学习模式（见表6—1)。

表6—1　　四种学习模式

学习的推动者	学习源	
	实践	试验
决策者	1	2
倡导者	3	4

学习的推动者有两大类，一是决策者，二是倡导者。为什么决策者会对学习产生兴趣呢？最早研究学习对政策与制度变迁影响的赫克洛(Heclo)说得好：“政治不仅仅与权力相关，也与不确定性相关——人们会好奇应该做些什么？”[22]为此，决策者会想方设法诊断当前面临问题的性质与严重程度，探寻解决问题的潜在有效方式；这就需要学习。特别是当政策失灵、制度失效显而易见时，决策者更会产生从自己过往的经验教训、别人的经验教训中获得灵感的冲动。

除了决策者以外，还有不少决策圈以外的人可能变成学习的推动者，如政策专家、公务员、社会上的利益相关群体、媒体工作者等。[23]如果基本信念、对问题的看法相近，这些人就可能组成某个政策领域内有形或无形的“倡导者联盟”(advocacy coalitions)。倡导者联盟自己会通过各种方式学习，为支撑自己的主张寻求理据；同时，它们也会坚持不懈地向决策者推介自己的学习成果，以期影响政策和制度变化的方向。[24]至于公众舆论，它也许可以影响决策者与倡导者的抉择，但不会卷入政策与制度学习过程本身。[25]

学习源也可以分为两大类，一是各个时期、各个地方的实践，二是有组织的系统性试验。前者包括本国的政策与制度遗产、本国内部各地区不同的实践、外国过往与现实的经验教训。后者是指在小范围进行的、旨在发现解决问题有效工具的干预性试验。一般而言，由于人类社会太复杂、太不确定，存在太多价值与利益的冲突、太多特殊境遇，进行类似实验室中那样的实验是几乎不可能的。然而，在有些具体政策领域，对不同观察点或在不同时段对相同观察点进行干预性试验（抓试点）还是可行的。这类控制关键政策或制度参数的试验有利于发现哪些政策和制度选项是可行的、哪些是不可行的。只要把试验当作一种学习途径，就得允许失败，并从失败中吸取正反两方面的经验教训。当然，实践与试验并不是决然分开的，不同的实践往往成为政策与制度性试验的试点。

表6—1中的四大类学习模式并不是相互排斥的，一个国家完全可能采用不止一种模式进行学习。一种体制适应能力的强弱取决于它是否能充分利用所有模式来进行学习。从逻辑上讲，适应能力强的体制应该具备以下几个特征：

第一，体制安排使得决策者对新出现的问题、困难、不平衡十分敏感，并感到有责任做出回应。

第二，决策者深信只有通过实践与试验的方式进行学习，而不是照搬外国的经验或时髦的理论，才能找到解决政策与制度问题的途径。

第三，在政治统一的前提下，允许很多领域进行分权式决策，从而为通过分权式的实践与试验最大限度地探寻解决问题的不同方式创造制度条件；换句话说，体制培育着丰富多彩的学习源（the repertoire of potential alternatives），同时又不失全局性的协调。[26]

第四，对从实践和试验中产生的新东西，在进行集中式纵向推广应用（centralized diffusion，center to periphery）的同时，允许或鼓励分权式横向推广应用（decentralized diffusion，periphery to periphery），尤其是在决策前期。[27]

那么，依据上面的理论分析，我们应该如何判断中国政治体制的适应能力呢？韩博天的近作告诉我们，中国十分注重第二类学习模式（见表6—1），即他所称的“中央主导的政策试验”[28]。而早在25年前，研究创新推广的学者罗杰斯（Everett Rogers）就注意到，即使在毛泽东时代与改革开放的初期，中国也已堪称分权式政策与制度创新、推广的典范——分权式实践与试验涉及的领域是开放的，包括行政、卫生、教育、产业；分权的层次可以是省、地、县、公社、大队。1978年宪法明文规定，“在中央统一领导下充分发挥中央和地方两个积极性”；1982年宪法也规定，“在中央的统一领导下，充分发挥地方的主动性、积极性”。换句话说，中国也很擅长第三、四类学习模式。

人们普遍接受陈云、邓小平“摸着石头过河”的说法，但不少人仅仅把“摸着石头过河”看作一种“渐进”的策略。实际上，“过河”的速度并不是关键所在。“渐进”只是顺利“过河”的必要条件——如“蛮进”，来不及学习适应就会跌入河中。但是，如果在“过河”途中不注重学习与适应，“渐进”也可能步步踏空。只有边过河、边学习、边适应，才构成顺利“过河”的充分条件。

本文试图探索中国是如何“摸着石头过河”的。它运用“解剖麻雀”的方法，集中剖析一个政策/制度领域，即农村医疗卫生的融资体制。融资与服务提供是任何医疗体系的两大支柱；只有通过融资系统，卫生服务的提供者与利用者才能联结起来，融资的重要性不言而喻。中华人民共和国成立以来，中国农村医疗卫生融资体制几经周折，走过了五个阶段，即医疗合作的萌芽（1954年以前）、合作医疗的兴起（1955—1968年）、合作医疗的普及（1969—1978年）、传统合作医疗的衰落（1979—1985年）、新型合作医疗的探索（1986—2008年）。当然，变化不仅发生在各个阶段之间，也发生在每个阶段以内；只不过，阶段之间的变化更大一些。同时，各阶段之间也存在这样那样的连续性。

需要指出的是，过去60年，这个领域每次发生变化，其走向都与中国整体的政策/制度走向十分吻合。这样，回顾该领域过去60年的变化就具有了普遍意义。本文的目的并不是要对各种医疗融资体制的优劣做出评判，而是试图通过细致梳理史实来分析决策者与政策倡导者如何利用实践与试验进行多方位的学习，获取必要的经验教训，以调整政策工具和政策目标，回应新的、变化了的环境。

医疗合作的萌芽

20世纪初，大约85%以上的中国人居住在乡下，那里的医疗卫生状况相当原始。[29] 1927年南京国民政府成立后，其改造农村医疗状况的规划看似雄心勃勃。1934年卫生署颁行《县卫生行政方案》，规定县设卫生院，区设卫生所，每村配置卫生员；1937年3月，卫生署进一步公布了《县卫生行政实施办法纲要》。40年代初，国民党五届八中全会通过了《实施公医制度以保证全民健康案》，声称"全民健康完全由政府负责"，"医疗卫生事业完全由国家经营，所需经费均由国库或地方自治经费项下支给，全国民众都有无条件享受之权利"。其后，卫生署颁布政令，摆出在全国推行公医制度的架势；连《中华民国宪法》第157条也明文规定，"为增进民族健康，应普遍推行卫生保健事业及公医制度"[30]。

虽然，政府的公文规定看似天花乱坠，而实际上，它从没有把卫生事业当作一件大事。在"黄金十年"最好的1936年，国民政府对卫生的投入仅占政府全部财政支出的0.7%。[31]无怪乎，乡村卫生机构依然寥若晨星。直到1947年，全国农村只有1 397家县卫生院，18家县卫生所，352家区卫生分院，783家乡镇卫生所，医师2 569人，护士3 530人，助产士1 469人，检疫人员1 755人，病床11 226张。[32]即使这区区1 400余家县乡两级卫生机构，也面临严重的经费短缺问题。[33]至于规划中的村卫生员，更是不见踪影。相对4亿多农村居民的医疗保健需求而言，这种完全由国家财政融资、由国家经营的公医制度不过是杯水车薪而已。在资源短缺的背景下，完全由国家财政融资为4亿多农村居民建立公医制度无异于痴人说梦。[34]

实际上，在整个民国时期，个人付费是中国广大农村唯一的医疗融资方式。由于农民普遍贫穷，负担不起医疗费，他们得了病，根本不敢去看医生；即使凑得出钱来，也很难找到医生。[35]例如，创造出著名"定县模式"的哈佛大学公共卫生学院毕业生陈志潜注意到，在离北京不过200余公里、靠近平汉铁路的河北省定县，40万居民中，没有一名西医；在全部 472 个村庄中，有 220 个村完全没有任何医生和医疗设备，其他 252 个村每村也只有一个没有经过任何正规培训的自封的中医；定县病死人数中有 1/3 没有经过任何医药治疗。为了在现有条件下建立一种能使广大农民“得到基本医疗和健康保护”的医疗制度，寻求“由中国环境中创造中国人解决社会问题之方法”，陈志潜避免了当时知识精英的通病——“瞎胡抄袭外人”，把自己探索的方向主要集中在降低医疗服务成本之上。[36]他最具独创性的做法是突破了“专家论”的桎梏，培养了一批只经过约十天培训的村保健员，负责卫生宣传、生死统计、接种牛痘、改造水井，使用一个内置 12 种常见药品的保健药箱，对一些最常见疾病进行救治。[37]“定县模式”中的村保健员与后来的赤脚医生有很多相似之处。然而，“定县模式”并没有对医疗融资模式进行改革。虽然，医疗成本降低了，但整个“定县模式”并不能靠本地资源运作，而是要在很大程度上依靠“美国密尔班克纪念基金”（the Milbank Memorial Fund）的资助和“平民教育会”的补贴。[38]外来资金也许可以扶持一两个试点县，但不可能支撑整个中国农村医疗。后来，陈志潜便把“定县模式”没有得到推广的原因归结为“政府方面缺少致力于农村需要的真正投入”[39]。

倒是在中国最富庶的江苏省，1936 年 2 月，由省立教育学院主办的无锡惠北试验区在小园里村进行了乡村医疗融资试验，其主要内容是每人每年缴纳 3 角钱的保健费，换取全年享受的免费医疗、注射预防针和种牛痘等权利，与后来的农村合作医疗有些相似。不过，该村很小，只有 25 户、137 口人，如果仅靠村民缴付保健费，总共每年只能融资 41.1 元。在这么小的范围内靠这么点钱分摊健康风险，是否可行？该试验有没有外来基金资助？可惜唯一提到这项试验的文章对此语焉不详[40]，可见其生命力与影响力十分有限。

由于绝大多数人的健康没有保障，解放前中国的婴儿死亡率高达 250‰[41]，人均预期寿命则只有 35 岁左右，相当于美国 1780 年代的水平。[42]

毛泽东在 1945 年指出：“所谓国民卫生，离开了三亿六千万农民，岂非大半成了空话？”[43]至于如何解决广大农民的医疗卫生问题，那时共产党只有一个粗略的思路，即走合作的道路。毛泽东指出，“目前我们在经济上组织群众的最重要形式，就是合作社”；他认为，“这是人民群众得到解放的必由之路，由穷苦变富裕的必由之路”[44]。在延安时期，各种形式的合作社已经出现，包括生产合作、消费合作、运输合作、信用合作等。在这个背景下，陕甘宁边区也出现了医药合作社。[45]

最早的医药合作社被叫作“保健药社”，筹建于1938年，由陕甘宁边区政府民政厅领导，由西北局保健委员会和民政厅共同投资。除了总社之外，保健药社还在延川、清涧、绥德、吴堡等20个市、县设立了26处分社。这种药社是一个医疗服务机构，实行制药（主要是中草药）、看病、卖药三位一体的运行模式。虽然，它们对抗日军人家属实行九折优惠，对灾民实行免费治疗、免费吃药，但主要还是靠个人付费。1944年，延安等地暴发伤寒、回归热等流行病。为了满足广大群众的医疗要求，边区政府委托当时的商业销售机构——大众合作社代办成立了“卫生合作社”。卫生合作社总社设在延安，各县、乡设43个分社，其资金主要由大众合作社与保健药社筹集，并吸收民间团体及私人股金。与保健药社一样，卫生合作社也是医疗服务机构，虽然收费低廉，但还是要求个人付费。[46]

简而言之，在新中国建立以前，合作的理念已进入医疗领域，但医疗融资方面的合作仍付之阙如。

新中国建立后，1950年8月召开的第一届全国卫生工作会议确定了医疗卫生工作方针，其中第一条就是“面向工农兵”。中央人民政府卫生部副部长、人民革命军事委员会卫生部部长贺诚在会议的总结报告中解释说，“为什么首先为工农兵服务呢？因为工人、农民人数最多，又是人民民主政权的基础和生产建设的基本力量。他们所受疾病的灾难最深，得到卫生的保障也最少。兵是武装了的工农，是国防建设的基本力量，没有它，生产建设与和平生活就无从获得保障”[47]。不过，当时，中国广大农村面临的严酷现实是几乎无医无药。[48]会议因此确定发展医疗事业的首要目标就是使农村“有医有药”，并决定有步骤地发展和健全基层卫生组织，争取每个乡都建立起医疗卫生机构。[49]次年4月4日卫生部发布《关于健全和发展全国卫生基层组织的决定》，进一步提出了区设卫生所，乡设卫生站，村设卫生室，培训和配备乡村卫生员的要求。为了达到这个目标，同一天卫生部还发布了《关于调整医药卫生事业中公私关系的决定》，动员个体医务人员组织联合医院或联合诊所，并要求各地卫生行政机关对私人联合经营的卫生机构应予适当鼓励、指导和扶助，使其成为公立医疗机构的助手。[50]

虽然仍处于抗美援朝战争期间，但新政府在推进农村医疗组织发展方面进展很快。到1952年底，全国县级卫生机构已从1949年的1 400余所增加至2 123所，遍及全国90%以上的地区。[51]在基层乡村，政府的主要策略是鼓励个体中西医组建了联合诊所，为农民提供医疗服务。[52]就在这个时候，东北各省出现了采用合作制和群众集资的办法举办基层卫生组织的尝试。例如，原热河省和松江省一些地区，农民群众以粮食、土豆和鸡蛋等实物入股投资，建立了一批医药合作社。据东北人民政府卫生部统计，到1952年，东北地区1 290个农村区卫生所中，合作经营的有85个，群众集资经办的225个，二者合计占东北农村卫生所总数的17.44%。不过，据亲身参与其事的原卫生部医政司司长张自宽说，这些卫生所仍然属于医疗服务提供方面的合作，不是医疗融资的合作。[53]

因此，可以说，直到1955年前，中国农村基本上实行的还是自费医疗制度，在医疗融资方面没有明显变化。不过，农村医疗卫生方面需要合作的理念开始萌芽了。

合作医疗的兴起

1955年席卷中国农村的合作化高潮对发展提供医疗服务的农村基层卫生组织是个极大的促进。在其后短短2～3年的时间里，全国5万多个乡镇都设立了联合诊所或区卫生所，多数农业合作社也都设有卫生室(站)，配备有不脱产的卫生员、接生员[54]，为提出“农村卫生工作网”的概念奠定了基础。[55]更重要的是，农业合作化成为合作医疗的催化剂：生产、资金、农具、技术上的互助合作启发农民把互助合作扩大到医疗融资领域。张自宽等的观察可谓一语破的：“没有农业合作化运动就不会有农村的合作医疗运动”[56]。

已有文献中对哪里最早实行医疗融资合作存在不同的说法，有人认为，最早建立合作医疗保健制度的是山西省高平县米山乡联合保健站[57]；也有人认为，河南省正阳县王店乡团结农业社首创了“社办合作医疗制度”[58]。两者的发端都是1955年。然而，有证据表明，同在1955年，江苏常熟县归市乡[59]、浙江诸暨县姚江区西江乡[60]、山西省稷山县太阳村农业社[61]也开始尝试不同形式的医疗融资合作。如果对各地进行深入考察，我们应该可以发现更多同期开始医疗融资合作的案例。也许争论哪里是第一个没有多大意义。在农村合作化的高潮中，或早或迟出现医疗融资合作几乎是顺理成章的事。不过，有一点是清楚的，即这种新的实践源自农民，而不是决策者与专家。

山西省高平县米山乡的实践是当时各地不同形式实践的一个缩影。高平县是老解放区，从1945年起就在共产党控制之下。[62]1953年，米山乡的3家私人药铺和10个民间医生自愿组合，创办了高平县第一个联合诊所。在合作化的高潮中，1955年5月，在有关部门的支持下，米山乡联合诊所演变为联合保健站，实行“医社结合”。与联合诊所不同的是，保健站由农业生产合作社、农民群众和医生三方集资兴建，其日常经费来自农民交纳的“保健费”、从农业社提取的15%～20%的公益金，以及医疗收入（主要是药费）。每个农民每年缴纳5角钱的“保健费”（其中从社员工分中代扣3角、集体另补助2角），即可享受预防保健服务，患病就诊时免收挂号费、门诊费、出诊费、注射费，但必须支付药费。除做好门诊外，保健站坚持预防为主、巡回医疗、医生分片负责所属村民的卫生预防、健康登记和医疗工作。为了降低医疗成本，尤其是需要村民负担的药费，保健站坚持“三土”（土医、土药、土方）和“四自”（自种药、自采药、自制药、自用药）。

米山乡的这种合作医疗保健制度很快引起了政府的重视。保健站成立一个月后，卫生部副部长徐运北便在山西省卫生厅厅长高宏昌的陪同下视察了米山。同年11月，卫生部、国务院文教办和山西省卫生厅组成联合调查组到米山对农民、农业社干部、保健站医务人员进行调研。在实地考察的基础上，调查组肯定了米山的经验，认为它“初步实现了走上集体化农民的无病早防，有病早治，省工省钱，方便可靠的理想”，“为农村的预防保健工作建立了可靠的社会主义的组织基础”。随后，经国务院批准，卫生部开始推广米山乡联合保健站的经验。[63]

基层的实践为政府解决农村医疗问题增强了信心。1956年6月30日，第一届全国人大第三次会议通过《高级农业生产合作社示范章程》，规定合作社要“开展公共卫生工作和社员家庭卫生保健工作”，“对于因公负伤或者因公致病的社员要负责医治”，从而首次以法律的形式赋予集体经济承担农村社会成员疾病医疗工作的职责。[64]在此前后，山西、河南、江苏、河北、湖南、贵州、山东、上海等地农村也出现了一大批由农业合作社举办的保健站或医疗站。[65]到 1957 年，以医疗融资合作为基础的集体保健站、医疗站已发展到了一万余个。[66]当时，各地对医疗融资合作的叫法不同，不少地方简称“保健站”、“医疗站”，有的叫“集体保健医疗”，有的叫“统筹医疗”[67]，有的叫“农业合作社诊疗所”[68]，还没有“合作医疗”的提法。

1958 年 7 月，全国第一个人民公社——河南省遂平县嵖岈山卫星人民公社成立，其《试行简章（草案）》第 18 条规定：“公社实行合作医疗，社员按照家庭人口多少，每年交纳一定数量的合作医疗费，就诊不另交费。中心医院对无法治疗的特殊重病号，应该介绍到适当的医院治疗，并负责开支旅费和医药费，但对衰老病和慢性病的人，暂时不作介绍。在经济充足的时候，公社实行公费医疗”[69]。这里第一次出现了“合作医疗”的提法。1958 年 8 月，中央政治局扩大会议通过了《关于在农村建立人民公社问题的决议》，决定把各地刚成立不久的高级农业生产合作社普遍升级为人民公社。会后，全国农村只用一个多月时间就基本实现了公社化。政社合一的人民公社为医疗融资合作提供了更厚实的体制基础。实际上，推广和扩大医疗融资合作也成为各地人民公社建设的一项重要内容。9 月 13 日，卫生部主办的《健康报》刊发了一篇题名《让合作医疗遍地开花》的评论，指出：合作医疗是“群众性的新的医疗制度，是具有共产主义性质的公共福利事业，便利群众，促进生产，且能贯彻预防为主的方针，加强预防和治疗工作，应当大力推广”[70]。结果，到 9 月底，河南省就建立了乡村医院 7 692 所，医疗站 4 992 个，简易病床 2 万多张，妇幼院 1.61 万所，实行合作医疗制度的人民公社达到 963 个，占全省农村公社总数的 71.1%。[71]

同年 11 月，《健康报》编辑出版了《介绍民办合作医疗的经验》一书，收录了河南省正阳县、桐柏县等地举办合作医疗的经验。书中详细介绍了举办合作医疗的不同做法，论证了合作医疗的优越性，并对合作医疗实践中出现的问题进行了探讨。这类出版物对推广合作医疗这个新生事物发挥了相当大的借鉴作用。[72]例如，到 1958 年底，湖北省麻城县全县 96 个公社全部实行了合作医疗。[73]

在人民公社化高潮中，山西省稷山县被称作“农村卫生的一面红旗”。该县太阳村从 1959 年 1 月起，带头开始实行由社员每人每年交 2 元保健费、不足部分从公益金中补助的“大家集资，治病免费”的合作医疗制度。此后，这种做法被迅速推广到全县。[74]1959 年 11 月 12 日至 21 日，卫生部在山西省稷山县召开了长达十天的全国农村卫生工作现场会议。参加会议的有山西省代表 252 人，27 个省、直辖市、自治区（除西藏、台湾外）卫生厅长、副厅长 182 人，中央有关部、委、院校代表 41 人，共计 475 人。会议以经验介绍、参观观摩、分组讨论和领导讲话等方式进行。到会议闭幕时，有 1 个省、11 个县、2 个市发出了“学稷山、赶稷山、超稷山”的竞赛协议书和挑战书。

1959 年 12 月 16 日，卫生部向中共中央提交了《关于全国农村卫生工作山西稷山现场会议情况的报告》及其附件《关于人民公社卫生工作几个问题的意见》。《报告》指出：“关于人民公社的医疗制度，目前主要有两种形式，一种是谁看病谁出钱；一种是实行人民公社社员集体保健医疗制度。与会代表一致认为，根据目前的生产发展水平和群众觉悟程度等实际情况，以实行人民公社社员集体保健医疗制度为宜”，“即现在各地所说的‘保健费’的办法，或‘合作医疗’”，其主要点是：一、社员每年交纳一定的保健费；二、看病时只交药费或挂号费；三、另由公社、大队的公益金中补助一部分。在这里，“合作医疗”的提法首次出现在中央文件中；但当时的标准提法依然是“集体医疗保健制度”[75]。《报告》认为，“实行这种制度，对于开展卫生预防，保证社员有病能及时治疗，和巩固公社的医疗卫生组织，都较为有利”。不过，《意见》同时建议：“目前有极少数经济富裕的人民公社坚持实行社办公费医疗的办法，仍可继续试行，但不要忙于推广。另有一些人民公社实行谁看病谁出钱的办法，也不要急于都改变过来，而应当根据公社的生产发展水平和群众的觉悟程度，逐步改变为集体保健医疗制度”[76]。

1960 年 2 月 2 日，中共中央向各省、市、自治区党委转发卫生部的报告及其附件，并要求各地参照执行，但并没有马上引起各地政府足够重视。[77]据毛泽东了解，大多数省、市、区党委第一书记没有看这样一个很重要而又写得很好的文件，也没有发到各级党委党组和人民公社去。为此，他于3月16日为中央起草了《中央关于卫生工作的指示》，强调“中央现在提醒同志们，要重视这个问题”，各省、市、地、县、社要“由党委第一书记挂帅，各级党委专管书记和有关部门党组书记也要在党委第一书记领导之下挂起帅来；立即将中央二月二日批示的文件发下去，直到人民公社”[78]。最高领袖的直接干预有力地促进了农村合作医疗在全国范围的推广。从此，集体保健医疗便成为中国农村的一项基本制度，无论是地处江南鱼米之乡的浙江[79]，还是远在西北边陲的新疆都不例外[80]。根据长期追踪研究农村合作医疗制度的安徽医科大学卫生管理学院估算，全国行政村（生产大队）举办合作医疗的比重，1958年为10%，1960年为32%，1962年上升到46%（见图6—1）。[81]

同样是在“大跃进”运动中，农村卫生服务提供体系得到进一步发展。县医院得到进一步加强；人民公社将国家举办的区卫生所和农业社的保健站整合为公社卫生院；生产大队把联合诊所和村保健站变成大队卫生室，生产小队配“三员”（保健员、接生员和保育员），形成了一个比较完整的农村医疗卫生体系。[82]

1962年初，中共召开七千人大会以后，对国民经济进行了大刀阔斧的调整，包括人民公社制度和与之相关的农村医疗卫生体系。1962年8月，卫生部下发了《关于调整农村基层卫生组织问题的意见（草案）》，批评过去几年“改变所有制过急过快，不适当地把联合诊所和个体开业医生由公社或国家包下来……在治病方面，一个时期有公社包下来的倾向”。这份文件建议，“原来由医生集体举办的医疗机构，公社化后由国家或公社（大队）接办的，应当改为集体办”；“原由公社或生产大队投资举办的医疗机构，如果继续办下去有困难，可以转为医生集体办”；“国家举办的区卫生所（地区医院）一般应转为医生集体办”。这些医生集体办的医疗机构（即原来的联合诊所）则实行“看病收费、独立核算、自负盈亏、民主管理、按劳分配等原则”[83]。随着来自集体的投入急剧减少，全国除少数相对富裕的地区外，多数社队的合作医疗都陷入了停顿或半停顿状态，合作医疗的覆盖率也大幅下滑。到1964年，全国农村只有不到30%的社队还维持合作医疗（见图6—1）。[84]

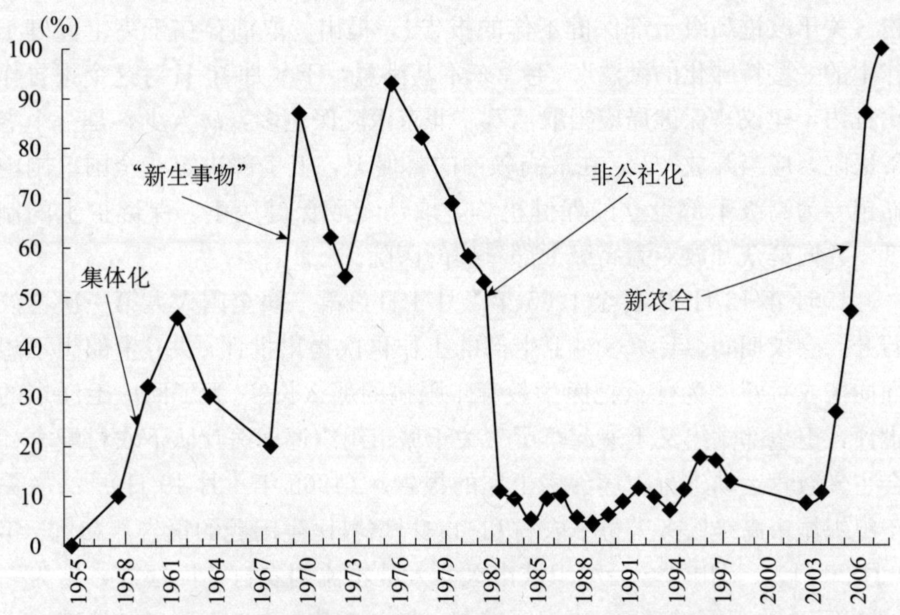

图 6—1　全国办合作医疗的村所占比重 1955—2008

资料来源：1958—1992 年数据来自周寿祺、顾杏元、朱敖荣：《中国农村健康保障制度的研究进展》，载《中国农村卫生事业管理》，1994（9），8 页；1993、1998 年数据来自卫生部“第一、二次国家卫生服务调查”统计；1995、1996 数据来自汪时东、叶宜德：《农村合作医疗制度的回顾与发展研究》，载《中国初级卫生保健》，2004（4），11 页；1997 年数据来自顾昕、方黎明：《自愿性与强制性之间：中国农村合作医疗的制度嵌入性与可持续性发展分析》，载《社会学研究》，2004（5）。2003—2008 年数据是农村人口参加合作医疗的比重。2003 年数据来自朱玉、李亚杰：《中国新型农村合作医疗试点县已经逾 300 个》，新华网，2004 年 4 月 10 日；2004 年数据来自左延莉、胡善联、傅卫、江芹：《2004 年中国新型农村合作医疗参合率分析》，载《卫生软科学》，2006（4），343 页；2005 年数据来自九三学社中央委员会：《关于完善我国新型农村合作医疗制度的建议》，2007 年 4 月 16 日，见 http：//www. 93. gov. cn/partic/confer/questi/379472845379076184. shtml；2006 年数据来自卫生部：《我国新型农村合作医疗制度将全面推进》，见 http：//www. gov. cn/gzdt/2007 - 03/12/content _ 548855. htm；2007、2008 年数据来自《增加补助门诊统筹，全国 31 省份实现新农合全覆盖》，中国网，2008 年 7 月 10 日，见 http：//www. china. com. cn/news/2008 - 07/10/content _ 15985866. htm。

农村医疗卫生状况及其与城市之间的反差引起了毛泽东的注意。1964—1965 年是毛泽东一生中对卫生工作最关注的时期，这期间他曾四次对卫生部提出严厉的批评。

1964 年 6 月 24 日，在会见越南访客时，毛泽东批评了高级干部保健特殊化的现象。[85]为了回应毛泽东的批评，卫生部于 7 月 29 日提交了一份《关于改进高级干部保健工作的报告》，提出“取消存在于高干保健工作中的一些特殊化的做法”。毛泽东不甚满意，于8月10日对这个报告作出批语，建议“保健局应当取消”，“北京医院医生多，病人少，是一个老爷医院，应当开放”[86]。在最高领袖的督促下，卫生部决定在全国范围内撤销专为高级干部设立的保健机构，取消专职保健医生、保健护士的制度，并向群众开放专为高级干部看病的医院。[87]

1964年12月21日至1965年1月4日，第三届全国人大第一次会议召开。会议期间，毛泽东对卫生部的工作再次提出批评：“卫生部想不想面向工农兵?”“为什么把医学教育年限搞的那么长?”为了回应毛泽东的批评，卫生部党组又迅速起草了《关于城市组织巡回医疗队下农村配合社会主义教育运动进行防病治病工作的报告》（1965年1月19日）[88]、《关于组织城市高级医务人员下农村和为农村培养医生问题的报告》（1965年1月20日），提出“今后组织城市医务人员轮流到农村巡回医疗，定为一种制度”；改革医学教育，“缩短学制，增加招生”，加速为农村培养“半农半医”和不脱产卫生员。[89]报告报送毛泽东，他于次日便批示“同意照办”；1965年1月27日，中共中央批准了卫生部的报告。[90]据此，卫生部于1965年1月31日下发了《关于组织农村巡回医疗队有关问题的通知》。中共中央于1965年2月6日向全国转发了毛泽东主席的指示和卫生部的报告，指出：“这是卫生工作面向工农兵必须走的道路，希遵照执行，并在实践中注意总结经验”[91]。随后，卫生部马上在北京组建了第一批12个巡回医疗队，分赴北京郊县以及湖南湘阴开展巡回医疗。全国各地也迅速组织了医疗队，去农村、林区、牧区进行巡回医疗，把这项工作当作一项重大政治任务。截至1965年上半年，全国城市共组织了巡回医疗队12 000多人到农村，县医院组织了另外17 000多人下乡[92]，解放军也派大批医务人员支援农村。到1975年，全国城市和解放军医务人员先后有110多万人次下农村进行巡回医疗。[93]

建国以后，中国政府曾不断发动和组织医疗队，“送医下乡”，到农村以及少数民族地区进行巡回医疗。这些医疗队有的来自大中城市，更多的来自县城或乡镇卫生院。在农村无医无药或缺医少药的情况下，巡回医疗不失为一种补救方式，可以救治农村一些危重疑难病人；所到之处，深受农民群众欢迎。然而，相对分散居住在80多万个生产大队、500多万个生产小队的5亿多农民来说，每年几万人次来去匆匆的医疗队无异于杯水车薪。[94]问题的关键在于，这种短期从城市下乡的巡回医疗队不能从根本上改变城乡之间医疗卫生资源悬殊、农村缺医少药的状况。

“据1964年统计：在卫生技术人员分布上，高级卫生技术人员69%在城市，31%在农村（县和县以下），其中在县以下的仅占10%。中级卫生技术人员城市占57%，农村占43%，其中在县以下的仅占27%。中医则大多数在农村。农村的中西医不仅按人口平均的比例大大低于城市，而且多数人的技术水平很低。在经费使用上，全年卫生事业费9.3亿元中，用于公费医疗的2.8亿元，占30%，用于农村的2.5亿元，占27%，其中用于县以下的仅占16%。这就是说，用于830万享受公费医疗的人员的经费，比用于5亿多农民的还多”[95]。

这种局面让中共最高当局十分不满。1965年5月26日，在同卫生部负责人崔义田、史书翰、计苏华等谈话时，刘少奇便指出：“现在的医药卫生工作只是面向一亿左右的城市人口，全国70%的医务人员是集中在城市，占五亿多人口的农村中医务人员和药品都很少，为了解决卫生工作面向农村，药品供应要研究，如何把供应点深入农村”[96]。毛泽东更是对此感到震怒，并在一年内第四次对卫生部作出严厉批评。1965年6月26日，在同他身边的医务人员谈话时，毛泽东斥责“卫生部的工作只给全国人口的15%工作，而且这15%中主要还是老爷。广大农民得不到医疗，一无医院，二无药。卫生部不是人民的卫生部，改成城市卫生部、或老爷卫生部、或城市老爷卫生部好了”，并号召“把医疗卫生的重点放到农村去”。这就是著名的“六二六指示”。[97]其后，7月17日，刘少奇听取了卫生部负责人钱信忠、张凯、贺彪、郭子化、崔义田、史书翰等关于医务工作如何为农村服务问题的汇报。[98]毛泽东又于7月19日和8月2日两次与卫生部负责人谈话，主要谈农村卫生工作。8月份，中央政治局还专门开会讨论了卫生工作。[99]中共最高领导人如此密集地议论农村医疗卫生工作，是空前绝后的。

在中共最高当局的直接干预下，卫生部党组于1965年9月3日向毛泽东及中共中央提交了《关于把卫生工作重点放到农村的报告》。为了改变“农村卫生的落后面貌”，《报告》提出加大巡回医疗的力度，“今后要作到经常保持三分之一的城市医药卫生技术人员和行政人员在农村”。《报告》还提出，“大力为农村培养医药卫生人员”，“争取在五年到十年内，为生产队和生产大队培养质量较好的不脱产的卫生人员，为公社卫生机构一般配备四、五名质量较好的医生”。除此之外，《报告》还提出，要“整顿农村卫生组织”，“尽可能保证农村药品、医疗器材的需要”。9月21日，中共中央批转卫生部的报告，强调，“我国百分之八十以上的人口是农民，如果不认真解决广大农民的医药卫生问题，社会主义卫生工作的方针就会落空。必须把卫生工作的重点放在农村，认真组织城市卫生人员到农村去，为农民服务，培养农村卫生人员，建立和健全农村基层卫生组织，有计划有步骤地解决农村医药卫生问题”。中央批示承认，“逐步改变我国农村卫生工作的落后面貌，是一个长期的艰巨的任务”；为此，它要求，“各级卫生部门应继续深入调查研究，通过试点，总结经验，逐步推广”，并宣布将于1966年夏天“召开一次全国农村卫生工作会议，总结经验，并研究如何制定农村卫生建设十年规划的问题”[100]。这个计划最后落空了，因为次年夏天，“文化大革命”已经开始了。

有些人想当然地断定，毛泽东的“六二六指示”“使1962年后几乎处于停顿状态的合作医疗制度出现了回升发展的重要契机”[101]，“激起了全国上下对农村医疗卫生工作的极大重视，在50年代中期出现的农村合作医疗制度由此推开”[102]。其实不然。虽然1965年前后毛泽东及其他中央领导人对农村医疗卫生表现出前所未有的关注，但他们的关注点集中在为农民提供医疗服务和为农村培养三种卫生人员上；而组织巡回医疗队到农村去是逐步实现这两个目标的关键。[103]巡回医疗队为农民治病并不是完全免费，而是“应按当地合理收费标准收取费用”。如果农民交不起医药费怎么办？当时的做法是，“贫下中农出不起医药费的可以减免。减免费用，应当首先在社、队公益金中解决。社、队公益金中解决不了的，经过工作团审批，在工作团掌握的社会救济费中解决；非重点社教地区，由民政部门掌握的社会救济款内开支”[104]。换句话说，毛泽东“六二六指示”并没有给农村医疗融资的格局带来多大变化，尽管大规模派遣城市巡回医疗队，大规模培训不脱产、半脱产的农村基础卫生员，两者都有助于降低农村医疗卫生的成本，为普及医疗融资合作铺平了道路。

当然，卫生部也没有完全忽视医疗融资方面存在的问题。毛泽东发出“六二六指示”后，卫生部部长、副部长带农村卫生工作队到湖北省麻城、江西省句容县、北京通县和湖南省湘阴县蹲点，进行深入调研。他们的主要任务是探索为农村基层培养“半农半医”和不脱产卫生员的途径[105]，但由于湖北省麻城从50年代中期开始一直坚持合作医疗，由贺彪副部长带队的麻城工作队也顺便总结了合作医疗方面许多切实可行的经验。1966年1月，《卫生部湖北农村卫生工作队简报》第4期刊载了《合作医疗好处多》一文。作者张自宽是麻城工作队成员，他指出，举办合作医疗受到了广大农民群众的拥护。同年6月下旬，在《卫生部湖北农村卫生工作队简报》第12期上，张自宽又发表《如何巩固和办好合作医疗》一文，试图概括麻城合作医疗存在的不同形式，并提出了举办合作医疗的四项原则：“一、坚持实行自愿参加的原则；二、坚持实行民办公助的原则；三、合作医疗经费应由信用社统一管理；四、切实执行勤俭办合作医疗的方针”[106]。这些基于实践经验的文章本可以对推广合作医疗发挥指导作用，但当第二篇文章发表之时，“文化大革命”正风起云涌、席卷全国，人们的注意力已不可能放到医疗融资的改革上来。据安徽医科大学卫生管理学院估算，到1968年，全国只有20%左右的生产大队（行政村）实行合作医疗，比1964年的水平还低（见图6—1）。[107]

合作医疗的普及

合作医疗真正在全国农村得以普及是1969年以后的事。1968年7月底，毛泽东派工人宣传队进驻各大专院校，它标志着“文革”大规模群众运动阶段的终结。与此同时，针对当时宣传工作中出现的“假、大、空”现象，毛泽东作出了“典型宜多，综合宜少”的指示，提出要用先进的典型来推动全国的各项工作。[108]

1968年夏，上海《文汇报》记者到上海川沙县江镇公社采访，并发表了一篇题为《从江镇公社“赤脚医生”的成长看医学教育革命的方向》的调查报告，介绍上海郊区川沙县江镇公社如何培养“平时有一半左右时间参加劳动，生产大队对他们的补贴不多，贫下中农养得起”的“赤脚医生”。9月3日，中央“文革”小组成员姚文元将这份调查报告送毛泽东审阅，引起了毛泽东的极大兴趣。他当即对调查报告作出批改，并指示将它发表在9月10日出版的《红旗》杂志第三期上；随即，9月14日的《人民日报》全文转载了该调查报告。[109]从此，“赤脚医生”名扬天下，被看作“文革”中产生的“新生事物”之一。其实，所谓“赤脚医生”就是指不脱产或半农半医的基层卫生人员。他们早在建国初期就已出现；1958年成立人民公社后，遍地开花；1965年毛泽东发出“把医疗卫生工作的重点放到农村去”号召后，又得以加速发展。与科班出身的医学院校毕业生比，“赤脚医生”最突出的特点是廉价，因为：一来他们本身是农民，不完全脱产，待遇不高；二来他们预防、治疗主要依靠“三土”（土方、土法、土药）、“四自”（自种、自采、自制、自用中草药）、“一根针”（针灸）。唯其廉价，农民才负担得起，才有利于在农村建立起低水准、广覆盖的医疗保健制度。但“赤脚医生”只解决了农村基本医疗服务是否廉价的问题，没有解决医疗融资问题。没有风险分担，再廉价的医疗服务也难以普及。

有关“赤脚医生”的调查报告发表两个半月后，姚文元又向毛泽东呈送一份有关湖北省长阳县乐园公社合作医疗制度的报道。乐园公社杜家村大队1966年开始试点合作医疗。农民每人每年交一元合作医疗费，生产大队再按照实际参加人数，从集体公益金中为每人交5角钱，作为合作医疗基金。由于大队卫生室主要依靠自种、自采、自制的中草药，合作医疗成本很低。群众每次看病只交5分钱的挂号费，吃药就不要钱了。这种形式的合作医疗深受广大农民群众的欢迎。1967年1月1日以后，乐园公社所属的6个大队都普遍实行了合作医疗。通过1967年一年的实践，乐园公社合作医疗经费不仅没有超支，还节余了830多元，受到县卫生局的表扬。

1968年9月中旬，看到《人民日报》发表的《从“赤脚医生”的成长看医学教育革命的方向》一文后，长阳县卫生局医政股工作人员倪兵万认为，乐园公社合作医疗方面的经验也值得向全国推广，以解决农民就医的融资问题。1968年10月初，倪兵万与本局同事曾庆佩、董孝松到乐园公社进行了长达20多天的实地考察，跑遍了全公社6个大队、49个生产队。考察回来后，倪兵万很快写出一篇约12 000字的调查报告，题为《农村卫生战线上的一朵鲜花：记乐园公社深受贫下中农欢迎的合作医疗制度》。报告总结了实行合作医疗的四大好处，其中最根本的一条是“解决了贫下中农看不起病、吃不起药的困难”，使农民的身体健康有了基本保障。

1968 年 11 月初，长阳县革委会政工组举办了一次业余通讯员培训班，湖北人民广播电台记者朱本正应邀参加培训班，对业余通讯员进行了辅导。朱本正看到倪兵万刚刚完成的初稿后，与他一起将报告修改压缩为一篇8 000字左右的报道，并建议他将报道迅速寄发到各级新闻单位，重点是各级党报，并报送党中央、卫生部和省里有关领导。报道寄出前，县卫生局负责人梅宏毅提出两个修改建议，一是将标题改为“深受贫下中农欢迎的合作医疗制度”，使主题更突出、更直观；二是将文章落款由“长阳县卫生局”改为“长阳县革命委员会调查组”，这样更容易引起新闻媒体和上级领导的重视。报道打印后，分别寄往党中央、国务院和卫生部、省革委会、省卫生厅等领导机关以及《人民日报》、《湖北日报》、《宜昌报》、中央人民广播电台、湖北人民广播电台等新闻媒体。倪兵万还专门给毛泽东也寄了一份，委托中央办公厅转交。

《人民日报》收到报道后，于 1968 年 11 月下旬，委托宜昌地区革委会派专人到乐园公社进行核实。地区革委会核实后，对报道再次作出修改，并将它的落款改为：“宜昌地区革命委员会、长阳县革命委员会、长阳县人民武装部调查组”，以示文章的权威性。

大概是由于听说《人民日报》重视这篇报道，《湖北日报》1968 年 11 月 29 日专门开辟“下午版”，在头版头条加“编者按”发表了《深受贫下中农欢迎的合作医疗制度》一文。“编者按”称，乐园公社“创造了新型的合作医疗制度，成功地解决了贫下中农看病吃药、确保健康的问题，为完成农村医疗卫生工作改革任务，提供了重要的经验”。

北京方面，《人民日报》编辑部收到委托宜昌地区革委会核实的稿件后，于 11 月 27 日至 28 日，先后派记者到北京市郊的大兴县黄村人民公社、房山县良乡人民公社，分别召开贫下中农、农村基层干部、公社医务人员座谈会，听取他们对湖北省长阳县乐园人民公社的合作医疗制度的意见。座谈会上大家一致认为，合作医疗是一种解决农村群众看病吃药费用问题的好办法，值得在全国普遍推广。座谈会后，《人民日报》记者根据大家的发言，整理出了《黄村、良乡公社对乐园公社实行合作医疗制度的意见——贫下中农、农村基层干部、公社医务人员座谈会纪要》。[110]

11月29日，人民日报社将有关乐园公社的报道连同《座谈会纪要》一同上报给当时主管全国宣传工作的中央“文革”小组成员姚文元。次日，姚文元专门给毛泽东写书面请示说，关于湖北省长阳县乐园公社合作医疗制度的一篇报道，经核实后，又拿到北京郊区开了两次座谈会，也整理了一个材料，“可否过两天将按语、报道及座谈会情况（摘要）同时见报，展开讨论”，以期引起全国对合作医疗的重视。毛泽东当即同意按姚文元的建议办。[111]

1968年12月4日晚，中央人民广播电台在《全国新闻联播》节目中全文广播了有关乐园公社实行合作医疗的报道以及黄村、良乡两个公社的讨论意见。次日，《人民日报》头版头条发表了《深受贫下中农欢迎的合作医疗制度》一文，并加了“编者按”，高度赞扬“合作医疗是医疗战线的一场大革命，它解决了农村群众看不起病、吃不起药的困难……”当天的《人民日报》还在头版和2版同时发表了北京郊区《黄村、良乡公社对乐园公社实行合作医疗制度的意见——贫下中农、农村基层干部、公社医务人员座谈会纪要》。全国所有报刊都转载了这两篇文章。12月7日，《人民日报》又刊载了《合作医疗就是好——杨屋大队实行合作医疗的调查报告》。

有关乐园经验的两篇文章见报后，新华社又派了两名记者到长阳县。他们写出了《湖北省长阳县乐园公社贫下中农、革命干部、医务工作者对合作医疗制度的座谈纪要》，并与公社革委会一起写出了《我们狠抓了三件大事——乐园公社实行合作医疗制度的经验》。《座谈纪要》和《我们狠抓了三件大事》很快由新华社向全国媒体播发通稿，《人民日报》、《光明日报》和各省、市、自治区党报都先后在头版采用。[112]这些文章发表后，全国一批又一批的参观者从四面八方奔赴湖北省长阳县，到乐园公社学习取经。据不完全统计，从1968年至1976年8年间，全国所有省、市、自治区都先后有人来乐园观摩参观，总人数达5万多。[113]

为了大力推动合作医疗，从1968年12月8日起至1976年8月31日，《人民日报》还开辟专栏，在8年里连续组织107期“关于农村医疗卫生制度的讨论”。[114]各地报刊也刊登了大量有关宣传、介绍、讨论合作医疗和“赤脚医生”的文章，数量可谓浩如烟海。此外，1969年至1975年间，还有不少介绍和宣传合作医疗的书籍也陆续出版。目前国家图书馆藏有此类图书20余部。例如，1970年8月，人民卫生出版社以《深受贫下中农欢迎的合作医疗制度》为书名，编辑出版了有关农村合作医疗的文章选辑，由全国各地新华书店经销，共印刷10万册。[115]这种媒体关注一直延续到70年代末，涉及的内容十分广泛，除了对合作医疗制度的赞扬外，还报道了群众性草医草药运动，介绍了各地依靠群众、预防为主、中西医结合、勤俭办医做法，讨论了有关培养农村基层医务人员的问题，合作医疗经费的管理使用方面的问题，交流了巩固和发展合作医疗经验。

在强大的媒体推动下，一度陷入停顿的合作医疗焕发出生机。1969年以后，全国兴起了大办农村合作医疗的高潮。到20世纪70年代，合作医疗达到鼎盛时期，普及广大的中国农村。以辽宁省为例，该省农村合作医疗创办于50年代，但大规模兴办是在1969年以后。到1971年末，全省实行合作医疗的大队已占大队总数的84.8%。在浙江，1976年农村合作医疗的覆盖面达到87%。[116]西北边陲的新疆合作医疗覆盖率更高，1976年全自治区实行合作医疗的大队占大队总数的97.5%，其中吐鲁番地区、和田地区、博尔塔拉蒙古自治州、乌鲁木齐市达到了100%。[117]同样是在1976年，全国实行合作医疗制度的生产大队（行政村）的比重上升到93%，覆盖了全国农村人口的85%（见图6—1）。[118]在相当多的地方，农民基本上做到了“小病不出队，中病不出社，大病不出县”。这种局面一直维持到1978年。[119]

合作医疗是当时中国农村医疗卫生体制的三个支柱之一，另外两个支柱是三级医疗预防保健网和“赤脚医生”。这三者也被称为解决中国农村缺医少药问题的“三大法宝”。

早在1950年8月召开的第一届全国卫生会议上，中国政府就提出了县设卫生院、区设卫生所、行政村设卫生委员、自然村设卫生员的组织形式。到1958年前后，县级卫生网（包括县医院、卫生防疫站、妇幼保健站等机构）已在全国范围形成，国家便开始考虑建立县以下卫生防疫体系。到1965年，公社（乡）级卫生网也已初具规模，几乎所有公社都建立了卫生院。[120]这时大批培养农村初级卫生人员，使卫生防疫网进一步向下延伸的问题被提上日程。大规模派遣巡回医疗队，在培训初级卫生人员方面发挥了巨大的作用。这些培训对象就是日后蜚声中外的“赤脚医生”。

到 1975 年，全国“赤脚医生”达 1 559 214 人，另外有卫生员 3 282 481 人，接生员 615 184 人；总计农村不脱产的医疗卫生工作人员达 5 456 879 人，超过卫生部系统原有卫生技术人员的总数（220 万）一倍多。[121]到这时，三级卫生网已完全建立起来，使医疗卫生服务得以抵达农村最基层。

三级卫生网和“赤脚医生”的作用是提供医疗卫生服务，它们解决了缺医少药的问题。那么，经费问题如何解决？首先，“三土四自”的“赤脚医生”减少了经费压力。其次，政府财政拨款负责乡镇以上卫生机构职工（包括乡镇卫生院）工资和经常性费用的一部分或全部，派遣巡回医疗队，培训“赤脚医生”，建立、扩建公社卫生院，补助卫生防疫工作，进一步减少了对农村社区的经费压力。[122]其他经费就得靠合作医疗来融资。合作医疗解决的是“看不起病”的问题。

合作医疗有三个主要特征，也是其存在的三个必要条件。第一，合作医疗费用由集体统筹解决，由集体（公益金）和个人（缴费）共同负担。[123]第二，合作医疗在法律上不是强制性的，但在实行合作医疗的社队，个人的参与不是自愿的，而是强制性的，个人缴费由集体在年终分配前扣除，不直接向群众收费，集体也不垫付。[124]第三，合作医疗依托低成本的“赤脚医生”，通过自采、自制、自种中草药等方式，将成本降低到村民可以负担的水平。

然而即使在“文革”最激进的时期，中国政府也从来没有要求全国采取同一种模式来实施合作医疗。不同地区，不同的县、公社、大队实行的合作医疗存在很大差别。首先，风险分担面的大小不同，可以是（大）队办、社办、社队合办，其中队办最为普遍。[125]其次，集体基金的份额大小不同，多数在 30%～90%之间，少数地方集体全部承担[126]，绝大多数地方要求农民个人交纳一定费用，一般为每人每年 1～3 元[127]。

需要指出的是，即使在合作医疗发展的鼎盛时期，它也没有覆盖全国所有社队，因为政府从没有强求所有社队实行合作医疗。而且即使在存在合作医疗的地方，其发展也并不一帆风顺。1969—1971 年，合作医疗遍地开花，但根基不稳，几经反复，到 70 年代中期合作医疗才比较巩固起来。[128]富裕地区的情况较为稳定[129]，经济落后地区更容易出现反复。如 1969 年开始大规模实行合作医疗的浙江省富阳县，到 1973 年合作医疗跌至谷底，仅剩 7.6%的大队还在坚持合作医疗；1976 年才开始复苏，1977

年全县有 96.6%的大队实施了合作医疗。[130] 同样在 1969 年开始试办合作医疗的黑龙江省北安县，当年有 85%的大队实行了合作医疗，但到 1972 年只剩下 10%左右，整顿后，到 1974 年初，几乎所有大队都恢复或办起了合作医疗。[131]

安徽省凤阳县的例子可能更典型。该县 1969 年开始试点合作医疗，到 1971 年全县所有生产大队都实行了合作医疗，但到 1973 年底，全县坚持办合作医疗的大队只占大队总数的 15.8%。而经过整顿，仅仅一年后，实现合作医疗的大队比率回升到 88 %，1976 年底更高达 94.4 %。[132]

在全国范围，1972 年实行合作医疗的比例从前两年的高峰跌至 62%，1973 年底时更降至 54%（见图 6—1）。[133] 此后，各地在控制成本、完善制度、严格手续、加强管理、杜绝贪污和浪费等方面经验更丰富以后，合作医疗的覆盖率又迅速上升，到 1976 年前后全国农村合作医疗的覆盖率稳定在 90% 上下。[134]

医疗融资方面的合作医疗是中国农村初级卫生保健体系“三大法宝”中最关键的法宝。有了它，县乡村三级医疗卫生网和“赤脚医生”才能实现低成本、广覆盖的效果；没有它，即使不缺医、不少药，也会出现看不起病的问题。20 世纪 70 年代，中国还不富裕，但随着合作医疗的普遍建立，“赤脚医生”和三级卫生网充分发挥了各自的优势，有效地为广大农村居民提供了基本的医疗卫生保障，使中国人民的健康指标大幅改善，平均预期寿命从解放前的 35 岁增加到了 1980 年的 68 岁，婴儿死亡率也从解放前的约 250‰减少到 1980 年的 50‰以下。当时中国医疗卫生服务的公平性和可及性受到了联合国妇女儿童基金会、世界卫生组织和世界银行的高度赞誉，例如世界银行的《1993 年世界发展报告：投资与健康》称中国当年在医疗保障方面取得的成就在低收入国家是“独一无二”的（a unique achievement for a low-income developing country）。[135] 中国当时的低成本、广覆盖的模式也在 1978 年的阿拉木图会议上受到推崇，成为世界卫生组织在全球范围内推广初级卫生服务运动的样板。[136]

回顾毛泽东时代农村医疗状况的变迁，它从无医无药走到缺医少药，最后找到了合作医疗这条低成本、广覆盖的途径。在这个过程中，各地的实践起了巨大的作用。“文革”中一度盛传，上海川沙县的“赤脚医生”和湖北长阳县的合作医疗都是“伟大领袖毛主席亲自抓的点”。实际上，它们都是实践在先、抓点在后。群众的实践为决策者提供了灵感，是政策演变的动力源。

传统合作医疗的衰落

1976年9月，毛泽东辞世；1977年8月，中共第十一次全国代表大会正式宣布“文革”结束。当时，没有任何人预见到合作医疗将会迅速衰落。恰恰相反，1978年3月5日五届全国人大一次会议通过的《中华人民共和国宪法》第一次将“合作医疗”写入宪法，列为国家为保证劳动者健康权利需要逐步发展的事业。当年12月，中共十一届三中全会召开，拉开了改革的序幕。一年以后，1979年12月15日，卫生部、农业部、财政部、国家医药管理总局、全国供销合作总社联合发布了《农村合作医疗章程（试行草案）》。这是政府部门第一次发布关于农村合作医疗的正式法规性文件，标志着合作医疗的制度化。它将合作医疗定义为“人民公社社员依靠集体力量，在自愿互助的基础上建立起来的一种社会主义性质的医疗制度，是社员群众的集体福利事业”，并承诺“根据宪法的规定，国家积极支持、发展合作医疗事业，使医疗卫生工作更好地为保护人民公社社员身体健康，发展农业生产服务”[137]。在此前后，中共中央主席华国锋、副主席叶剑英都明确要求，“巩固和发展农村合作医疗事业”[138]。

然而，从1978年下半年开始，合作医疗制度已经出现了裂缝。这一年的6月23日，中共中央下发“中发［1978］37号文件”，全文转发了湖南省湘潭地委办公室政研科科长章彦武上报的《关于湘乡县减轻农民不合理负担的调查报告》。文件要求“任何部门和单位一律不准无偿平调社、队的劳力、财力、物力，搞非生产建设，坚决压缩非生产性开支”。《人民日报》随后连续发表社论，对湘乡的做法给予充分肯定，称之为“湘乡经验”。[139]全国推广“湘乡经验”以后，一些地方把办合作医疗看作“穷吃富”，是“增加群众负担”。结果，“东北三省的农村合作医疗出现了明显下降的趋势，甚至有许多经济基础好，合作医疗办得好的大队也被一阵风给吹掉了。这种情况带有普遍性，尤以黑龙江省的许多地区较为严重。据嫩江地区统计，到1980年底，全区2 040个大队，坚持办合作医疗的只剩281个大队，占全区大队总数的13.8%。克东县162个大队原来全部实行合作医疗，1980年只剩二个大队，拜泉县所有大队的合作医疗全部停办。由于合作医疗停办，赤脚医生被当作非生产人员减掉，或者把大队卫生所承包给赤脚医生搞自负盈亏，有的还要向大队上缴利润，致使许多大队又重新出现了社员看病难、负担重的问题"[140]。其他省市的情况也许没有嫩江地区那么严重，但也在不同程度上出现了类似的问题。如福建省卫生局1979年报告，有些地方"没有坚持正确的方向，名为合作医疗，实际性质变了，不少变成大队企业，有的变成了联合诊所或私人开业"[141]。1980年，河南一些地方"许多农村大队合作医疗处于停办和半停办状态"，以至有人要为合作医疗大声疾呼。[142]青海省全省共有3 858个生产大队，1981年底坚持办合作医疗的有3 372个，比1979年底减少了226个。[143]

从全国看，合作医疗覆盖的社队从1976年的92.8%降至1978年的82%，再降至1980年的68.8%、1981年的58.2%、1982年的52.8%，6年间下降40个百分点（见图6—1）。虽然这期间有些地方政府（如黑龙江、吉林、青海、福建）出台文件要求"坚定不移地办好合作医疗"，但当时忙于实行家庭联产承包制的中央领导人对此没有任何表态。

1982年春的一天，广西邕宁县伶俐公社一位女社员在田间干活时，突然腹内剧痛，昏倒在地，但这时支撑本地合作医疗的"赤脚医生"早已解散，人们只能用救护车将她送到南宁市第一医院，结果病人只花了6角钱注射了40毫升葡萄糖和一支维生素B6，就恢复了，而救护车来回40公里的路费达10多元，还不算陪送占用劳力的浪费。事后不少社员感叹：如果大队卫生室不解散的话，就不必跑那么远路，也不必花那么多钱了。这只是1982年7月11日《人民日报》发表的一篇题为《农村基层卫生组织不该解散》的文章中举的一个例子。[144]不过，这种呼吁对改变大趋势无济于事。就在1982年底，经过修订的中华人民共和国第四部宪法（即现行宪法）悄悄删除了"合作医疗"的字眼。一年以后，中央和国务院于1983年10月12日发出了《关于实行政社分开建立乡政府的通知》，决定废除人民公社制度，在农村设立乡政权。随着人民公社的解散，农村合作医疗出现雪崩式的解体，覆盖面骤降至11%，比一年前下降40%多。到

1989 年，合作医疗覆盖面降至最低点 4.8%，比 30 年前的 1958 年的水平还低一半。[145]

在 80 年代余下的时间里，除西藏外，合作医疗只集中在上海郊区、江苏南部（苏南）等集体经济较为发达的地区（见图 6—2）。[146]在其他省份，合作医疗只残留在很少的地方，如湖北的麻城县、山东的招远县。[147]随着合作医疗的解体，绝大多数村卫生室（合作医疗站）变成了乡村医生的私人诊所，绝大多数农民重新陷入自费医疗的境地。

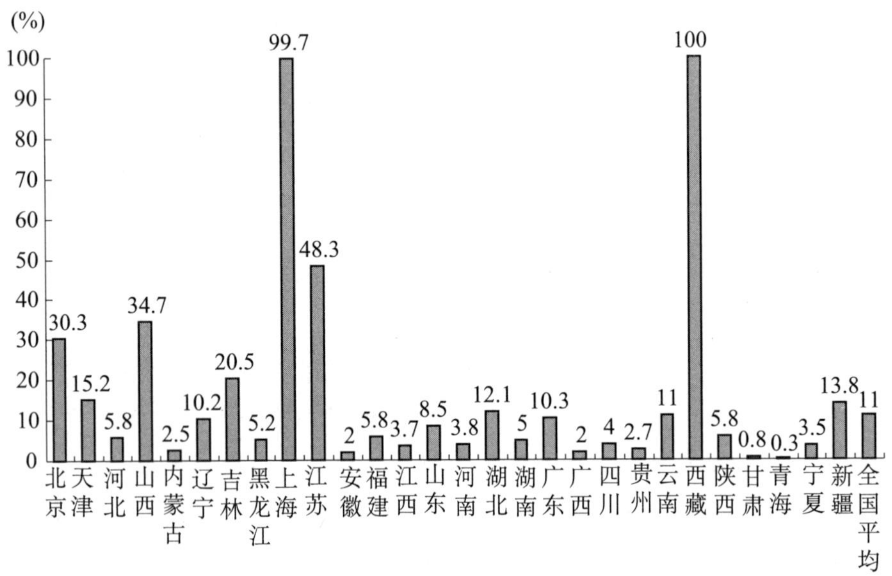

图 6—2　1983 年各省实行合作医疗村（大队）占村（大队）的比重

资料来源：周寿祺：《中国农村健康保障制度综述》，载《中国医药管理》，1990（5），6 页。

为什么改革开放后一度遍布全国的合作医疗迅速偃旗息鼓了呢？

最重要的原因是合作医疗所依托的经济基础发生了变化。80 年代担任卫生部部长的钱信忠说得一针见血："没有农业合作化运动就不会有农村的合作医疗"[148]。这句话不仅揭示了合作医疗兴起的条件，也点明了合作医疗存活的条件，即只有在集体经济的制度环境下，合作医疗的资金才能直接从集体经济中提留，从而保证筹资途径畅通。70 年代末推行家庭联产承包责任制后，尤其是人民公社解体以后，在广大农村，家庭成为农业生产经营的基本单位，除少数地区有集体所有的乡镇企业外，大部分乡村的集体经济十分薄弱，甚至完全不存在。在这种情况下，除非形成新的医疗融资渠道，否则用提留集体公益金的方式来扶持合作医疗，在很多地方已经失去了可行性。

集体经济的重要性可以从 1983 年合作医疗覆盖面骤然下降 40％看出，这正是人民公社正式解体的那一年。在全国合作医疗萎缩的 80 年代，苏南农村合作医疗覆盖面一直保持在 85％以上，但在 90 年代却难以为继，原因很简单：苏南地区这时对原集体所有的乡镇企业进行了“私有化”的“改制”。苏南的经验从正反两方面证明集体经济是合作医疗的经济基础。

其次，与合作医疗互为表里的“赤脚医生”改变了其性质甚至名称。1979 年通过的《农村合作医疗章程（试行草案）》规定：“赤脚医生要实行亦农亦医……参加集体分配”，他们应该“积极开展采、种、制、用中草药工作，充分利用当地药源防病治病”。只有在这样的条件下，合作医疗才可以低成本运作，以较低的费用为广大农民群众提供基本医疗保障。但随着农村集体经济的解体，多数村庄无力支付“赤脚医生”适当的报酬，只得将卫生站卖给或承包给个体医生，使他们产生了追逐利润的动机。同时，土地承包给个体农户后，集体自采、自制、自种中草药也不再可能。这两种变化都增加了医疗卫生成本。最终，1985 年初，在全国卫生厅局长会议的闭幕大会上，卫生部部长陈敏章正式宣布：停止使用“赤脚医生”这个名称。[149]没有低成本的“赤脚医生”，哪能有广覆盖的合作医疗？

第三，80 年代初期，中央和地方政府对农村合作医疗都采取了放任自流的态度。改革开放以后，人民公社、上山下乡、样板戏、工农兵上大学等一系列毛泽东时代的革命遗产都遭到否定。虽然在 80 年代，中国政府从来没有明确否定过农村合作医疗体制，但在全盘否定“文化大革命”的背景下，当时卫生部门不少人还是把合作医疗看作人民公社的副产品、“文化大革命”的产物，要加以彻底否定。这些人并主张解散合作医疗，由“赤脚医生”承包卫生室，断言这是发展的“必然趋势”。[150]当看到合作医疗制度陆续垮掉，他们非但不珍惜，反而幸灾乐祸，说“这是一种进步，是一种改革”[151]。他们相信，“就中国广大地区来说，自费医疗制度还要维持相当一段时间”[152]。

关于合作医疗认识上的分歧与争论影响了农村卫生改革政策的制定，导致了对农村卫生的忽视和对以往基本经验的忽视。[153]在讲究“提法”的官方文件中，人们发现政府对合作医疗并不热心支持。例如，在70年代末集体办医为主导的情况下，提倡多种形式办卫生事业，实际上是鼓励个体办医。[154]例如，1981年，卫生部部长钱信忠在一次全国会议上说，“大队卫生所，要适应农村实行生产责任制以后的变化，形式多样，因地制宜，分类指导。医疗收费制度可以是多种形式的合作医疗，也可以看病收费”[155]。这便为自费医疗开了绿灯。1982年12月，为准备全国卫生局长会议，卫生部出台一份题为《关于适应农村形势的发展健全农村基层卫生组织的意见》的文件。关于合作医疗，这份文件说，“由于我国农村经济发展不平衡，实行什么样的医疗制度，办不办合作医疗，办什么样的合作医疗，要从当地的实际情况出发，坚持自愿的原则，由社员群众讨论决定。凡是有条件举办、社员群众又愿意办合作医疗的地方，应当积极给予支持；条件不具备或社员群众不愿意办的地方，就不要勉强举办。不能用行政命令的办法去硬性推行某种形式的医疗制度”[156]。这为第二年合作医疗大面积坍塌埋下了伏笔。

80年代前期，有些文件甚至千方百计试图避免使用“合作医疗”这四个字，而是代之以其他名词，如“集资医疗”。[157]由于中央态度暧昧，各级领导对扶持合作医疗也没有兴趣。用农民的话说，“上面不喊了，中间不管了，下边就散了”。安徽医大的调查也表明，各地领导干部的态度是决定合作医疗能否坚持的关键因素。[158]

新型合作医疗的探索

决策者对合作医疗态度暧昧并不意味着中国的官方与民间停止了探索适宜农村的医疗融资模式。恰恰相反，从80年代中期开始，关于农村医疗卫生到底应该采取何种体制就出现了不同的思路，并展开了辩论。争论的一方认为，搞农村医疗融资体制改革要追寻健康保险这种“世界潮流”；另一方则认为，应巩固与发展我国独创的合作医疗。[159]中央的立场模棱两可：各种模式都可以尝试。1985 年 9 月，中共中央《关于制定国民经济和社会发展第七个五年计划的建议》便指出，为了适应对内搞活经济，对外实行开放的新情况，要认真研究和建立形式多样、项目不同、标准有别的新的社会保障制度。随后，卫生部制定的《“七五”时期卫生改革提要》指出，改革我国农村的医疗保健制度，应从各地的实际情况出发，根据经济条件和群众的意愿逐步进行，可以实行合作医疗，也可以试行其他各种办法。《提要》特别强调，要积极探索和发展适合我国农村的医疗卫生保险制度。

事实上，卫生部当时偏向于在农村推行医疗保险制度。1985 年，在讨论第二批对华贷款时，世界银行向中国方面提出在农村建立健康保险的设想。卫生部同意在四川省简阳县和眉山县开始进行“中国农村健康保险试验研究项目”研究，由兰德公司提供技术协助。为了推动这方面的试验，卫生部于 1985 年 11 月在四川省峨眉县召开了农村医疗保险制度学术讨论会。参加会议的有来自全国 30 个省、市、自治区部分医学院校的专家、教授及从事基层卫生工作的管理干部；上海、四川保险公司也派代表参加了这次会议。这实际上是一次医疗保险的动员会，其基调是，农村实行医疗保险制度势在必行。[160]会后，卫生部政策研究室工作人员罗益勤在报刊上发表了不少文章，鼓吹农村医疗保险制度。[161]他乐观地认为，农民收入增加很快，奠定了逐步试行何种健康保险的经济基础。

1986 年，“中国农村健康保险试验研究项目”正式列入世界银行第二批对华贷款项目。为加强对农村医疗保险制度试点工作的领导，卫生部成立了由陈敏章副部长担任组长的专门领导小组，同时把试点工作列为“七五”期间卫生系统的重点科研课题之一。承担该课题研究的是来自四川省卫生厅、上海医大、华西医大和美国兰德公司的专家，眉山、简阳两县也有代表参加。兰德公司的专家不仅参与了调查，而且参与了方案的设计与评估。[162]

“中国农村健康保险试验研究项目”是农村医疗卫生领域第一个干预性试验，分为两阶段完成。第一阶段，由中美双方社会医学、卫生统计、卫生事业管理及卫生经济领域的专家组成的工作组，经过 26 个月在简阳、眉山的调查研究，拿出了在农村推行健康保险的设计方案。于是卫生部在 1987 年又召开了一次“中国农村健康保险研讨会”。会上，卫生部的一位官员断言，“我国已经具备了发展社会医疗保险的群众基础和社会基础，我们完全有可能引进和借鉴国外健康保险的经验”[163]。

第二阶段前期（1987 年 4 月—1988 年 3 月），先在四个行政村进行先期试验；第二阶段后期（1989 年 1 月 1 日—1990 年 12 月 31 日），在 26 个行政村展开试验。该试验的干预性表现在，它在不同的行政村一共试验了七套不同的健康保险方案，并在一些行政村落先后试验了不同的方案，以检验各种方案的优缺点及可行性。

与传统合作医疗相比，“中国农村健康保险试验研究项目”有几个显著的不同点。第一，风险分担以乡为单位，而不是以行政村为单位，目的是使保险基金更加雄厚，加强风险承担能力。第二，在进行试验的地方，参与是自愿的，而不是强制的；但为了预防“道德风险”（moral hazard）和“逆选择”（adverse selection），参与者必须以家庭为单位，而不是以个人为单位。第三，保费由农村集体或农户承担，或两者分担。第四，兰德公司建议农村健康保险应以保大病为主，多保住院医疗费，少保门诊医疗费。[164]后面我们将会看到，虽然农村健康保险的思路最后被否决，但这个项目的以上四个特点还是影响了后来的其他改革思路。

在 80 年代后期，除了四川这两个中央政府抓的试点县外，各地还有一批健康保险实践的例子，如：上海金山县与湖北监利县的健康保险，四川省蓬溪县的防疫妇幼保险，安徽金寨县、山西省冀城县和江苏省响水县的母婴健康保险，山西运城的中小学生口腔保健保险等。[165]还有的地方，既试办一般健康保险，也试办单项保险，如江苏省金坛县。[166]1988 年 1 月，根据 20 个县 62 571 名农民基础情况调研，卫生部政策与管理研究专家委员会农村医疗制度研究组，按不同经济状况，设计出四种类型的农民健康保险模式，供各地参考。[167]其后，更多的地方开始对农村医疗保险制度进行探索。[168]

值得注意的是，虽然有人大力鼓吹个人出资参加不同档次和类别的保险，“从农村合作医疗向医疗保险制度”过渡[169]，但不少地方医疗保险的试验依然带有强烈的合作医疗的色彩。如浙江省余杭县、江苏省金坛县的医疗保险，集体出资达 90%以上，个人只是象征性地每年出一点钱。[170]这些地方把引入“医疗保险”概念看作为合作医疗“充实新内容”、“增强其活力”[171]。另外，还有一些地方仍然坚持合作医疗体制，如湖北省广济县，江苏省常熟市、太仓县，山东省招远县，以及上海市郊县等。[172]与此同时，当时中国农村的绝大多数地方实行的是自费医疗。

实践的多样性为探讨不同医疗筹资体制的优越性、可行性提供了可能。因此，在80年代下半叶，除了前面提到的有关健康保险的试点研究外，还出现了对不同医疗筹资体制的比较研究。如1987年，安徽医科大学与卫生部医政司联合在两省一市（湖北省、山东省、北京市）进行了合作医疗制度与自费医疗制度的配对调查研究。课题组在湖北省广济县、山东省招远及栖霞县、北京市昌平县选取15～20个合作医疗村，然后按配比条件（人均收入、文盲率、年龄构成、地形及民族因素），选择相应的自费村。该项目从居民卫生服务利用、健康状况、因病致贫情况、人均卫生费用、民意测验及村级卫生资源六个方面比较了合作医疗与自费医疗的差异。结果表明，19项指标中，合作医疗在15项指标上优于自费医疗。因此，绝大多数被调查农民赞成合作医疗，只有少数人赞成自费医疗。[173]

1988—1990年，卫生部政策与管理研究专家委员会成立了一个专门的课题组，利用在全国16个省的20个县抽样调查有关农村居民的医疗服务需求量、利用率、医药费用及其影响因素的数据，对农村几种医疗保健制度的可行性和有效性进行比较研究。该调查对合作医疗制度给予了充分肯定，提出了进一步巩固和发展农村合作医疗保健制度的政策和建议。[174]

除了这些大范围的调查研究外，还有一些小范围（地区、县、乡镇）的调查研究。这些研究都毫无例外地得出同样的两个结论：第一，合作医疗制度优于自费医疗制度；第二，绝大多数农民希望办合作医疗。[175]

1986年，在第39届世界卫生大会上，卫生部部长崔月犁代表中国政府做出了“2000年人人享有卫生保健”的承诺。[176]显然，如果农村大部分人自费医疗的局面不改变，要在十余年的时间里兑现这个承诺是不太可能的。前面提到的这些研究结果表明，只有恢复合作医疗，才能满足广大农民群众获得医疗预防保健服务的需求。为了让更多的人认识到这一点，长期从事农村医疗体制研究的安徽医科大学教授朱敖荣挺身而出，逐一批驳对合作医疗的种种责难，并把合作医疗陷入低谷的原因归结为“前一时期卫生领导部门把合作医疗定性为‘左’的产物，并广为宣传影响的结果”[177]。他用调查数据证明，合作医疗深受广大农村居民的支持；并据此要求卫生领导部门承认错误、改正错误，重新为合作医疗定性，明确有关支持合作医疗的政策。他同时反驳了“办合作医疗，已经过时了，实行健康保险才是‘世界潮流’”的说法，明确指出，合作医疗是符合我国国情的，中央应把它确定为中国农村医疗体制的基础。这并不妨碍吸取健康保险中一些管理方法上的长处，如推广母婴健康等单项保险，作为对合作医疗的补充。不过，这些单项保险，代替不了合作医疗对整个人群的医疗、预防、保健等的全局作用。[178]朱敖荣的呼吁得到民政部办公厅的呼应，因为该部对频繁出现的因病致贫现象最为了解。[179]

于是，我们看到，1988 年 10 月，在李鹏总理声明“实现人人享有卫生保健，是 2000 年我国社会经济发展总体目标的组成部分”的同时，他明确规定届时集资医疗保健覆盖率在贫困、温饱、宽裕和小康地区分别应达 50％、50％、60％、60％。1990 年，政府又出台《关于我国农村实现“2000 年人人享有卫生保健”的规划目标（试行）》，其第一阶段（1989—1990 年）的目标是恢复和健全农村集资医疗保健制度，作为防止“因病致贫”的制度保障。[180]不过，这里“集资医疗”仍是个模糊的概念，它可能包括合作医疗，又有避免使用“合作医疗”之嫌。

如果说，在 80 年代末，朱敖荣要求恢复合作医疗的立场还受到某些人质疑的话，到 90 年代开始的时候，面对 90％以上的农民没有任何医疗保障的局面，关心农村医疗卫生问题的人中开始逐渐形成两个共识：第一，自费医疗不仅剥夺了贫困农村居民获取基本卫生服务的机会，而且带来严重的因病致贫问题。[181]第二，健康医疗保险的思路不适合中国农村，因为保险公司认为利润少而不感兴趣，农民又不信任保险公司，嫌其手续繁杂、难以理解。[182]

与此同时，《人民日报》等中央媒体收到大量农民来信，呼吁恢复和重建合作医疗体制。在这种背景下，卫生部、农业部、国家计委、国家教委、人事部联名给国务院发了一份《关于改革和加强农村医疗卫生工作的请示》，其中明确提出“稳步推行合作医疗保健制度，为实现‘人人享有卫生保健’提供社会保障”。1991 年 1 月 17 日，国务院对该请示报告表示同意，但未加评语便转发给各省市。1991 年 3 月 25 日，国务院总理李鹏在《关于国民经济和社会发展十年规划和第八个五年计划纲要的报告》中明确提出“在农村继续推行集资办医与合作医疗保险制度”[183]。1991 年 4 月，国务院副总理邹家华针对广大农村严重缺医少药的状况，在一次会议上，大声疾呼，“现在，农民看病困难得很！一定要下大力气，尽快把农村合作医疗恢复起来，保障农民的身心健康”[184]。1991年全国卫生工作会议把加强农村卫生工作确定为卫生工作三个战略重点之一，并承认：“在过去一段时间，尤其在农村经济体制变革后，没有及时地强调坚持集体互助福利制度和三级医疗预防保健网的网底建设，致使农村卫生大为削弱，城乡差别进一步扩大，不少农村卫生机构与合作医疗解体，预防保健受到严重影响”，似乎是回应朱敖荣的批评。这次会议要求“今后要总结合作医疗的历史经验，广泛开展城市对农村的技术支援，落实乡村医生报酬，引导村卫生室以集体办为主”。当年11月底召开的中共十三届八中全会通过的《中共中央关于进一步加强农业和农村工作的决定》也提出，抓紧农村医疗卫生网建设，建立健全合作医疗制度。[185]

值得注意的是，“合作医疗”的字眼又频繁出现在中央文件中，这有助于结束有关合作医疗长达数年的分歧争论。但同时出现在中央文件中的还有“集资办医与合作医疗保险制度”这种语焉不详的词组。这暗示，当时中央决策者还在犹豫，徘徊在合作医疗与健康保险之间，希望找到某种方式把两者结合起来。[186]

无论如何，中央的这种表态为合作医疗的倡导者提供了机会。前卫生部部长钱信忠在1991年底借《中国农村卫生事业管理》创刊十周年之机，题词“重振合作医疗保健制度”；该刊物更强调这是“方向性的问题”[187]。在同一期刊物里，朱敖荣教授和他的同事们也发表了一篇文章，公开说“我们在这里代表9亿多农民真诚地、迫切地向党中央和国务院的领导同志提出，希望把关系9亿农民群众生老病死的合作医疗保健制度问题，要像以往对计划生育、教育、科技等问题同样重视，做出决定通知各级党政领导，切实地把全国的合作医疗保健制度，抓紧办好”。在这篇文章里，朱敖荣教授再次指出，合作医疗与健康保险有“原则区别”，并建议统一使用“合作医疗保健制度”，替代“合作医疗保险制度”的提法。[188]他们之所以在这里直接向党中央、国务院呼吁，是因为他们知道，当时的卫生部领导往往“过分强调无决策权，采取消极等待态度”[189]。要恢复合作医疗，仅有卫生部领导转变想法还不够，还必须得到党中央、国务院的明确支持。

为了修复合作医疗这个农村医疗卫生体制的“网底”，中央政府1991年拨出专款2 000万元，对农村合作医疗进行扶持。次年，此项款额增至

7 500 万元。据统计，全国 28 个省市两年从地方财政中增拨专项经费 25 亿元。财政资金的投入为奄奄一息的农村合作医疗注入了强心剂。因此，1992 年合作医疗出现了一个“小阳春”（见图 6—1）。[190]

可惜，好景不长。1992 年邓小平南方谈话以后，市场导向的改革再次占上风。当年 9 月卫生部出台了《关于深化卫生改革的几点意见》，把医疗改革的重点放在“积极推广形式多样、项目不同、标准有别的医疗保险制度”上。“在农村，要大力推行合作医疗保险制度。”[191]卫生部政策法规司司长支峻波说得更明白，“总体说来，我国必须走医疗保险的路子，这是世界上一百多个国家都走的路子，当然做法有所不同，但基本的路子必须这样去走”[192]。结果，合作医疗的覆盖面迅速萎缩（见图 6—1）。

在其后十年里，这种反复不断出现。1993 年 11 月，中共中央在《关于建立社会主义市场经济体制若干问题的决定》中提出，要发展和完善农村合作医疗制度，“农村健康保险”的提法已被悄然放弃。当年，国务院研究室和卫生部在全国范围内进行了广泛的调查研究，提出了《加快农村合作医疗保健制度的改革和建设》的研究报告。1994 年 7 月 2 日，国务院研究室主任袁木和卫生部部长陈敏章联名在《人民日报》上发表文章，披露了这份报告的内容。这份报告指出，当时“离 2000 年只剩下 7 年时间了，要在短短的时间内，在经济发展相对落后的农村，使目前以自费医疗为主的绝大部分农民享有基本医疗保健，任务非常艰巨”。因此，“在广大的农村建立和完善合作医疗保健制度，是保证实现主述预期目标的重要条件之一”。该报告设定的目标是，“九五”期间（1996—2000 年），争取全国农村合作医疗保健覆盖率达到 50％ 以上。这是一个雄心勃勃的目标，因为当时的覆盖率低于 10％。那么如何解决筹资问题呢？该报告的回答是“建立国家、集体、个人共同投入的筹资机制”。问题是到底“国家”如何“共同投入”，是否投入合作医疗，该报告没有详细交代。[193]此前不久，李鹏总理在八届全国人大二次会议上倒是说得较清楚，“采取自愿和互助相结合的办法，发展农村合作医疗制度”[194]。看来，国家还没有准备参与农村合作医疗的筹资机制。

从 1994 年到 1996 年，国务院研究室与卫生部一起，继续对合作医疗进行专题调研，抓了 7 个省 14 个县、特别是河南开封县和林州市的试点。国务委员彭珮云也参与其中，先后到江苏、河南的几个县市，对合作医疗进行了调查研究，并写了考察报告。党中央、国务院主管农村工作的姜春云、温家宝、陈俊生对这个报告都作了批示，表示赞成积极稳妥地推动合作医疗健康发展。李鹏总理等中央领导也作了重要指示，要求卫生工作真正做到以农村为重点，逐步发展与完善合作医疗，解决好农民的医疗保健问题。1996 年 7 月，卫生部在试点之一的河南林州市召开全国农村合作医疗经验交流会，国务委员彭珮云到会讲话。该会的主要目的是提高对合作医疗的重要意义的认识，统一思想，明确方向。为了达到认识统一，彭珮云有针对性地批评了四种错误，即：把合作医疗看成"左"的路线的产物予以否定；怀疑搞合作医疗是否与市场经济合拍；基层干部对办合作医疗有畏难情绪，缺乏积极性；担心组织、引导农民出资办合作医疗，会被认为是加重农民负担。[195]卫生部部长陈敏章也在这次会议上作了讲话，他指出，"中央关于发展和完善合作医疗的方针已非常明确，合作医疗不是要不要办的问题，而是如何落实如何办好的问题；要把发展和完善合作医疗，作为当前农村卫生工作的首要问题来抓"。如何抓？陈敏章很清楚，"筹资是合作医疗的重点和难点"。但这时的指导思想依然是"走以个人投入为主，集体扶持，政府引导、支持的路子"[196]。

这次会后，有 19 个省、自治区、直辖市共选择了 183 个县（市、区）作为省级合作医疗试点；许多地区还选定了一大批地市级的试点县。一时间，农村合作医疗似乎出现了良好的发展势头。[197]到 1996 年底，全国开展合作医疗的行政村已上升到 17.59 %，比上年增加了 6.41%，达到 1983 年以来的最高水平（见图 6—1）。[198]

紧接着，合作医疗又获取了新的发展动力。中共中央、国务院于 1996 年 12 月在北京召开全国卫生工作会议，这是建国以来规格最高、层次最高的全国性卫生工作会议，中共中央总书记和国务院总理都出席了大会，并讲了话。江泽民在会上指出：现在许多农村发展合作医疗，深得人心，人民群众把它称为"民心工程"和"德政"。看来，加强农村卫生工作，关键是发展和完善农村合作医疗制度。这是长期实践经验的总结，符合中国国情，符合农民愿望。要进一步统一认识，加强领导，积极稳妥地把这件事办好。李鹏在讲话中也强调农村合作医疗制度是一种具有中国特色的农村基本医疗保障制度，这是一件涉及党群关系、农村经济发展和社会稳定的大事，一定要把它办好，要通过深化改革加以解决，使合作医疗得以坚持和发展。[199]

全国卫生工作会议后，中共中央、国务院于1997年1月15日作出了《关于卫生改革与发展的决定》，明确表示，国家鼓励全国各地农村本着民办公助和自愿参加的原则，以农民自筹资金为主，集体扶持，各级政府给予适当的支持，建立和发展农村合作医疗制度。“力争到2000年在农村多数地区建立起各种形式的合作医疗制度，并逐步提高社会化程度”[200]。为了贯彻中共中央、国务院《关于卫生改革与发展的决定》，卫生部、国家计委、财政部、农业部、民政部于1997年3月13日制定了《关于发展和完善农村合作医疗的若干意见》；5月28日，国务院向全国批转了这份文件。为推动各有关方面积极贯彻，卫生部于1997年11月7日又发出了《关于进一步推动合作医疗工作的通知》，并附发了《农村合作医疗基本情况年度报表》，要求已开展合作医疗的县级卫生行政部门填写，由省级卫生行政部门汇总上报。[201]

从1996年中至1997年中，中国政府为恢复与发展合作医疗动作频频，希望掀起重建合作医疗的高潮，并为此提出了很高的目标。但结果并不理想。到1997年底，合作医疗的覆盖率仅占全国行政村的17%，比一年前还略低一点，农村居民参加合作医疗的比例仅为9.6%。卫生部1998年进行的“第二次国家卫生服务调查”显示，全国农村居民中参加合作医疗的比重仅为6.5%。[202]

在1996—1997年以后，政府对合作医疗的支持已毋庸置疑，为什么合作医疗仍然难以恢复呢?

表层的原因是，与合作医疗相关的各项政策相互抵触。90年代，国家明文规定，向农民征收各种“村提留”和“乡统筹”总额不得超过农民人均收入的5%。但农村向农民征收的费项较多，很容易超过5%这一上限。合作医疗出现1992年“小阳春”后，中共中央办公厅、国务院办公厅于1993年7月发布了《关于涉及农民负担项目审核处理意见的通知》，要求取消农村37项收费和43项要求农民出钱、出物、出工的达标升级活动，其中包括“乡村医疗卫生机构建设集资”、“乡村医生补助”、“初级卫生保健达标”、“合作医疗卫生建设达标”。[203]结果，不少地方把筹集合作医疗费当作“加重农民负担”的“乱收费”取消了，给刚刚出现恢复苗头的合作医疗浇了一盆冷水。1994年，农业部、财政部、卫生部等五部委在山东召开的全国农村卫生工作会议上，传达了李鹏总理和朱镕基副总理的指示，农村初级卫生保健工作和合作医疗不是增加农民负担，相反是保护农民身体健康，缓解农民因病致贫，是减轻农民负担。这项工作只能加强不能削弱，并要求各级政府在财力可能的范围内要增加对农村卫生的投入。[204]

谁料到，几年后，这种局面再次出现。1997 年中央充分肯定了合作医疗，希望大力重建合作医疗。但 1999 年 7 月，为了减轻农民负担，国务院办公厅转发了农业部、监察部、财政部、国家计委、法制办《关于做好当前减轻农民负担工作的意见》。农业部等五部委发出通知，“严禁向农民非法集资和摊派”，“合作医疗……不得强行推行”[205]。2000 年 4 月，五部委再次发出通知，指出“乱集资仍很突出”，并批评“合作医疗集资在一些地方仍未禁止”[206]。这份通知也是由国务院办公厅转发的。当合作医疗筹资被当作“乱收费”时，鼓励发展合作医疗就变成了无法操作的一句空话，因为政府政策的相互矛盾让农村基层干部无所适从，失去了工作动力，同时也极大地动摇了农民对政府政策的信任。在这种局面下，合作医疗受挫就不奇怪了，连国务院研究室和卫生部的合作医疗试点、河南省开封和林州两市的合作医疗也被迫停办了。[207]2000 年 10 月公布的《中共中央关于制度国民经济和社会发展第十个五年计划的建议》干脆不提“合作医疗”，在实际执行政策的乡村两级干部中，这也造成了思想上的混乱。[208]

鼓励重建合作医疗的是中央政府，禁止为合作医疗强行集资的也是中央政府。看来，当时的中央政策陷入了深深的矛盾。但这种相互冲突的政策只能被称为“表层原因”，因为即使政府各部门高度一致，合作医疗集资畅通无阻，合作医疗也未必能推广开来。1996—1997 年重建合作医疗的高潮时期，其覆盖面也低于 20％就是一个明证。

深层的原因说起来也很简单，在没有集体经济支撑的农村社区，旧式的合作医疗模式——也就是靠农民自己集资办的合作医疗——已不再广泛适用。卫生部一度热心推广的农村健康保险之所以无疾而终，道理就在于此。但政府当时似乎并没有认识到这一点。90 年代初，政府重新肯定合作医疗，看重的是它对政府财政没有依赖性。那时也是中央财政最困难的时候。因此，1996 年以前，中央文件有关合作医疗筹资渠道的表述是

“个人投入为主，集体扶持，政府引导、支持”。1997年，中共中央、国务院《关于卫生改革与发展的决定》对这个以往的标准表述作了一个不起眼但意义重大的改变：“举办合作医疗……筹资以个人投入为主，集体扶持，政府适当支持”。但这时如何给予合作医疗“适当支持”还不明确，政府大概还是希望最好不需要政府的财政支持。实际上，国家财政在卫生事业费方面用于农村合作医疗的补助费也确实少得可怜，1999年仅有3 500万元，9亿农村居民平均每人0.38元。[209]问题是，没有政府的财政支持，想在全国范围内像以前那样普及合作医疗制度几乎是不可能的。中央政府最后转变立场，下决心从财政上支持合作医疗，还需要两方面的变化：一方面是政府产生用财政支出资助合作医疗的意愿；另一方面是政府具备财政能力资助农村合作医疗。

到90年代，政府已经认识到重建农村合作医疗的必要性，只是还存在不需政府财政支持就能恢复合作医疗的幻想。打破这层幻想的是一系列对贫困地区合作医疗的调查与干预性试验。如果说，80年代各地的实践和试验有助于政府认识到重建合作医疗的必要性的话，90年代各地的实践与试验则告诉政府：在新形势下，传统合作医疗模式存在严重的不足；除非政府财政参与，否则永远也不可能实现“到2000年在农村多数地区建立起各种形式的合作医疗制度”的目标。

在这些调查与试验中，影响较大的包括以下几个项目：

“中国农村健康保险试验研究项目”：该项目在世界银行卫生贷款的支持下，由卫生部与美国兰德公司合作，于1985—1991年间在四川简阳、眉山两县农村进行。它发现“收取保险费的标准，可确定在农民人均收入的1%～2%之间”，但“保险费的筹集十分困难”。该项目报告因此建议“应研究如何贯彻国家、集体、个人三才分担，而以个人为主筹集的原则”[210]。

“中国农村合作医疗保健制度改革”：该项目由国务院政策研究室、卫生部和世界卫生组织于1993—1998年在全国7个省的14个县进行，其基本目标是为国家制定农村合作医疗的相关政策提供一定的依据。在1993—1994年间，国务院研究室和卫生部已对合作医疗进行了政策研究，又称为合作医疗的第一阶段研究。那时，课题组已建议中央和各级政府设立农村合作医疗专项基金，随着综合国力的增强，将该项资金逐步纳入财政预算，作为国家对农村卫生社会福利的一部分。

1994—1998年的研究被称为合作医疗的第二阶段研究，其步骤是首先对项目县进行基线调查，在此基础上提出改革试点方案，再回到现场进行验证。该项目的干预性表现在，项目县由县或乡财政直接为合作医疗参加者每人每年支付某一确定数量的资金。研究发现，如果不增加国家、集体对合作医疗保险的投入，合作医疗就有滑坡的危险；反之，政府与集体资金的支持会增加农民参与合作医疗的积极性。[211]

该项目报告最引人注目的结论是“政府对合作医疗负有资金投入的责任”。传统合作医疗的资金主要由农民个人和集体经济投入组成，而且以后者为主。家庭联产承包制的实行，使依靠集体经济投入才得以维持运行的合作医疗失去了主要经费来源，纷纷解体。在这种时代背景下，该项目提出，必须构建合作医疗资金筹集的新机制，即建立一个以个人为主、集体扶持、政府支持、社会赞助的资金筹集机制。项目报告把政府资金的介入看作合作医疗改革的重大突破，它标志着合作医疗已由单纯的、民间自发行为转变为政府支持引导的农村健康保障制度。报告认为，政府目前有没有能力投入与政府该不该投入是性质不同的两个问题，不能因为目前没有能力而否认或回避应承担的责任。[212]报告还考虑到地区差距的政府投入的影响，“经济发达地区农村政府投入引导资金尚比较可行，但经济落后地区从县乡政府中设立合作医疗经费专款则相当困难”。因此，报告认为，“财政计划的完善和上级政府财政对贫困地区的经济援助，是相对可行的途径”[213]。

“中国农村贫困地区卫生保健筹资与组织”：在卫生部、联合国儿童基金会及世界银行的领导与资助下，中国卫生经济培训与研究网络和美国哈佛大学合作于1992—2000年间进行了这项课题的研究。该项目第一阶段（1992—1996年）先在全国14个省114个县进行基线调查，了解中国农村贫困地区卫生保健现状；之后，又对其中10个省30个县的180个乡进行了深入的调研。第一阶段产生的研究成果（尤其是改革建议）对1997年研究制定《关于卫生改革与发展的决定》及其他加强农村卫生工作的政策产生了一定的影响。为了取得这些政策建议的实施经验，该项目于1997—2000年进入第二阶段——大规模干预试验，在8个省10个国家级贫困县的23个乡镇开展了多种形式的合作医疗试点工作。调研发现，在这些贫困地区，大多数农户表示最多能为其家庭支付年人均低于 10 元的合作医疗经费。显然，要靠微薄的个人筹资在贫困地区推行合作医疗是十分困难的。[214]同时调研发现，农村居民认为国家、集体、个人都应当为合作医疗筹资承担一定的比例，其中选择以国家投入为主的比例最高。[215]为了测试政府财政补贴的作用，卫生部 1999 年成功地说服财政部给该项目拨款 100 万元，从而可以拨给各县 10 万元启动基金，并要求省、市、县、乡四级政府相应投入配套经费。[216]政府财政资金的注入对项目顺利运行起到了相当大的促进作用。基于试点的经验教训，该项目组提出了以下政策建议：(1) 政府必须给予财政支持以帮助那些贫困农民参加合作医疗；否则，“政府支持合作医疗”的说法无异于一句空话。(2) 举办合作医疗应坚持“以家庭为单位，农民自愿参加”的原则，以防止逆向选择，即健康者不参加合作医疗、有病的参加合作医疗。(3) 重点应放在建立以县为基础的抗大病风险的合作医疗制度上，防止贫困地区农民因病致贫和因病返贫。[217]

“市场经济条件下合作医疗制度改革与发展”：卫生部基层卫生与妇幼保健司、联合国儿童基金会在 1999 年进行了这项研究。该研究分析了社会主义市场经济条件下合作医疗的性质，实施合作医疗的必要性、可行性及主要障碍。它得出的一个重要结论是：财政投入设立专项基金是农民医疗保障可持续的关键。[218]

“中国农村合作医疗最佳实践模式”：这是由世界卫生组织、联合国计划开发署和中国卫生部规划财务司、基层卫生与妇幼保健司在 2000—2002 年共同合作研究的项目，主要集中在合作医疗搞得比较好的典型上，如上海嘉定、江苏昆山、贵州独山、湖北武穴等。该项目报告批评“改革开放 20 年来，从中央到地方的决策思想中都没有把建设农村社会安全网的发展作为政府应当承担的基本政策目标之一”。它将发展合作医疗定义为“政府行为”。因此，各级财政都应该在合作医疗筹资中发挥作用，尤其应强调中央政府支持合作医疗的财政力度，使合作医疗能可持续运行。同时，它也建议，“居民以家庭为单位自愿参加”[219]。

“加强中国农村贫困地区基本卫生服务项目”：这是由世界银行贷款、中国政府于 1998—2005 年间实施的项目（卫生Ⅷ项目），覆盖中西部 7 省（区）71 个国家级和省级贫困县，“支持建立和完善农村合作医疗制度”是项目的重要领域之一。项目的合作医疗中央专家组进行了一系列相关的课题研究，得出了以下主要结论：(1) 改善农村贫困地区基本卫生服务不仅要从供方入手，提高医疗卫生机构服务能力，更重要的是提高需方医疗卫生服务的购买力，最有效的办法是建立农民基本医疗保障制度。(2) 在多种医疗保障办法中，合作医疗构成农村贫困地区农民基本医疗保障制度。(3) 传统的合作医疗与农村社会经济的发展不相适应，存在着体制上、政策上及社会心理方面的障碍，必须在市场经济条件下建立与完善新时期的合作医疗制度。在专家组的建议下，项目利用英国国际发展部的赠款，在重庆、甘肃的 5 个县按参加合作医疗农民每人每年给予 10 元补助的形式，模拟政府投入，进行合作医疗。试点工作在重庆的巫溪、黔江取得成功，表明政府投入是开展合作医疗的必要条件之一。[220]

除了以上试验项目外，中国还一直在西藏实行不同的农村医疗体制。1997 年前，在中央政府的直接支持和补助下，西藏自治区的居民（包括农牧民）可享受公立医疗机构的免费卫生保健服务。1997 年后，西藏开始进行卫生筹资改革。自治区政府利用以前直接拨给卫生服务提供者的中央政府补助，建立了乡镇合作医疗基金，政府用这些基金为每位农牧民平均投入 15～30 元。家庭也要求投入合作医疗基金，他们人均支付 10～20 元（为其年人均收入的 1.5%～3%）。对那些无力支付合作医疗基金的贫困家庭，县、乡政府和村组织根据一个特定的比例共同承担其合作医疗基金。这种体制覆盖了全区大多数县、乡，部分县的乡、村覆盖面已达 100%。西藏的经验表明，即使在贫困地区，只要有政府强有力的财政支持，农村贫困地区也可以普及农村合作医疗制度。[221]

以上所有试验项目与西藏的经验都指向一个结论：要建立和维持广泛覆盖的农村合作医疗体制，就必须有政府的财政支持。同时，政府派往其他国家的考察团报告，其他第三世界国家的经验也表明，发展农村医疗卫生事业，政府财政支持不可或缺。[222]这一切都彻底打破了以“个人投入为主”重建合作医疗的幻想。

早在 1993 年，安徽医科大学卫生管理学院院长朱敖荣教授就发表文章建议，合作医疗经费应由国家、集体、个人共同分担，中央和地方政府每年应从财政收入中适当拨出专款用于合作医疗基金，国家的比例还应逐步增加。[223]朱教授的建议得到了全国政协常委、对外经济贸易大学校长田光涛的呼应，田光涛 1994 年 6 月 30 日在八届政协第七次常委会上建议：

政府应把建立和完善合作医疗制度当作一件大事来抓，中央和各省、市、自治区应设立“农村合作医疗专项基金”，中央财政每年再拿出一定资金，用于“老少边穷”地区“兴办合作医疗的补助资金”及“农村合作医疗专项启动资金”，对全国进行政策性引导。他同时建议，在国务院支援不发达地区专项资金和扶贫专款中，列出卫生扶贫项目。[224]1995 年 3 月，著名胸外科专家邵令方在全国政协八届三次会议上也发出了同样的呼吁。他指出，“在社会主义市场经济条件下，原来的合作医疗制度因不适应形势已完全解体。要因地制宜建立适合当地经济条件的新型合作医疗制度，关键是筹措资金和管理问题，要建立国家、集体、个人和社会捐助的筹资机制”[225]。他大概是最早提出“新型合作医疗”这个概念的人。1996 年以后，在研究农村医疗卫生体制的领域里已逐渐形成一个共识：合作医疗的普及有赖于中央和地方政府的财政支持。

然而，又过了 6 年以后，这个共识才变为政府的政策。其中原因何在呢？这就不能不涉及政府是否具备资助农村合作医疗的财政能力。在朱敖荣、田光涛、邵令方提出他们建议的那几年，中国政府正在经历最可怕的财政危机。政府财政能力的变化超出本文的范围，我们不作详细讨论，此处只需指出，以“放权让利”为思路的早期改革严重侵蚀了政府的财政基础。到 90 年代初，政府财政收支占 GDP 的比重已从改革开放前的 31%骤降到接近 10%（见图 6—3），而中央政府财政收支占 GDP 的比重只有 5%左右。[226]那时，即使政府明知自己对农民的健康保障负有不可推卸的责任，它也不具备资助合作医疗的财政能力。后来，政府承认，“政府财政困难是合作医疗筹资难的主要原因”[227]。当时，学术界反对开展农村医疗保障的意见也认为，“由于国家财力有限，城镇医疗保障制度建立起来都十分困难，不可能指望国家财政的力量建立农村医疗保障制度”[228]。

为了扭转“两个比重”（政府财政收入占 GDP 的比重、中央政府财政收入占政府财政总收入的比重）不断下滑的危险趋势，中国政府于 1993 年底下决心改变财政体制。1994 年开始实施的分税制改革迅速提升了政府尤其是中央政府的财政能力。图 6—3 描绘了中国政府财政收支变化的轨迹。很显然，财政收入占 GDP 的比重在 1995 年跌至谷底后迅速回升，到 2003 年前后已升至 15%以上；中央政府财政收入占 GDP 的比重也升至 9%左右。

图 6—3　中国政府财政收支占 GDP 的比重

到这时，政府不仅具有了资助合作医疗的意愿，也具备了资助农村合作医疗的财政能力。政府合作医疗政策的重大转折出现在此时就不奇怪了。

2002 年 10 月 19 日，中共中央、国务院发出了《关于进一步加强农村卫生工作的决定》。中共中央、国务院专门制定下发有关加强农村卫生工作的决定，是新中国成立以来第一次。该《决定》明确提出“逐步建立新型农村合作医疗制度”，希望“到 2010 年，新型农村合作医疗制度要基本覆盖农村居民”。为了实现这个目标，“从 2003 年起，中央财政对中西部地区除市区以外的参加新型合作医疗的农民每年按人均 10 元安排合作医疗补助资金，地方财政对参加新型合作医疗的农民补助每年不低于人均 10 元”。至于“农民为参加合作医疗、抵御疾病风险而履行缴费义务”，则“不能视为增加农民负担”。此外，《决定》还承诺“对农村贫困家庭实行医疗救助”，“医疗救助资金通过政府投入和社会各界自愿捐助等多渠道筹集”[229]。

2002 年 10 月 29 日至 30 日，在北京召开了建国以来第一次由国务院召开的专题研究农村卫生工作的会议。国家主席江泽民致信会议并对农村卫生工作作出重要指示，国务院副总理李岚清、温家宝分别在会上讲了话。此外，会议还根据《决定》精神，起草出台了7个配套文件。[230] 2003年1月16日，国务院办公厅转发了卫生部、财政部、农业部的《关于建立新型农村合作医疗制度的意见》，要求从2003年起，各省、自治区、直辖市至少要选择2～3个县（市）进行新型合作医疗试点，取得经验后逐步推广开。随即，国务院成立了以吴仪副总理为组长的新农合部际联席会议，并按照经济社会发展的地区差异，首先选取东西南北的浙江、云南、湖北和吉林四个省份进行了试点，后又陆续在全国开展试点工作。从此开始，中国农村合作医疗制度的发展进入了一个全新的阶段——新型农村合作医疗制度阶段。

与传统合作医疗制度比较，新型合作医疗制度有以下几个不同点：

一是改变了合作医疗的性质。新型合作医疗是政府主导下的农民医疗互助共济制度，由政府组织、引导、支持；而过去的合作医疗则主要依靠乡村社区自行组织。

二是加大了政府的支持力度。新型合作医疗的资金，主要靠以政府投入为主的多方筹资，中央和地方财政每年都要安排专项资金予以支持；而过去的合作医疗资金，主要靠个人缴纳和村级集体经济补贴，政府各级财政不负筹资责任。

三是突出了以大病统筹为主。新型合作医疗的重点是解决农民因患大病而出现的因病致贫、因病返贫问题；而过去的合作医疗主要解决小伤小病问题，抗风险能力差。

四是提高了统筹层次。新型合作医疗实行以县为单位进行统筹和管理的体制，互助共济的作用较大；而过去的合作医疗一般都以村为单位统筹，少数以乡为单位统筹，互助共济的能力较小。

五是同步推进医疗救助制度的建立。设立由政府投资和社会各界捐助等多渠道筹资的专项基金，对农村贫困家庭和五保户进行医疗救助。[231]

显而易见，新型合作医疗较之传统的合作医疗更适合市场经济条件下的中国农村。同时也很清楚，新型合作医疗的特征正是过去十几年实践和试验的结晶。实践证明，失去集体经济依托以后，传统合作医疗已经变为无源之水、无本之木，无论政府如何推动，都不可能大面积重建。试验证明，健康保险无法为全体农村居民提供医疗保障，充其量只能作为医疗保障网的补充；而政府财政资金的参与可以为合作医疗注入新的活力。

当然，新农合并不完美，而且问题很多。因此，探索并没有停止。为了确保新型农村合作医疗的健康发展，中央政府在启动之时就明确要求各地要本着因地制宜、分类指导、真正让群众受益的原则，先行试点，总结经验，逐步推广。根据进展情况，2005 年 9 月召开的全国新型农村合作医疗试点工作会议决定，到 2008 年在全国农村基本建立新型合作医疗制度，比原定于 2010 年实现的时间目标提前两年。政府财政对参加合作医疗农民的补助标准也在原有每人每年 20 元的基础上增加到 40 元。[232]在 2008 年 2 月召开的全国新型农村合作医疗工作会上，中国政府又决定，从当年起，各级财政对参合农民的补助标准将提高到每人每年 80 元，把补助标准再翻一番。[233]截至 2008 年底，全国开展新农合的县（市、区）数达到 2 729 个，覆盖了全国所有含农业人口的县（市、区），参合农民 8.15 亿人，参合率 91.5%，提前两年实现了中央确定的“到 2010 年新农合制度要基本覆盖农村居民”的目标[234]，也超过传统合作医疗巅峰时期的 85%的参合率。[235]至此，经过近 60 年的发展，几经周折，合作医疗终于达到了历史的最高点。

在 2009 年 1 月 21 日召开的国务院常务会议上，中国政府决定，到 2010 年将新农合的补助标准提高到每人每年 120 元，目的是到 2011 年基本医疗保障制度全面覆盖城乡居民，基本医疗卫生可及性和服务水平明显提高，居民就医费用负担明显减轻，“看病难、看病贵”问题明显缓解。[236]

小 结

通过梳理农村医疗融资体制在过去 60 年里的演化过程，我们看到，中国农村的医疗融资方式走过了自费医疗、传统合作医疗（集体投入为主）、新型合作医疗（国家补贴为主）三个阶段。虽然农村医疗融资只是中国体制中很小的一个组成部分，但“麻雀虽小、五脏俱全”，我们既不可能也没必要解剖天下所有的“麻雀”。本文试图用“解剖”一只“麻雀”

的方式了解中国的决策者与政策倡导者如何利用实践与试验进行学习，获取必要的经验教训，以调整政策目标和政策工具，回应不断变化的环境。

表 6—2 从学习的推动者与学习源两个向度归纳出中国在该领域的政策/体制学习模式。

表 6—2　中国的政策/体制学习模式（农村医疗融资）

学习的推动者	学习源	
	实践	试验
决策者	√山西省高平县米山乡的经验（1955） √河南省遂平县嵖岈山卫星人民公社的经验（1958） √山西省稷山县的经验（1959） √湖北省长阳县乐园公社的经验（1968） √国务院研究室、卫生部“中国农村合作医疗保健制度改革”项目（1993—1994） √卫生部规划财务司、基层卫生与妇幼保健司“中国农村合作医疗最佳实践模式”项目（2000—2002）	√卫生部“中国农村健康保险试验研究”项目（1985—1990） √国务院研究室、卫生部“中国农村合作医疗保健制度改革”项目（1994—1998）
政策倡导者	√两省一市合作医疗制度与自费医疗制度的配对调查研究（1987） √16 省 20 县农村医疗保健制度比较研究（1988—1990） √大批有关坚持合作医疗范例的调查研究（1985—2002） √中国卫生经济培训与研究网络及美国哈佛大学的“中国农村贫困地区卫生保健筹资与组织”项目（1992—1996） √西藏的经验（1997—2002）	√中国卫生经济培训与研究网络及美国哈佛大学的“中国农村贫困地区卫生保健筹资与组织”项目（1996—2000） √合作医疗专家组“加强中国农村贫困地区基本卫生服务”项目（1998—2005）

由表 6—2 我们可以做出以下七点一般性观察：

第一，在以往的 60 年里，基层的实践一直是最重要的学习源。50 年代最早出现的合作医疗范例均源自基层的实践，而不是决策者与专家的设计。“文革”中一度盛传，上海川沙县的“赤脚医生”和湖北长阳县的合作医疗都是“伟大领袖毛主席亲自抓的点”。实际上，它们都是基层实践在先、中央抓点在后。基层的实践为中央决策者和政策倡导者提供了灵感，是政策/体制演变的动力源。除了中国本土的实践以外，改革开放以后，中国也十分注重其他国家实践中的正反两方面经验教训。

第二，中国的体制允许实践的多样化是出现这种局面的前提。即使在“文革”最激进的时期，中国政府也从来没有要求全国采取同一种模式来实施合作医疗。不同地区及不同的县、公社、大队实行的合作医疗存在很大差别。不仅如此，即使在合作医疗发展的鼎盛时期，它也没有覆盖全国所有社队，因为政府从没有强求所有社队实行合作医疗。而实践的多样化为考察不同医疗筹资体制的优越性、可行性提供了可能。

第三，80年代以后，在小范围进行的、旨在发现有效政策目标、政策工具的干预性试验也变为重要的学习源。这类试验往往需要利用现代统计技术。

第四，80年代以前，学习的推动者主要是决策者。他们通过各级卫生行政部门、媒体的内部或公开的报道了解各地的实践。

第五，80年代以后，学习的推动者开始包括政策倡导者（包括中央政府部门、地方政府、国际组织、国内外学术机构等），他们在政策/体制变迁中发挥的作用也变得越来越大。有些时候会出现不同的倡导者同盟，各自推动不同的政策选项，如80年代有关合作医疗、健康保险的辩论。这表明中国的政治体制正变得越来越开放、越来越包容。

第六，随着学习源从基层实践扩展到系统的试验、学习推动者从决策者扩展到政策倡导者，中国体制的学习与适应潜力得到了进一步的增强。

第七，旧矛盾解决了，一定会出现新矛盾，学习与适应是永无休止的过程。相比八九十年代，新型合作医疗优势明显，但它还面临大量问题，中国在农村医疗融资方面的探索仍在继续。

实际上，对其他“麻雀”（其他政策/体制领域）的解剖应该可以印证以上七点观察，这从表6—3列举的例子可以看得很清楚。如果确实如此，我们对中国政治体制的认识便又加深了一步。德国学者韩博天认为“中央主导的政策试验”是一种中国“独特的政策过程”，它赋予中国体制超乎寻常的学习能力和适应能力，使它在急剧变化的环境里得以从容应对形形色色的挑战。而韩博天涉及的实际上只是四类学习模式中的第二类（见表6—1)。本研究证明，中国除了擅长“中央主导的政策试验”，也十分善于利用其他三类学习模式。换句话说，中国体制的学习能力和适应能力远比韩博天理解的要强得多。例如，韩博天断言，“中央主导的政策试验”在经济政策领域具有优势，但它无助于改善公共产品的提供，他还特别以基本卫生服务为例。[237]本研究证明，他这个判断过于武断；中国体制完全能够通过各类学习模式探索符合中国国情的医疗卫生体制以至整个福利体制。

受西方主流意识形态的影响，不少人以为划分政治体制的标准只有一个，即是否存在竞争性的选举。本研究告诉我们，世界上的政治体制也可以按是否具有学习模式、适应能力来划分。而学习模式的优劣、适应能力的强弱与有没有竞争性选举毫无关系。按照这个标准，中国的体制属于高适应性体制，而许多选战喧嚣的体制却只能归入低适应性体制。从动态的角度看，适应能力也许比什么都重要。不具备适应能力，富国可以变为穷国、强国可以变为弱国；具备适应能力，贫穷、落后的国家也可以逐步迈上繁荣昌盛、人民幸福的康庄大道。过去的 60 年里，虽然左一脚、右一脚，深一脚、浅一脚，但中国就是这么一步步蹚过来的。可以期待，未来中国还将这么一步步迈向社会主义的彼岸。

表 6—3　　中国的政策/体制学习模式（其他）

学习的推动者	学习源	
	实践	试验
决策者	√小岗村家庭联产承包责任制（1978） √四川广汉向阳人民公社变向阳乡人民政府（1980） √广西宜山合寨村 85 户农民，以无记名投票方式选举产生了我国第一个村民委员会（1980）	√四个经济特区（1979） √国家经委确定首都钢铁公司等 8 家大型国企进行扩大企业自主权试点改革（1979） √海南省被赋予“全国最优惠的开放政策和改革试验权”（1988）
决策者	√深圳竹园宾馆实行工资改革，在全国率先打破“大锅饭”（1982） √马胜利承包石家庄造纸厂，成为“国企承包第一人”（1984） √发展乡镇企业的苏南模式、温州模式（20 世纪八九十年代）	√按照“产权清晰、权责明确、政企分开、管理科学”的要求，在 100 家企业推进现代企业制度试点（1994） √在江苏镇江、江西九江开始职工医疗保险“社会统筹和个人账户相结合”的试点（1995） √上海浦东新区国家综合配套改革试验区（2005） √天津滨海新区国家综合配套改革试验区（2006）

续前表

学习的推动者	学习源	
	实践	试验
决策者	√福建三明市洪田村农民“均山、均利、均权”集体林权改革的“洪田方式”（1998） √浙江省财政管理的省管县模式（1992—2009） √22个省市的财政省直管县改革（2003—2009）	√重庆和成都联合获准成立“成渝全国统筹城乡综合配套改革试验区”（2007） √武汉城市圈和长沙、株洲、湘潭城市群成为“全国资源节约型和环境友好型社会建设综合配套改革试验区”（2007）
倡导者	√企业破产（1986） √四川省遂宁市步云乡直选乡长（1998） √成都市新都区木兰镇公推直选镇党委书记（2003） √云南省红河哈尼族彝族自治州在石屏县实行了乡镇长直推直选（2004） √哈尔滨、江苏无锡和浙江温岭等地的“参与式预算”（2005—2008） √江苏省邳州市开展民评官活动的“邳州试验”（2008） √黑龙江、安徽、大连“公示拟任制”（2008）	√四川在重庆钢铁公司、成都无缝钢管厂等六个企业进行扩大企业自主权的试点（1978） √山西省临汾市翼城县合法生育二胎试点（1985—2009） √海南率先进行省级机构改革试验，探索“小政府、大社会”社会经济管理体制（1988） √海南率先实行“公司法人注册登记制度改革”，推进企业规范化股份制改造（1993） √山东省青州市南张楼村“中德土地整理与农村发展”合作项目（1988—2009） √各类农村专业合作社（20世纪80年代至今） √在新疆阿勒泰和浙江慈溪进行的官员财产公示制度试点（2007）

注释

[1] 参见国家统计局：《中国统计摘要2008》，22、84页，北京，中国统计出版社，2008。

[2] 参见王绍光：《觉醒的工人与民主运动》，见贾浩主编：《八九民运与中国前途》，127～146页，华盛顿，中国问题研究中心，1990。

[3] 如“1989年春夏之交的那场政治风波”之后，身居美国的中国作家刘宾雁曾预测，中共体制将在3个月内垮台。

[4] 如 Jack A. Goldstone, “The Coming Chinese Collapse,” *Foreign Policy*, No. 99,

(Summer, 1995), pp. 35 - 53; Gordon G. Chang, *The Coming Collapse of China* (New York: Random House, 2001)。

[5] 参见国家统计局:《中国统计摘要 2008》, 22 页。

[6] Shang-Jin Wei, "Gradualism versus Big Bang: Speed and Sustainability of Reforms," *The Canadian Journal of Economics*, Vol. 30, No. 4b (Nov., 1997): 1234 - 1247; Trevor Buck, Igor Filatotchevb, Peter Nolanc and Mike Wright, "Different Paths to Economic Reform in Russia and China: Causes and Consequences," *Journal of World Business*, Vol. 35, No. 4 (Winter 2000): 379 - 400; Vladimir Popov, "Shock Therapy versus Gradualism: The End of the Debate (Explaining the Magnitude of the Transformational Recession)," *Comparative Economic Studies*, Vol. 42 No. 1 (Spring, 2000): 1 - 57.

[7] Joshua Cooper Ramo, *The Beijing Consensus: Notes on the New Physics of Chinese Power* (London: Foreign Policy Centre, 2004), http: //fpc. org. uk/fsblob/244. pdf (2009 年 4 月 19 日访问)。

[8] Justin Yifu Lin, "Development and Transition: Idea, Strategy, and Viability," Marshall Lecture, Cambridge University, October 31 - November 1, 2007, http: //www. ccer. edu. cn/download/8300 - 1. pdf (2009 年 4 月 19 日访问)。林毅夫在接受记者采访时坦承, 他是借用马歇尔讲座, 剖析"中国奇迹"。参见闵捷:《林毅夫: 在世界顶级经济学讲坛剖析"中国奇迹"》, 载《瞭望东方周刊》, 2007 - 10 - 26, 见 http: //www. ccer. edu. cn/cn/ReadNews. asp? NewsID=8292 (2009 年 4 月 19 日访问)。

[9] 参见姚洋:《是否存在一个中国模式》, 宁波市图书馆"天一讲堂", 2008 - 03 - 08, 见 http: //www. ccer. pku. edu. cn/download/8912 - 1. doc (2009 年 4 月 19 日访问)。

[10] Sebastian Heilmann, "Policy Experimentation in China' s Economic Rise," *Studies of Comparative and International Development* Vol. 43 (2008): 1 - 26; "From Local Experiments to National Policy: The Origins of China' s Distinctive Policy Process," *The China Journal*, No. 59 (January 2008): 1 - 30.

[11] Carl Folke, Johan Colding and Fikret Berkes, "Synthesis: Building Resilience and Adaptive Capacity in Social-ecological Systems," in Fikret Berkes, Johan Colding and Carl Folke, eds., *Navigating Social-ecological Systems: Building Resilience for Complexity and Change* (Cambridge University Press, Cambridge, 2003): 352 - 387.

[12] Herbert Simon, *Administrative Behavior: A Study of Decision-Making Processes in Administrative Organizations*, 4th ed. (New York: Free Press, 1997) .

[13] Douglass North, *Institutions, Institutional Change and Economic Performance* (New York: Cambridge University Press, 1990), p. 81.

[14] Hugh Heclo, *Modern Ssocial Politics in Britain and in Sweden* (New Haven, CT: Yale University Press, 1974).

[15] Lloyd S. Etheredge, "Government Learning: An Overview," in Samuel L. Long, ed., *The Handbook of Political Behavior*. Vol. 2 (New York: Plenum Press, 1981), pp. 73 - 161.

[16] Richard Rose, "What is Lesson-drawing?" *Journal of Public Policy*, Vol. 2, No. 1 (Jan. -Mar., 1991): 3 - 30.

[17] Hoberg, George, "Sleeping with an Elephant: The American Influence on Canadian Environmental Regulation," *Journal of Public Policy*, Vol. 11 (Jan. -Mar., 1991): 107 - 132.

[18] Peter J. May, "Policy Learning and Failure," *Journal of Public Policy*, Vol. 12, No. 4 (Oct. -Dec., 1992): 331 - 354.

[19] Harold Wolman, "Understanding Cross-National Policy Transfers: The Case of Britain and the United States," *Governance*, Vol. 5, No. 1 (Jan., 1992): 27 - 45.

[20] Peter A. Hall, "Policy Paradigms, Social Learning and the State: The Case of Economic Policy Making in Britain," *Comparative Politics*, Vol. 25, No. 3 (April 1993): 275 - 296.

[21] Paul A. Sabatier and Hank C. Jenkins-Smith, *Policy Change and Learning: An Advocacy Coalition Approach* (Boulder, CO: Westview, 1993).

[22] Heclo, *Modern Social Politics in Britain and in Sweden*, p. 305.

[23] Rose, "What is Lesson-drawing?" *Lesson-drawing in public policy: a guide to Learning across time and space*, chatham House Publishers, 1993; Hall, "Policy Paradigms, Social Learning and the State: The Case of Economic Policy Making in Britain," *Comparative Politics*, 1993 (3): 275 - 296; D. Dolowitz and D. Marsh, "Who Learn What from Whom: A Review of the Policy Transfer Literature," *Political Studies*, Vol. 44 (1996), p. 345.

[24] Sabatier and Jenkins-Smith, *Policy Change and Learning: An Advocacy Coalition Approach* (Boulder, CO: Westview, 1993).

[25] Ibid., p. 223.

[26] Donald Schön, *Beyond the Stable State* (New York: Norton, 1971), pp. 177 - 178; Douglass North, *Institutions, Institutional Change and Economic Performance*, p. 81. 有意思的是，自然生态系统的适应能力也取决于遗传多样性 (genetic diversity)、生物多样性 (biological diversity)、地形多样性 (the heterogeneity of landscape mosaics)。

[27] Everett Rogers, *Diffusion of Innovations*, 3rd ed. (New York: Free Press,

1983）.

［28］ Sebastian Heilmann，“Policy Experimentation in China’ s Economic Rise”；“From Local Experiments to National Policy” .

［29］ Dorothy Borg，“Chinese Health Work Progressing Despite War，” *Far Eastern Survey*，Vol. 9，No. 11（May 22，1940），pp. 132－134.

［30］ 黄庆林：《国民政府时期的公医制度》，载《南都学坛》（人文社会科学学报），2005（1），30～33页。

［31］ Ka-Che Yip，“Health and Nationalist Reconstruction：Rural Health in Nationalist China，1928－1937，” *Modern Asian Studies*，Vol. 26，No. 2（May，1992），p. 404. 同一年，一项关于16个省的统计发现，在全部1 098个县里，只有473个县政府对卫生有财政拨款。参见同一篇文章的412～413页。

［32］ 参见郝先中：《西医东渐与中国近代医疗卫生事业的肇始》，载《华东师范大学学报》（哲学社会科学版），2005（1），30页。

［33］ 参见吴郁琴、胡火清：《民国江西农村公共卫生事业进程（1928—1941）》，载《农业考古》，2006（3），295～298页。

［34］ Leonard S. Hsu，“Rural Reconstruction in China，” *Pacific Affairs*，Vol. 10，No. 3.（Sep.，1937），pp. 249－265.

［35］ 1935年，全中国平均每八万人才有一名西医，而全国约半数的西医在两个沿海省份的大城市里行医，即广东、江苏。参见 Ka-Che Yip，“Health and Nationalist Reconstruction：Rural Health in Nationalist China，1928－1937，” p. 398。

［36］ 参见陈志潜：《中国农村医疗——我的回忆》，成都，四川人民出版社，1998。

［37］ 关于“定县模式”，参见“A Rural Health Experiment in China：Milbank Memorial Fund Aids the Development of the Public Health Program in Ting Hsien，” *The Milbank Memorial Fund Quarterly Bulletin*，Vol. 8，No. 4（Oct.，1930），pp. 97－108；Hsun-yuan Yao，“The First Year of the Rural Health Experiment in Ting Hsien，China，” *The Milbank Memorial Fund Quarterly Bulletin*，Vol. 9，No. 3.（Jul.，1931），pp. 61－77；Hsun-Yuan Yao，“The Second Year of the Rural Health Experiment in Ting Hsien，China，” *The Milbank Memorial Fund Quarterly Bulletin*，Vol. 10，No. 1.（Jan.，1932），pp. 53－66；C. C. Ch'en，“Scientific Medicine as Applied in Ting Hsien：Third Annual Report of the Rural Public Health Experiment in China，” *The Milbank Memorial Fund Quarterly Bulletin*，Vol. 11，No. 2，（Apr.，1933），pp. 97－129；C. C. Ch'en，“An Experiment in Health Education in Chinese Country Schools，” *The Milbank Memorial Fund Quarterly*，Vol. 12，No. 3.（Jul.，1934），pp. 232－247；C. C. Ch'en，“Public Health in Rural Reconstruction at Ting Hsien：Fourth Annual Report of the Rural Public Health Experiment in China，” *The Milbank Memorial*

Fund Quarterly, Vol. 12, No. 4. (Oct., 1934), pp. 370 - 378; C. C. Ch'en, "The Development of Systematic Training in Rural Public Health Work in China," *The Milbank Memorial Fund Quarterly*, Vol. 14, No. 4. (Oct., 1936), pp. 370 - 387; C. C. Ch'en, "The Rural Public Health Experiment in Ting Hsien, China," *The Milbank Memorial Fund Quarterly*, Vol. 14, No. 1. (Jan., 1936), pp. 66 - 80; C. C. Ch'en, "Ting Hsien and the Public Health Movement in China," *The Milbank Memorial Fund Quarterly*, Vol. 15, No. 4. (Oct., 1937), pp. 380 - 390。

[38] Frank G. Boudreau, "Health Work of the League of Nations," *The Milbank Memorial Fund Quarterly*, Vol. 13, No. 1. (Jan., 1935), p. 15; C. C. Ch'en, "The Development of Systematic Training in Rural Public Health Work in China," p. 387.

[39] 陈志潜:《中国农村医疗——我的回忆》,213 页。

[40] 参见喻任声:《三年来惠北实验区工作的检视》,载《教育与民众》,1937 (10)。

[41] Ka-Che Yip, "Health and Nationalist Reconstruction: Rural Health in Nationalist China, 1928 - 1937," p. 396.

[42] Harry E. Seifert, "Life Tables for Chinese Farmers," *The Milbank Memorial Fund Quarterly*, Vol. 13, No. 3. (Jul., 1935), pp. 223 - 236.

[43]《毛泽东选集》,2 版,第 3 卷,1078 页,北京,人民出版社,1991。

[44] 同上书,931、932 页。

[45] 参见闫庆生、黄正林:《论陕甘宁抗日根据地的合作社》,载《甘肃理论学刊》,1998 (6),57～59 页。

[46] 参见欧阳竟:《回忆陕甘宁边区的卫生工作(下)》,载《医院管理》,1984 (2),57～63页。

[47] 转引自胡宜:《疾病、政治与国家建设》,华中师范大学博士论文,2007 - 04,51 页。

[48] 参见夏杏珍:《农村合作医疗制度的历史考察》,载《当代中国史研究》,2003 (5),110 页。

[49] 参见曹普:《改革开放前中国农村合作医疗制度》,载《中共党史资料》,2006 (3),135 页。

[50] 参见徐杰:《对我国卫生经济政策的历史回顾和思考(上)》,载《中国卫生经济》,1997 (10),7～8 页。

[51] 参见姚力:《农村合作医疗:经验与反思》,见张星星主编:《当代中国成功发展的历史经验——第五届国史学术年会论文集》,北京,当代中国出版社,2007,见 http://iccs.cass.cn/detail_cg.aspx? sid=267 (2009 年 4 月 19 日访问)。

[52] 卫生部公布《关于调整医药卫生事业中公私关系的决定》,提出要发展合作性质的联合诊所,强调"各地卫生行政机关对私人联合经营的卫生机构应给予适当的鼓励、

指导和扶助，并动员个别开业的医务人员组织联合医院或联合诊所，使其成为公立医疗机构的助手，对合作性质的医疗机构应帮助其发展”。参见曹普：《改革开放前中国农村合作医疗制度》，载《中共党史资料》，2006（3），135页。

[53] 参见张自宽：《对合作医疗早期历史情况的回顾》，载《中国卫生经济》，1992（6），21～23页。

[54] 参见陈飞、张自宽、昌鸿恩：《“赤脚医生”来龙去脉》，载《健康报》，2007－11－09，第5版。

[55] 参见李卫平、石光、赵琨：《我国农村卫生保健的历史、现状与问题》，载《管理世界》，2003（4），33页。

[56] 张自宽、朱子会、王书城、张朝阳：《关于我国农村合作医疗保健制度的回顾性研究》，载《中国农村卫生事业管理》，1994（6），6页。

[57] 参见曹普：《改革开放前中国农村合作医疗制度》，载《中共党史资料》，2006（3），135页。

[58] 参见宋斌文：《我国农村合作医疗的过去、现在和未来》，载《医学与哲学》，2004（3），23页。

[59] 参见王靖元、徐德斌：《合作医疗历史回顾与赣榆县实施新型农村合作医疗制度的做法》，载《江苏卫生保健》，2005（1），11页。

[60] 参见钱文艳：《建国后30年浙江农村合作医疗制度的历史考察》，载《安徽农业大学学报》（社会科学版），2006（6），74～75页。

[61] 参见岳谦厚、贺蒲燕：《山西省稷山县农村公共卫生事业述评（1949—1984年）——以太阳村（公社）为重点考察对象》，载《当代中国史研究》，2007（5），64页。

[62] 参见“百度百科·高平”，见http：//baike.baidu.com/history/id＝1844725（2009年4月19日访问）。

[63] 参见张自宽：《对合作医疗早期历史情况的回顾》，载《中国卫生经济》，1992（6），21～22页。

[64] 参见《高级农业生产合作社示范章程》，见http：//news.xinhuanet.com/ziliao/2004－12/30/content_2393677.htm（2009年4月19日访问）。

[65] 参见王靖元、徐德斌：《合作医疗历史回顾与赣榆县实施新型农村合作医疗制度的做法》，载《江苏卫生保健》，2005（1），11页。

[66] 参见徐杰：《对我国卫生经济政策的历史回顾和思考（上）》，载《中国卫生经济》，1997（10），8页。

[67] 参见宋斌文：《我国农村合作医疗的过去、现在和未来》，载《医学与哲学》，2004（3），23页。

[68] 参见钱文艳：《建国后30年浙江农村合作医疗制度的历史考察》，载《安徽农业大学

学报》（社会科学版），2006（6）。

[69] 该《试行简章（草案）》见 http：//hi. baidu. com/yh909106/blog/item/4861c32b4b3420f8e6cd40cb. html（2009 年 4 月 19 日访问）。这个《试行简章（草案）》是由《红旗》杂志和省、地领导同志参与拟定的。毛泽东 1958 年 8 月 7 日看到后，自称“如获至宝”。他于 8 月 17 日，即北戴河中央政治局扩大会议召开的当天对它修改后指示：“此件请各同志讨论。似可发各省、县参考”。9 月 1 日，《红旗》第 7 期全文刊载该《简章（草案）》，成为全国办公社的样板。参见杨胜群、田松年：《人民公社的由来》，见 http：//www. booktide. com/News/20000713/200007130160. Html（2009 年 4 月 19 日访问）。

[70] 参见李德成：《中国农村传统合作医疗制度研究综述》，载《华东理工大学学报》（社会科学版），2007（1），19 页。

[71] 参见曹普：《改革开放前中国农村合作医疗制度》，载《中共党史资料》，2006（3），137～138 页。

[72] 参见李德成：《中国农村传统合作医疗制度研究综述》，载《华东理工大学学报》（社会科版），2007（1），19 页。

[73] 参见曹普：《改革开放前中国农村合作医疗制度》，载《中共党史资料》，2006（3）137～138 页。

[74] 参见岳谦厚、贺蒲燕：《山西省稷山县农村公共卫生事业述评（1949—1984 年）——以太阳村（公社）为重点考察对象》，载《当代中国史研究》，2007（5），64 页。

[75] 1960 年 4 月 23 日和 27 日，卫生部所属的《健康报》报道了湖北、河南等省推行集体保健医疗制度的情况和经验。5 月 18 日，《健康报》发表了张自宽执笔、题为《积极推行集体保健医疗制度》的社论，它将“集体保健医疗制度”定义为：“社员个人负担和公社补助相结合，统一调剂使用的办法，其主要点是社员每年交纳一定的‘保健费’，社员看病时只交挂号费或药费；另由公社、大队的公益金中补助一部分。”参见叶宜德、朱敖荣、王常生、陈家应：《90 年代合作医疗保健制度概念与内涵的研究》，载《中国农村卫生事业管理》，1992（5），3 页。

[76] 转引自张自宽：《对合作医疗早期历史情况的回顾》，载《中国卫生经济》，1992（6），23 页。

[77] 参见曹普：《改革开放前中国农村合作医疗制度》，载《中共党史资料》，2006（3），138～139 页。

[78]《建国以来毛泽东文稿》，第 9 册，80 页，北京，中央文献出版社，1996。

[79] 参见钱文艳：《建国后 30 年浙江农村合作医疗制度的历史考察》，载《安徽农业大学学报》（社会科学版），2006（6），75～76 页。

[80] 参见吉禾：《新疆合作医疗的历史回顾、经验教训与发展对策》，载《中国初级卫生

保健》，1998（2），14页。

[81] 参见周寿祺：《探寻农民健康保障制度的发展轨迹》，载《国际医药卫生导报》，2002（6），18页。

[82] 参见李卫平、石光、赵琨：《我国农村卫生保健的历史、现状与问题》，载《管理世界》，2003（4），33～34页。

[83] 转引自徐杰：《对我国卫生经济政策的历史回顾和思考（上）》，载《中国卫生经济》，1997（11），7～8页。

[84] 参见曹普：《改革开放前中国农村合作医疗制度》，载《中共党史资料》，2006（3），140页。

[85] 参见毛泽东：《接见越南外宾时关于保健工作的讲话》，见 http://forum.zgangel.com/showtopic-112.html（2009年4月19日访问）。

[86]《建国以来毛泽东文稿》，第11册，125页，北京，中央文献出版社，1996。

[87] 参见姚力：《"把医疗卫生工作的重点放到农村去"——毛泽东"六二六"指示的历史考察》，载《当代中国史研究》，2007（3），102页。

[88] 参见卫生部党组：《关于城市组织巡回医疗队下农村配合社会主义教育运动进行防病治病工作的报告》，见 http://news.xinhuanet.com/ziliao/2005-02/02/content_2539249.htm（2009年4月19日访问）。

[89]《建国以来毛泽东文稿》，第11册，318页。

[90] 参见曹普：《改革开放前中国农村合作医疗制度》，载《中共党史资料》，2006（3），141页。

[91] 转引自夏杏珍：《农村合作医疗制度的历史考察》，载《当代中国史研究》，2003（5），116页。

[92] 参见卫生部党委：《关于把卫生工作重点放到农村的报告》，见 http://news.xinhuanet.com/ziliao/2005-02/02/content_2538494.htm（2009年4月19日访问）。

[93] 参见姚力：《"把医疗卫生工作的重点放到农村去"——毛泽东"六二六"指示的历史考察》，载《当代中国史研究》，103页。

[94] 参见周恩来：《农村卫生工作和计划生育问题》，见 http://cpc.people.com.cn/GB/69112/75843/75874/75994/5182855.html（2009年4月19日访问）。

[95] 卫生部党委：《关于把生工作重点放到农村的报告》，见 http://news.xinhuanet.com/ziliao/2005-02/02/content_2538494.htm（2009年4月19日访问）。

[96]《刘少奇同志生平年谱，1965—1969》，见 http://news.xinhuanet.com/ziliao/2003-11/20/content_1190197.htm（2009年4月19日访问）。

[97] 参见《毛泽东的六二六指示》，见 http://cpc.people.com.cn/BIG5/64162/64165/66004/4463521.html（2009年4月19日访问）。关于毛泽东"六二六指示"的背景，参见当时卫生部处长张自宽的回忆文章《"六二六指示"相关历史情况的回顾与评

价》，载《中国农村卫生事业管理》，2006（9），9～12页。

[98] 参见《刘少奇同志生平年谱，1965—1969》，见 http：//news. xinhuanet. com/ziliao/2003-11/20/content_1190197. htm（2009年4月19日访问）。

[99] 参见《毛泽东关于医疗卫生改革的若干谈话》，见 http：//forum. zgangel. com/showtopic-112. html（2009年4月19日访问）；《毛泽东在听取钱信忠、张凯汇报卫生工作时的谈话》，见 http：//www. wyzxsx. com/Article/Class14/200605/6192. html（2009年4月19日访问）。在此前后，总理周恩来、副总理李先念、中宣部部长陆定一也分别对卫生工作作出指示。其中，周恩来指示，城市要组织三分之一的医务人员下农村。

[100] 中共中央批转卫生部党委《关于把卫生工作重点放到农村的报告》，见 http：//news. xinhuanet. com/ziliao/2005-02/02/content_2538494. htm（2009年4月19日访问）。

[101] 曹普：《改革开放前中国农村合作医疗制度》，载《中共党史资料》，2006（3），141页。

[102] 夏杏珍：《农村合作医疗制度的历史考察》，载《当代中国史研究》，2003（5），110页。

[103] 1965年9月2日通过的《关于第三个五年计划安排情况的汇报提纲（草稿））》规划，到1970年，"争取每个生产队有一名不脱产卫生员，每个大队有一名半农半医的医生和一名接生员，每个公社有三至五名卫生技术人员"。［参见 http：//news. xinhuanet. com/ziliao/2005-02/02/content_2538539. htm（2009年4月19日访问）。］这意味着，要培养500多万不脱产卫生员、80多万半脱产卫生员、30多万公社卫生院专职医生，而那时全国医疗卫生系统除行政人员外，还不到100万人。［参见周恩来：《农村卫生工作和计划生育问题 》，见 http：//cpc. people. com. cn/GB/69112/75843/75874/75994/5182855. html（2009年4月19日访问）。］

[104] 卫生部党组：《关于城市组织巡回医疗队下农村配合社会主义教育运动进行防病治病工作的报告》。

[105] 参见陈飞、张自宽、昌鸿恩：《"赤脚医生"来龙去脉》，载《健康报》，2007-11-09，第5版。

[106] 转引自李德成：《中国农村传统合作医疗制度研究综述》，载《华东理工大学学报》（社会科学版），2007（1），20页。

[107] 周寿祺、顾杏元、朱敖荣：《中国农村健康保障制度的研究进展》，载《中国农村卫生事业管理》，1994（9），8页。

[108] 参见张威：《典型报道：中国新闻业独特景观》，见 http：//www. cddc. net/shownews. asp? newsid=9603（2009年4月19日访问）。

[109] 参见《建国以来毛泽东文稿》，第12册，北京，中央文献出版社，1998。

[110] 参见胡振栋:《"无名英雄"力推农村合作医疗走向全国》,载《就业与保障》,2006 (10),19~22页。

[111] 参见《建国以来毛泽东文稿》,第12册。

[112] 参见湖北省长阳县革命委员会:《我们狠抓了三件大事——乐团公社实行合作医疗制度的经验》,载《人民日报》,1968-12-11。

[113] 参见胡振栋:《"无名英雄"力推农村合作医疗走向全国》,载《就业与保障》,2006 (10)。

[114] 参见曹普:《改革开放前中国农村合作医疗制度》,载《中共党史资料》,2006 (3), 142~143页。

[115] 参见姚力:《农村合作医疗:经验与反思》,见张星星主编:《当代中国成功发展的历史经验——第五届国史学术年会论文集》。

[116] 参见王云帆:《回望"赤脚医生"的背影》,载《中国改革·农村版》,2003 (6), 16页。

[117] 参见吉禾:《新疆合作医疗的历史回顾、经验教训与发展对策》,载《中国初级卫生保健》,1998 (2),14页。

[118] 参见曹普:《改革开放前中国农村合作医疗制度》,载《中共党史资料》,2006 (3), 143页。

[119] 参见周寿祺、顾杏元、朱敖荣:《中国农村健康保障制度的研究进展》,载《中国农村卫生事业管理》,1994 (9),8页。

[120] 参见胡宜:《疾病、政治与国家建设》,华中师范大学博士论文,2007-04,101页。

[121] 参见夏杏珍:《农村合作医疗制度的历史考察》,载《当代中国史研究》,2003 (5), 116页。

[122] 参见沈杰、朱乃苏、林之华:《我国两次卫生政策重大转变的反思》,载《中国农村卫生事业管理》,1989 (9),2页。1974年国务院科教组、卫生部、财政部《关于卫生事业计划财务工作中若干问题的意见》规定,对集体所有制卫生院补助工资的60%,全民所有制卫生部补助工资的100%。参见全国政协医药卫生体育委员会:《关于农村卫生工作调查报告》,载《中国卫生质量管理》,1995 (3~4),10页。

[123] 如在上海奉贤县邬桥公社,社员每年交纳的合作医疗基金为一元,医药费用的报销范围为40元,在大队卫生室用中草药、针灸治病的费用不计在内,凡贫下中农家庭经济情况确有困难的,经党总支部和群众讨论同意,报销范围还可扩大。参见谷加恩:《人民公社时期农村合作医疗事业成功的原因探析》,载《武汉职业技术学院学报》,2006 (1),4页。

[124] 如新疆麦盖提县合作医疗的收费方式规定:"社员每人每年交两元五角钱,由生产队按照参加人数,在年终分配时一次扣除";浙江临安县横溪公社也规定:"每人每年交三元钱,由生产队从一年三次分配中集体交付";安徽萧县芋集公社更是直接

取消了农民的交费规定，而是“以生产队为单位，每人每年从生产队公益金中拿出两元五角，作为医疗费用，由公社集中管理使用”。参见傅建辉：《从集体福利到社会保障：论人民公社与家庭经营时期的农村合作医疗制度》，载《广西社会科学》，2005（2），167页。

[125] 社办或社队合办往往出现在经济较为发达的地区。如广州郊县番禺1976年6月，将原有的队办合作医疗转化为公社、大队联办方式，以扩大集体自筹医疗基金。全县19个公社均实行社、队联办模式。参见刘鹏：《公共产品与政治合法性：一项基于合作医疗的实证研究》，香港中文大学政治与行政系，未刊稿，2008年。

[126] 安徽萧县芋集公社的规定是“以生产队为单位，每人每年从生产队公益金中拿出两元五角，作为医疗费用，由公社集中管理使用”。参见傅建辉：《从集体福利到社会保障：论人民公社与家庭经营时期的农村合作医疗制度》，载《广西社会科学》，2005（2），167页。

[127] 多数地方规定，五保户不缴纳合作医疗资金，但享受待遇；贫困户则酌情减免。

[128] 参见李卫平、石光、赵琨：《我国农村卫生保健的历史、现状与问题》，载《管理世界》，2003（4），34页。

[129] 如浙江省吴兴县。参见钱文艳：《建国后30年浙江农村合作医疗制度的历史考察》，载《安徽农业大学学报》（社会科学版），2006（6）。广州郊县番禺1965年4月在南沙公社大岭开办合作医疗试点，当年年底，该公社13个大队93%的农民参加了合作医疗。到1970年，全县273个大队中有267个开办了合作医疗，占97.8%，其后也相当稳定。参见刘鹏：《公共产品与政治合法性：一项基于合作医疗的实证研究》。

[130] 参见方小平：《赤脚医生与合作医疗制度——浙江省富阳县个案研究》，载《二十一世纪》（香港），2003（10），87～97页。

[131] 参见黑龙江省卫生局：《北安县农村合作医疗是怎样巩固发展的》，载《经济管理》，1982（6），69～70页。

[132] 参见朱玲：《政府与农村基本医疗保健保障制度选择》，载《中国社会科学》，2000（4），91页。

[133] 参见姚力：《农村合作医疗：经验与反思》，见张星星主编：《当代中国成功发展的历史经验——第五届国史学术年会论文集》。

[134] 1976年6月15—23日，在上海川沙县江镇公社召开了全国赤脚医生工作会议。会后，卫生部于7月21日向中共中央、国务院写了报告，其中提到合作医疗还没有办起来的地方主要是“国防边境、少数民族地区、高寒山区、老革命根据地、渔区、牧区”。参见夏杏珍：《农村合作医疗制度的历史考察》，载《当代中国史研究》，2003（5），112页。

[135] World Bank, *World Development Report* 1993: *Investing in Health* (Washington,

DC: World Bank, 1993), p. 111; Kenneth W. Newell, *Health By The People* (Geneva: World Health Orgnization, 1975); World Health Orgnization, United Nation Children's Fund, *Meeting Basic Health Needs in Developing Countries: Alternative Approaches* (Geneva: World Health Organization, 1975); Matthias Stiefel and W. F. Wertheim, *Production, Equality and Participation in Rural China* (London: Zed Press for the United Nations Research Institute for Social Development, 1983).

[136] World Health Organisation, *Primary Health Care. Report of the International Conference on Primary Health Care* (Geneva: WHO, 1978.); Dean T. Jamison, et al., *China, the Health Sector* (Washington, D.C.: World Bank, 1984); BMJ Editorial Board, "Primary Health Care led NHS: Learning from Developing Countries," *BMJ*, October 7, 1995, http://bmj.bmjjournals.com/cgi/content/full/311/7010/891 (2009年4月19日访问); Therese Hesketh and Wei Xing Zhu, "Health in China: From Mao to Market Reform," BMJ, May 24, 1997, http://bmj.bmjjournals.com/cgi/content/full/314/7093/1543 (2009年4月19日访问)。

[137] 卫生部、农业部、财政部、国家医药管理总局、全国供销合作总社:《农村合作医疗章程(试行草案)》,见 http://www.bsyc.gov.cn/SQJS/ShowArticle.asp?ArticleID=427 (2009年4月19日访问)。

[138] 转引自福建省卫生局:《坚定不移地办好农村合作医疗》,载《福建医药杂志》,1979-12,1页。

[139] 参见吴砾星:《章彦武——农民减负"急先锋"》,载《农民日报》,2006-05-27。

[140] 张自宽:《农村合作医疗应该肯定应该提倡应该发展:东北三省农村医疗卫生建设调查之四》,载《农村卫生事业管理》,1982(2),31页。

[141] 福建省卫生局:《坚定不移地办好农村合作医疗》,载《福建医药杂志》,1979-12,1页。

[142] 参见房健:《为农村合作医疗大声疾呼》,载《中原医刊》,1980(2),2页。

[143] 参见洪林、振国:《关于当前农村合作医疗的若干问题》,载《青海医药》,1982(4),64页。

[144] 参见李砚洪:《赤脚医生:二十世纪中国的温暖记忆》,载《北京日报》,2008-01-23。

[145] 参见冯学山、汤胜蓝、顾杏元:《经济体制改革对农村卫生服务的影响》,载《卫生经济研究》,1994(5),35页。

[146] 参见周寿祺:《农村的医疗保健制度》,载《卫生经济》,1985(12),59页;黄德渔、龚幼龙:《上海县初级卫生保健评价》,载《上海医科大学学报》,1987(2),增刊,5~11页;虞这福:《无锡县农村医疗制度的调查与思考》,载《中国农村卫生事业管理》,1988(10),30~34页;刘国卫、王祝三:《上海市郊县的合作医疗与健康保险》,载《中国农村卫生事业管理》,1988(6),36~37页;杨海涛:《社

会主义初级阶段理论与苏南农村卫生模式》，载《中国农村卫生事业管理》，1988（12），31～34页；沈慰如：《陆家镇合作医疗考察报告》，载《中国农村卫生事业管理》，1989（1），9～10页；刘国卫、王祝三：《上海市郊县的合作医疗与健康保险》，载《中国农村卫生事业管理》，1988（6），36～37页；蒋中一：《城乡一体化和农村新型合作医疗制度的政策目标》，见 http：//3nong.bokee.com/5759223.html（2009年4月19日访问）。

[147] 参见中国卫生经济学会农村经济组：《农村的医疗保健需求与对策：第三次全国农村卫生经济学术讨论会综述》，载《中国卫生经济》，1986（1），31～35页。

[148] 转引自陈美霞：《大逆转：中华人民共和国的医疗卫生体制改革》，见 http：//blog.xuite.net/g1.p2/critique/6391935（2009年4月19日访问）。

[149] 此后凡经过考试、考核，已达到相当于医士水平的，称为乡村医生；达不到医士水平的，都改称为卫生员。"赤脚医生"由此退出了历史舞台。参见陈飞、张自宽、昌鸿恩：《"赤脚医生"来龙去脉》，载《健康报》，2007-11-09，第5版。

[150] 参见李德成：《中国农村传统合作医疗制度研究综述》，载《华东理工大学学报》（社会科学版），2007（1），21页。

[151] 张自宽：《中国的初级卫生保健要走自己的路（1985年12月在广东从化首届PHC会议上的总结发言）》，载《中国农村卫生事业管理》，1993（5），2页。

[152] 冯宝美：《论农村合作医疗制度问题（兼与姜庆易同志商榷）》，载《中国卫生事业管理》，1987（5），14页。关于80年代早期的争论，参见张自宽：《在合作医疗问题上应澄清思想统一认识》，载《中国农村卫生事业管理》，1992（6），8～10页。

[153] 参见全国政协医药卫生体育委员会：《关于农村卫生工作调查报告》，载《中国卫生质量管理》，1995（3-4），8页。

[154] 参见沈杰、朱乃苏、林之华：《我国两次卫生政策重大转变的反思》，载《中国农村卫生事业管理》，1989（9），4页。

[155] 钱信忠：《依靠政策和科学，促进农村卫生事业的建设》，载《中国农村医学》，1982（2），1～2页。

[156] 参见卫生部：《关于适应农村形势的发展健全农村基层卫生组织的意见》，载《中国农村卫生事业管理》，1983（1），3页。

[157] 参见曹国明：《对我国农村医疗保健制度名称问题的商榷》，载《中国初级卫生保健》，1993（10）。

[158] 参见张自宽：《在合作医疗问题上应澄清思想统一认识》，载《中国农村卫生事业管理》，1992（6），9页。

[159] 参见周寿祺：《合作医疗与健康保险的比较：兼论农村医疗保健制度改革的基本策略》，载《中国农村卫生事业管理》，1987（2）。

[160] 参见鲁尔博夫：《我国农村医疗保健制度研究概述》，载《中国卫生经济》，1986

(2)，37 页。

[161] 参见罗益勤：《我国农村保健制度试行情况和意见》，载《中国卫生经济》，1987 (12)，4～8 页。

[162] 参见张自宽：《加强对农村医疗保险制度的研究》，载《中国农村卫生事业管理》，1992 (6)，5～7 页。

[163] 参见《为建立具有中国特色的社会医疗保险制度而努力：卫生部医政司才生嘎副司长在中国农村健康保险研讨会上的讲话》，载《中国农村卫生事业管理》，1987 (10)，5～6 页。

[164] Shan Cretin，Albert P. Williams，Jeffrey Sine，"China Rural Health Insurance Experiment：Final Report，" *RAND Health Working Papers*，WR－411，August 2006.

[165] 参见《积极探索和发展具有中国特色的农村医疗保健制度》，载《中国农村卫生事业管理》，1987 (10)，2～5 页。

[166] 参见江苏省金坛县卫生局：《对实施多种医疗保健制度的探索》，载《中国农村卫生事业管理》，1987 (9)，37～40 页；刘远立：《对我国实行健康保险若干问题的探讨》，载《中国卫生经济》，1988 (2)，24～25 页。

[167] 参见罗益勤：《我国农村实行健康保险问题的研究》，载《中国初级卫生保健》，1989 (4)，6 页。

[168] 参见李希乐、邵炳孝：《从合作医疗与医疗保险的异同看我国农村医疗保健制度改革的策略》，载《中国农村卫生事业管理》，1994 (12)，1～3 页。

[169] 忽新泰、朱始雄、汪冲、王愿军、贾培旗：《卫生保健制度的改革》，载《中国卫生经济》，1987 (10)，7 页。

[170] 参见程云飞、张承模：《浅论"风险型"农村医疗保险制度》，载《中国卫生事业管理》，1987 (5)，38～41 页。

[171] 江苏省金坛县卫生局：《对实施多种医疗保健制度的探索》，载《中国农村卫生事业管理》，1987 (9)，38 页。

[172] 参见《为建立具有中国特色的社会医疗保险制度而努力：卫生部医政司才生嘎副司长在中国农村健康保险研讨会上的讲话》，载《中国农村卫生事业管理》，1987 (10)。

[173] 参见系列研究课题组：《农村合作医疗保健制度的系列研究》，载《中国卫生经济》，1988 (4)，13～19 页；朱敖荣：《中国农村合作医疗保障制度的研究》，载《中国农村卫生事业管理》，1988 (10)。

[174] 参见中国农村医疗保健制度研究课题组：《中国农村医疗保健制度研究》，上海，上海科学技术出版社，1991。

[175] 参见江苏省沙洲县卫生局：《富裕农民的医疗卫生保健状况：对沙洲十个千万元村的调查》，载《卫生经济》，1985 (9)，22～24 页；山东省招远县卫生局：《改革合

作医疗制度，发展农村卫生事业》，载《中国卫生经济》，1986（2），29～31页；王志强：《搞好合作医疗是农村实施初级卫生保健的有力保证》，载《中国初级卫生保健》，1987（11），4～6页；湖北省广济县人民政府：《巩固发展合作医疗》，载《中国农村卫生事业管理》，1987（2），57～60；吴定世、尤德新、周浩礼：《鄂东合作医疗和自费医疗比较研究》，载《中国农村卫生事业管理》，1987（9），33～35；欧阳竞、张冰浇：《和田县实行合作医疗的经验》，载《中国医院管理》，1987（6），32页；杨海涛：《合作医疗效益评价》，载《中国医院管理》，1988（9），39～41页；张亚东：《从长阳县看合作医疗的发展》，载《中国农村卫生事业管理》，1989（1），5～8页；陈海峰等：《从苏南五县市农村卫生保健网建设看我国卫生体制改革趋向》，载《中国农村卫生事业管理》，1989（5），1～8页；王耀森：《查桥镇合作医疗制度实施二十年来的调查》，载《中国农村卫生事业管理》，1989（5），30～32页；李松青：《合作医疗管理中的问题及对策》，载《中国农村卫生事业管理》，1989（6），14～17页；天津市蓟县卫生局：《全面开展农村初级卫生保健工作》，载《中国农村卫生事业管理》，1989（11），13～15页；郑田春：《合作医疗是农村实施初级卫生保健的一种好制度》，载《中国乡村医生杂志》，1989（12），40～42页；张佩金：《合作医疗在初级卫生保健中的作用》，载《中国初级卫生保健》，1989（1），3～5页。

[176] 参见吴雁鸣、计国平、左文远、王忠仁：《关于农村卫生改革的思考：与卫生局长探讨几个热门话题》，载《中国农村卫生事业管理》，1988（7），2页。

[177] [178] 朱敖荣：《合作医疗：当前农村卫生改革的关键》，载《中国农村卫生事业管理》，1988（1），53页。

[179] 参见吴雁鸣、计国平、左文远、王忠仁：《关于农村卫生改革的思考：与卫生局长探讨几个热门话题》，载《中国农村卫生事业管理》，1988（7），4页。

[180] 参见《关于我国农村实现“2000年人人享有卫生保健”的规划目标（试行）》，见 http://www.cqncws.com/Article/ShowArticle.asp?ArticleID=8（2009年4月19日访问）。

[181] 1988年卫生部在20个县对6万多农民进行的调查表明，有20%的农民患病而未能就诊，有16%～25%需要住院医疗的病人未能住院。更严重的是，在贫困户中，因病致贫的比重高达30%～50%。

[182] 参见高健民、吴攫春、张书正：《旬邑县农民、乡村医生与干部对现行医疗保健制度的看法》，载《中国初级卫生保健》，1995（8），44页；浙江省卫生厅：《浙江省农村合作医疗现状和对策》，载《卫生经济研究》，1998（1），23页。不少基层卫生工作者也反对以健康保险取代合作医疗。参见缪宝迎、王振环：《单纯风险型合作医疗不宜提倡》，载《中国初级卫生保健》，1991（9），9～10页。

[183] 李鹏：《关于国民经济和社会发展十年规划和第八个五年计划纲要的报告》，见 ht-

tp：//www.sdpc.gov.cn/fzgh/ghwb/gjjh/P020070912638549139165.pdf（2009年4月19日访问）。

[184] 转引自薄先锋、董践真：《回来吧！合作医疗》，载《中国改革》，1993（2）。

[185] 参见全国政协医药卫生体育委员会：《关于农村卫生工作调查报告》，载《中国卫生质量管理》，1995（3-4），8页。

[186] 参见曾凡富：《合作医疗的回顾及展望》，载《湖北省卫生职工医学院学报》，1995（2），1～2页。

[187]《编者按》，载《中国农村卫生事业管理》，1991（12），19页。

[188] 参见朱敖荣、吴雁鸣、叶宜德：《重振合作医疗保健制度》，载《中国农村卫生事业管理》，1991（12），19～24页。

[189] 周寿祺：《中国农村健康保障制度综述》，载《中国医药管理》，1990（5），6页。

[190] 参见薄先锋、董践真：《回来吧！合作医疗》，载《中国改革》，1993（2），46～47页。

[191] 卫生部：《关于深化卫生改革的几点意见》，1992-09-23。

[192] 支峻波：《深化卫生改革的方向、任务与政策》，载《医学理论与实践》，1992（3），1～4页。

[193] 参见袁木、陈敏章：《加快农村合作医疗保健制度的改革和建设》，载《人民日报》，1994-07-02。

[194] 转引自曾凡富：《合作医疗的回顾及展望》，载《湖北省卫生职工医学院学报》，1995（2），1～2页。

[195] 参见彭珮云：《在全国农村合作医疗经验交流会上的讲话》，载《中国农村卫生事业管理》，1996（8）。

[196] 陈敏章：《贯彻落实中央关于发展和完善农村合作医疗的重大决策：在全国农村合作医疗经验交流上的讲话》，载《中国农村卫生事业管理》，1996（8），7～11页。

[197] 参见卫生部医政司：《农村合作医疗出现了良好发展势头》，载《中国农村卫生事业管理》，1997（2），13页。

[198] 参见汪时东、叶宜德：《农村合作医疗制度的回顾与发展研究》，载《中国初级卫生保健》，2004（4），11页。

[199] 参见夏杏珍：《农村合作医疗制度的历史考察》，载《当代中国史研究》，2003（5），113～114页。

[200] 中共中央、国务院：《关于卫生改革与发展的决定》，见http：//61.49.18.65/uploadfile/200409/200491105439709.doc（2009年4月19日访问）。

[201] 参见夏杏珍：《农村合作医疗制度的历史考察》，载《当代中国史研究》，2003（5），114页。

[202] 参见张德元：《中国农村医疗卫生事业的回顾与思考》，载《卫生经济研究》，2005

(1)，19 页。

[203] 参见中共中央办公厅、国务院办公厅：《关于涉及农民负担项目审核处理意见的通知》，见 http：//www.jzjjjc.gov.cn/news/ReadNews.asp? NewsID=114（2009 年 4 月 19 日访问）。

[204] 参见浙江省卫生厅：《浙江省农村合作医疗现状和对策》，载《卫生经济研究》，1998（1），23 页。

[205] 国务院办公厅：《转发农业部等部门关于做好当前减轻农民负担工作的意见的通知》，见 http：//www.lflz.lf.gov.cn/ReadNews.asp? NewsID=425（2009 年 4 月 19 日访问）。

[206] 国务院办公厅：《转发农业部等部门关于巩固大检查成果进一步做好减轻农民负担工作报告的通知》，见 http：//www.ah.gov.cn/zfgb/gbcontent.asp? id = 387（2009 年 4 月 19 日访问）。

[207] 参见汪时东、叶宜德：《农村合作医疗制度的回顾与发展研究》，载《中国初级卫生保健》，2004（4），11 页。

[208] 参见宋斌文、熊宇虹、张强：《当前农民医疗保障的现状分析与对策构想》，载《国际医药卫生导报》，2005（9）。

[209] 参见刘雅静：《我国农村合作医疗保障制度的历史思考及政策建议》，载《社区医学杂志》，2004（6），38 页。

[210] 中国农村健康保险试验项目研究组：《中国农村健康保险试验研究工作报告》，载《中国卫生事业管理》，1994（2），74 页。

[211] 参见姚继先、吴玉明、汤金甫：《启东市农村合作医疗保险筹集使用及补偿情况分析》，载《中国初级卫生保健》，1998（3），21 页；《中国农村合作医疗保健制度改革研究》中央课题组：《14 个县农村合作医疗保健制度改革研究（Ⅰ）（阶段性研究报告）》，载《中国初级卫生保健》，1996（11），6 页。

[212] 参见张朝阳、杨辉、叶宜德：《中国农村合作医疗改革研究技术总报告》，载《中国农村卫生事业管理》，1998（4），19～20 页。

[213]《中国农村合作医疗保健制度改革研究》中央课题组：《14 个县农村合作医疗保健制度改革研究（Ⅰ）（阶段性研究报告）》，载《中国初级卫生保健》，1996（11），6 页。

[214] 参见龚向光、胡善联、程晓明：《贫困地区农民对合作医疗的意愿支付》，载《中国初级卫生保健》，1998（8），11 页。

[215] 参见汪和平、凌红梅：《合作医疗是农村居民的愿望》，载《卫生经济研究》，2000（6），38～39 页。

[216] 参见刘远立等：《中国农村贫困地区合作医疗运行的主要影响因素分析》，载《国际医药卫生导报》，2003（Z2），73 页。

[217] 参见龚向光、胡善联、程晓明:《贫困地区政府和集体在合作医疗筹资中的作用》,载《中国卫生事业管理》,1998 (10),516~517 页;程晓明:《对中国农村贫困地区合作医疗的政策建议》,载《国际医药卫生导报》,2003 (9),17~18 页。

[218] 参见汪时东、叶宜德:《农村合作医疗制度的回顾与发展研究》,载《中国初级卫生保健》,2004 (4),12 页。

[219] 中国农村合作医疗最佳实践模式课题组:《中国农村合作医疗最佳实践模式的研究》,载《中国初级卫生保健》,2003 (6),15~16 页。

[220] 参见汪时东、叶宜德:《农村合作医疗制度的回顾与发展研究》,载《中国初级卫生保健》,2004 (4),12 页。

[221] 参见毛泽禾:《巩固与完善西藏合作医疗面临的问题与解决对策》,载《西藏科技》,2002 (8),4~7 页。

[222] 参见邹力行、孟建国:《印尼、泰国、菲律宾农村健康保障制度及对我们的启示》,载《中国卫生经济》,1995 (8),56~57 页;杨惠芳、陈才庚:《墨西哥和巴西的农村医疗保险制度及其对中国建立农村新型合作医疗制度的几点启示》,载《拉丁美洲研究》,2004 (5),50~58 页。

[223] 参见朱敖荣:《合作医疗保健制度是农村卫生改革和建设的核心问题》,载《中国农村卫生事业管理》,1993 (8),6 页。

[224] 参见田光涛:《完善和发展农村合作医疗保健制度 》,载《前进论坛》,1994 (Z5),10~11 页。

[225] 邵令方:《关于加快建立农村合作医疗保健制度的建议——在全国政协八届三次会议上的大会发言》,载《前进论坛》,1994 (4),6~7 页。

[226] 参见王绍光、胡鞍钢:《中国国家能力报告》,香港,牛津大学出版社,1994。

[227] 叶向明:《中国农村健康保障策略与筹资国际研讨会综述》,载《卫生经济研究》,2002 (8),48 页。

[228] 王延中:《论新世纪中国农民医疗保障问题》,见 http://www.sociology.cass.cn/shxw/shzc/P020041101334221565445.pdf (2009 年 4 月 19 日访问)。

[229] 中共中央、国务院:《关于进一步加强农村卫生工作的决定》,见 http://www.zhongweiwang.org/health/html/2nd_page/zcfg/ncwswjhb/2001-2003-3.php (2009 年 4 月 19 日访问)。

[230] 参见张良、陈俊国:《二十世纪九十年代以来我国农村卫生改革之历程》,载《西南国防医药》,2005 (6)。

[231] 参见朱庆生:《推进中国新型农村合作医疗制度建设:ISSA 第 28 届全球大会中国特别全会发言之五》,见 http://www.28issa-china.org.cn/gb/chinese/2004-09/01/content_45125.htm (2009 年 4 月 19 日访问)。

[232] 参见吴仪:《在 2005 年全国新型农村合作医疗试点工作会议上的讲话》,见 ht-

tp：//www.gov.cn/ztzl/2006－02/18/content_203770.htm（2009 年 4 月 19 日访问）。

[233] 参见周婷玉：《2008 年我国新农合补助标准翻番范围扩大》，新华网北京 2008 年 2 月 15 日电。

[234] 参见周婷玉：《更多惠及农民 更加方便农民——专家分析新农合制度未来走向》，见 http：//news.xinhuanet.com/newscenter/2009－04/08/content_11151730.htm（2009 年 4 月 19 日访问）。

[235] 参见曹普：《改革开放前中国农村合作医疗制度》，载《中共党史资料》，2006（3），143 页。

[236] 参见《国务院通过医改方案 3 年内预计投入 8 500 亿元》，见http：//news.xinhuanet.com/newscenter/2009－01/21/content_10698250_1.htm（2009 年 4 月 19 日访问）。

[237] Sebastian Heilmann，“Policy Experimentation in China’s Economic Rise，” *Studies of comparative and Internationl Development*，Vol.43（2008）：1－26.

七、大转型*

——从经济政策到社会政策

本文主要讲三个方面。首先，介绍一个人物，叫波兰尼，他的书叫《大转型》。第二是中国的大转型，第三是大转型与公共财政。

波兰尼的《大转型》

卡尔·波兰尼（1886—1964）：出生在布达佩斯的匈牙利犹太人，他年轻时便与一些激进分子来往。1924 年移居奥地利，1933 年移民英国，1940 年到美国某高校任教，并在那里写出了其名著《大转型》（1944 年）。1947 年，哥伦比亚大学聘请他到社会学系担任客座兼职教授，但由于他妻子以前是共产党员，并曾参与 1920 年代的匈牙利革命，美国政府不准她入境，波兰尼被迫把家安在加拿大的多伦多，并在多伦多、纽约之间来回跑，直到去世。在哥大期间，他完成了第二本巨著《早期帝国的贸易与市场》（1957 年）。

代表作如下：

---

* 为纪念中国经济改革三十周年，复旦大学中国经济研究中心和上海发展研究基金会于 2008 年 11 月 5 日举办了一次大型公开讲座，本文是笔者为此次讲座准备的文稿，后来经过修改收入张军、陈钊主编的《承前启后：中国经济发展的见证与展望》一书（北京，北京大学出版社，2009）。本文收入本书时，有些统计数据和统计时间有更新。

The Great Transformation, 1944; *Trade and Markets in Early Empires*, with K. Conrad, K. Arensburg and H. W. Pearson, 1957; *Dahomey and the Slave Trade*, with A. Rotstein, 1966; *Primitive, Archaic and Modern Economics: Essays of Karl Polanyi*, 1968; *The Livelihood of Man*, with H. W. Pearson, 1977。

中文：《大转型：我们时代的政治与经济起源》，浙江人民出版社 2007 年 4 月出版。

波兰尼的主要观点："一个自我调节的市场概念，意味着一个十足的乌托邦。在不消除社会的人性和自然本质的情况下，从时间上来说，这种制度根本就无法存在；它在物质上会毁灭人类并把人类的环境变为一片荒野"。

区分市场、市场经济、市场社会。市场：商品市场、集市贸易；市场经济：劳动力、土地和资金市场的出现；市场社会：市场经济的原则应用于非经济领域。在历史上，市场一直存在，但市场经济是少见的，如果有也是不完整的。自由竞争是不自然的，因为它要依靠国家的强制力（圈地运动），"自由放任并不是合乎自然规律的，如果仅仅是让其自然发展，自由市场决不会形成"，"自由放任本身是由国家强迫推行的"，国家是资本主义的侍女，如果人们任由市场经济按照它自身的规律发展，就会产生巨大而永久的灾难。抵制市场社会是自然的。这个观点在《大转型》一书中被反复强调，这对我思考当代中国的变化很有启发。

人类历史分成如下几个阶段：

第一阶段——前资本主义时期。这一阶段的经济是伦理经济，即：经济镶嵌在社会关系之中，经济关系受制于社会关系（互惠、再分配、相互责任）。第二阶段——古典资本主义时期（1880 年以前）。在这一阶段，经济与社会脱钩，社会关系受制于经济关系，交易的关系更为重要。第三阶段——现代资本主义时期（1880 年以后）。在这一阶段，经济与社会重新挂钩，不能让所有的关系都被市场的交易关系垄断，这种转变称为双向运动，一方面是向市场经济运动，另一方面是从市场经济反向运动。

双向运动：市场经济的扩张或早或晚会引发旨在保护人、自然和生产组织的反向运动，保护性立法与其他干预手段是这种反向运动的特征。19—20 世纪的社会史和社会经济史，是一个双重运动的结果：一方面，市场在全球到处延伸扩张，所涉及的商品之数量增长到了不可思议的规模；另一方面，出现了一个旨在对抗以市场为导向的经济的有害作用的深层次运动，以便阻挠与劳动力、土地和资金相关的市场行为。我们可以举出很多例子证明市场经济发展以后会出现一个保护运动。

“直到 1834 年，竞争性的劳动力市场才出现在英国。作为一种社会制度，所谓工业资本主义在此之前还不能说已经确立。但是，社会的自我保护马上就出现了：工厂法和社会立法，工人运动的兴起便是例子。社会保护与放任市场体系是决然对立的。”

世纪之交的社会保护运动：俾斯麦于 1883—1889 年间率先在德国建立了医疗和养老方面的社会保障制度。其他经过工业革命的资本主义国家纷纷效仿，设立了类似制度（见表 7—1）。从 1908 年起，英国也开始逐步建立基本的社会保障制度，包括疾病、养老、失业等。

大萧条带来的社会保护运动：20 世纪二三十年代大萧条带来的最重要的结果就是大失业，美国可能有超过 20%的劳动力被抛出劳动力市场。劳动力本来不是商品，变成商品后必然会随着供求关系的变化产生失业。市场经济充满了不确定性，如果不加强社会保障制度的建设，资本主义随时面临着覆灭的危险。在这一时期，保险性再分配扩展到失业和其他方面，覆盖面也逐步扩大到全体国民。失业保险首先出现在法国（1905 年）。其后，别的国家如挪威（1906 年）、丹麦（1907 年）、英国（1911 年）等也纷纷跟进。1942 年，英国贝弗里爵士发表了著名的《自由社会中的充分就业》一文，明确指出保证充分就业是政府的职责：“保护国民免于大规模的失业……这确定无疑地是国家的职能，就像国家现在保护国民免于来自国外的威胁和来自内部的强盗和暴力的威胁一样”。家庭补助制度（family allowance）则是由比利时（1930 年）和法国（1932 年）率先建立的。在两次世界大战之间，许多拉美国家也开始建立社会保险制度。美国于 1935 年通过了《社会保障法》，开始建立全国性的社会养老保险，但是其他福利仍然由各州掌握。新西兰于 1938 年率先推出全面的养老金制度，65 岁以上的居民都可享受。

战后社会保护运动的扩展：第二次世界大战以后，保险性再分配扩展到世界其他地区。同时，西方发达资本主义国家开始出现“福利国家”。贝弗里爵士 1942 年在题为《社会保险与各项服务》的报告中首次提出，为全体公民建立一个“从摇篮到墓地”（from the cradle to the grave）的社会保障体系，保障其基本的安全。经过多年的辩论，英国于 1948 年开始将修改过的“贝弗里报告”付诸实施，为所有两个孩子以上的家庭提供补助，为所有人提供健康保险，建立了统一的全国社会保险体制。与此同时，北欧国家开始推行充分就业型福利国家模式，并引入以公平为目的的再分配，保障所有人有几乎同样尊严的生活方式。在战后黄金时期（1945—1973 年），社会保险包括的范围和覆盖的人群都扩大了，并被介绍到更多国家，尤其是拉美国家和法属非洲殖民地国家。在西方发达国家，经过几个世纪的发展，福利已从恩惠（favor）变成了授权（entitlement），最后变成了权利（right）。到 1970 年代中期，欧洲 13 个发达国家用于社会福利的公共支出平均占 GDP 的 20.7%。即使在福利政策相对落后的美国，这个比重也达到 16%左右。

表 7—1　各项社会保险制度早期实施的国家与起始年

	最早	第二	第三
养老	德国　1889	丹麦　1891	法国　1895
医疗	德国　1883	意大利　1886	奥地利　1888
工伤	德国　1871	瑞士　1881	奥地利　1887
失业	法国　1905	挪威　1906	丹麦　1907

从统计数据可知，福利国家并没有进一步扩大，但实际上也没有缩小，欧洲国家福利支出占 GDP 的比重基本上是稳定的。由表 7—2、表 7—3 可以看出，工伤保险是最早出现的，也是早期实施国家最多的，接下来大致是养老、医疗、失业保险。我国社会保障基本也是遵循这个顺序，但由于我国农民工数量庞大，所以我国的工伤保险发展相对来说较为滞后。

表 7—2　OECD 国家实施社会保险的起始年

	养老	医疗	工伤	失业
比利时	1900	1894	1903	1920
荷兰	1913	1929	1901	1916
法国	1895	1898	1898	1905
意大利	1898	1886	1898	1919
德国	1889	1883	1871	1927
爱尔兰	1908	1911	1897	1911

续前表

	养老	医疗	工伤	失业
英国	1908	1911	1897	1911
丹麦	1891	1892	1898	1907
挪威	1936	1909	1894	1906
瑞典	1913	1891	1901	1934
芬兰	1937	1963	1895	1917
奥地利	1927	1888	1887	1920
瑞士	1946	1911	1881	1924
澳大利亚	1909	1945	1902	1945
新西兰	1898	1938	1900	1938

表 7—3　　实施社会保险的国家数

年份	1940	1949	1958	1967	1977	1989	1995	1999
实施国家（个）	57	58	80	120	129	145	165	172
工伤（个）	57	57	77	117	129	126	159	163
医疗（个）	24	36	59	65	72	84	105	114
养老（个）	33	44	58	92	114	135	158	165
失业（个）	21	22	26	34	38	40	63	39

中国的大转型

运用波兰尼的框架分析中国，呈现的是一个什么样的状况呢？我认为中国也可以分为三个阶段。第一个阶段（1949—1984 年）：伦理经济为特征，在这个阶段不需要区分经济政策和社会政策，经济政策就是社会政策，社会政策就是经济政策，没有特别的社会政策。第二个阶段（1984—1999 年）：意识形态变化，效率（经济增长）优先，几乎完全忽略社会政策，如果有的话是反社会政策，就是对人、自然的保护不但没增强，反而削弱现有的。第三个阶段（1999 年尤其是 2002 年至今）：社会政策在中国首次大规模出现，这与中国今后的增长方式是有关系的。

第一个阶段（1949—1984 年）：计划经济下，在改革开放以前，中国的经济关系必须服从一套社会价值，概括起来无非是人的基本保障（生存不会受到威胁)、比较平等。分配（而不是再分配）是资源配置和社会整合的主要方式，分配的运作必须有一个中心（国家）。农村里的社队和城镇里的单位是分配机制发生作用的依托，社队和单位不仅是经济机构，也是社会机构。两种机制把经济镶嵌入社会政治关系中：软预算约束和铁饭碗。市场在社会生活中不起关键作用。

第二个阶段（1984—1999 年）：这时决策者不再追求基本保障和平等，而是效率优先、经济增长速度优先。为了追求尽可能快的增长速度，他们愿意容忍一点不平等，甚至牺牲某些基本的人类需求，如医疗保障。当时的人们都相信，只要饼越做越大，其他一切问题最终都会迎刃而解。

在这种变化的背景下，就出现了经济与社会脱钩的现象。从伦理经济演化到市场社会，在中国历史上是一次重大的转变。首先是市场的出现：1979—1983 年，零星的市场（如商品市场）开始出现，但作用有限，行政干预依然很强，非市场体制与关系仍然占据上风；其次是市场制度的出现：1984—1992 年，一套相互关联的市场制度开始出现，如产品市场、劳动力市场、金融市场等，等价交换、供求关系与竞争的市场原则开始确立，但还没有波及非经济领域；再次是市场社会的出现：1993—1999 年，市场原则开始侵入非经济领域，成为整合社会生活甚至政治生活的机制，市场原则干预的范围可以用商品化的程度来衡量，如医疗卫生、教育等。今天回头看，当时很多人提倡教育市场化、医疗市场化，在这种情况下，传统的伦理经济开始崩解。没有铁饭碗，农民可以到处流动，中央与地方的预算关系也由软预算变为分灶吃饭的关系。

经济与社会脱钩后出现了这样一种状况：在市场社会下，人们的生计完全依靠市场，当市场原则变得无孔不入时，人们的福祉取决于其支付能力。因此，普通工农大众享有的保障和救助越来越少，结果不平等程度提高（见表 7—4）。中国的不平等程度如果用基尼系数来衡量的话，基本上是在持续扩大，这个扩大从 80 年代中期开始，改革开放初期不平等程度基本上是平缓的，变化的结尾是 2001 年，2002 年以后中国的基尼系数基本上是呈水平状态的（见图 7—1)。90 年代我自己的研究大部分与不平等相关，尤其是地区不平等。

表 7—4　　效率优先的后果（1985—2001 年）

	收入	财富	卫生	教育
城乡之间差距	扩大	扩大	扩大	扩大
地区之间差距	扩大	扩大	扩大	扩大
农村内部差距	扩大	扩大	扩大	扩大
城镇内部差距	扩大	扩大	扩大	扩大

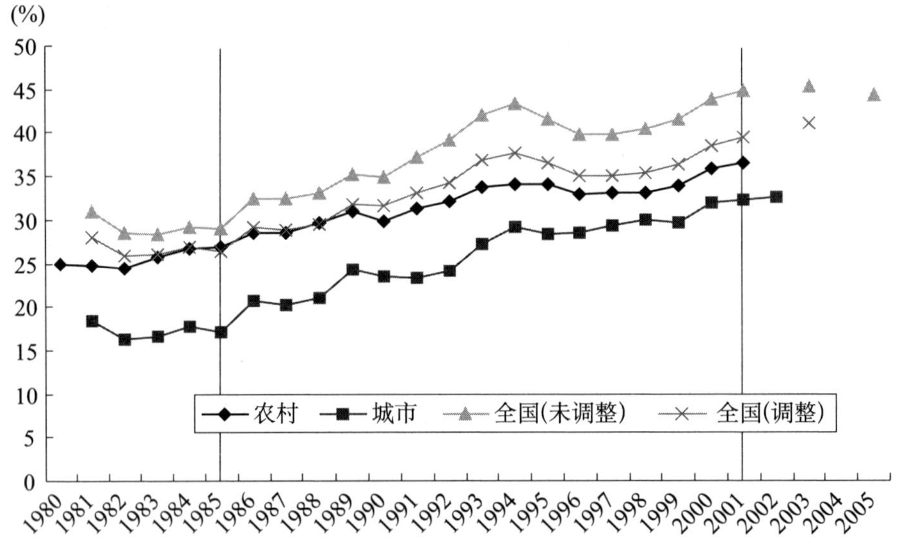

图 7—1　中国收入分配基尼系数

1999 年以后，我认为又开始出现了反向运动。市场社会强加给普通人的负担过于沉重，难以持久。当人们对市场社会的不满发展到一定程度时，社会秩序就会受到威胁。由统计数据可知，1999 年到 2002 年前后，我国国有企业和集体企业下岗和早退的人加起来有 6 000 万人，相当于 1.5 倍的韩国人口，相当于一个英国或一个法国的人口，这么多人突然失去工作，是多大的历史事件！那个时候，在人们的生活安全受到威胁后，很多地方发生罢工事件、群体性事件。为了缓解社会矛盾，政治领导人开始重新将经济关系与社会关系挂钩（挂钩方式为去商品化与再分配），把一些与人民生活息息相关的东西去商品化，通过再分配缩小差距，这就是反向运动。

去商品化是指把一些服务看作权利，使人们可以不完全依赖市场生存（Esping-Anderson，pp. 21－22），其领域涉及教育、医疗等。再分配意味着：

一方面，人们要向国家缴税；另一方面，人们从国家的再分配（社会救助、社会保险、公共服务）中受益，缴税水平与受益水平没有必然关系。再分配用国家的强制力打断了市场的链条，把全体人民重新联结起来，成为一个社会。简单化的体系就是：政府通过税收把钱收上来，用社会救助、社会保险、社会服务的方法又服务于人民，一种新型的社会关系出现。

从每年3月份财政部部长向全国人大提交的报告可看到，每年财政支出的优先项目是在不断变动的。2001年以前基本上和经济建设相关的是支出的重点，但越往后越明显的是，跟社会再分配、社会保险相关的才是支出的重点，2009年很清楚的是重点安排农村、教育、医疗卫生等与社会关系很紧密的一些支出（见表7—5）。

表7—5　　近年来预算支出重点的优先排序（2000—2009年）

年份	第一优先	第二优先	第三优先
2000	加大基础设施建设力度	支持国企的改革与发展	加大社会保障投入
2001	加大基础设施建设力度	增加机关事业单位职工工资	加大社会保障投入
2002	向低收入群体和困难群众倾斜	向农业、农村、农民倾斜	向科技教育倾斜
2003	支持农业和农村经济社会发展	增加社会保障支出	保障教育科技支出
2004	增加对“三农”的投入	增加就业和社会保障投入	增加教卫科文体事业投入
2005	加大对“三农”的投入	缓解部分县乡财政困难	向经济社会发展薄弱环节倾斜
2006	向经济社会发展薄弱环节倾斜	向困难地区和群体倾斜	向科技创新倾斜
2007	强化各项支农惠农财税政策	解决“上学难、上学贵”	解决“看病难、看病贵”
2008	巩固、完善和强化各项强农惠农财税政策	大力支持教育、医疗卫生、社会保障等社会建设	加大对科技创新和节能减排的支持力度
2009	重点安排农业、教育、医疗卫生、社会保障、就业、保障性安居工程、科学技术、环境保护、地震灾后恢复重建等方面支出		

1999年到现在也出现了一系列社会政策，包括取消农业税、城市低保、义务教育免费、廉租房、医疗保障等，这些社会政策的功能无非两方面：一方面缩小不平等，另一方面降低不安全（见表7—6）。

表 7—6　　社会政策的出现（1999—2008 年）

年份	新出台的社会政策
1999	西部大开发
2002	城市低保
2003	支持“三农”、进行农村税费改革、筹建新型农村合作医疗体系
2004	降低农业税、推出农村“三项补贴”
2005	部分取消农业税
2006	全面取消农业税，推出农业综合补贴，免除西部地区农村义务教育学杂费，推出城市廉租房
2007	全国农村义务教育免费，全面推进新农合，全面推进廉租房项目，全面推进农村低保，开始推行城市全民医保
2008	全国义务教育免费，新农合覆盖全国村落，积极推进其他全民医保以及其他各类社会政策

（1）缩小不平等。1999 年开始实行西部大开发战略，很重要的一个政策就是转移支付，虽然转移支付难以和税收返还剥离，但从总量上看，数量大大增加，到 2009 年已经是 28 000 亿元左右，与 1994 年相比已经是 10 倍以上（见图 7—2）。1994—2005 年，转移支付的主要方向是中部与西部，东部只占 10%左右。中央对地方税收返还和补助大幅增加，缓解了中央政府和地方政府财政之间的纵向不平衡以及各地政府间财政的横向不平衡，促进了地区协调发展。

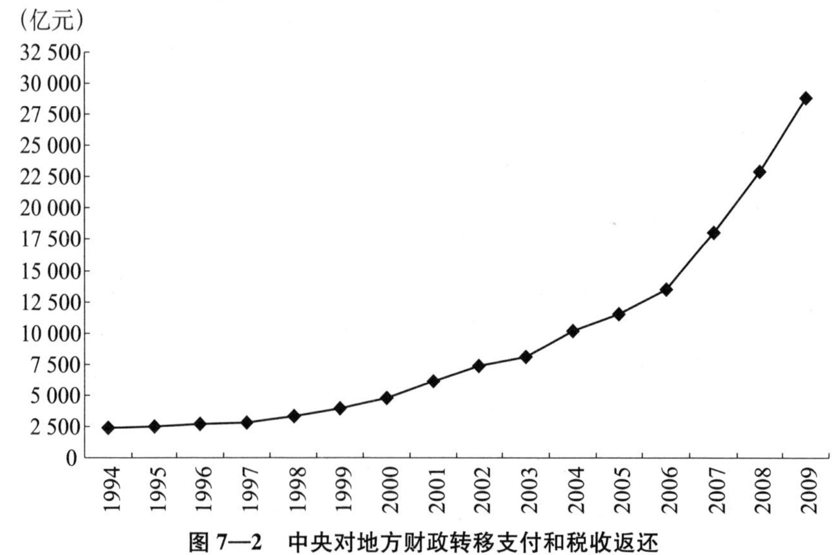

图 7—2　中央对地方财政转移支付和税收返还

将中国31个省分为东部、东北、中部、西部四大板块，分税制改革以前四大板块经济之间存在着很大的差距，90年代初期非常发散。自1994年以后，各板块的增速开始逐渐趋同。2005年，东、中、西和东北地区的GDP增速分别为13.13%、12.54%、12.81%和12.01%，差别已经不是那么明显（见图7—3）。最近几年基本吻合，2007年开始收敛。

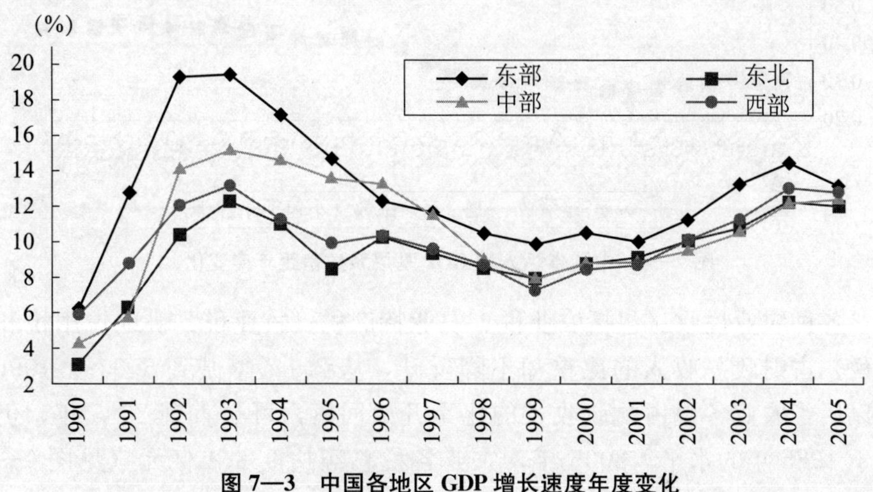

图7—3 中国各地区GDP增长速度年度变化

资料来源：Feng and Xuan（2006），Figure 2。

各区域间经济增长速度的趋同有利于遏制地区差距恶化的势头，并可能导致地区差距的缩小。图7—4展现了按照不变价计算的1978—2007年省际人均GDP基尼系数的变化轨迹。从中我们可以看出，在1983年后的很长一段时间里，地区差距不断扩大。90年代是地区差距持续快速扩大的时期。转折点是1999年。中央政府宣布“西部大开发”以后，虽然地区差距仍在继续扩大，但速度明显放缓。更为可喜的是，包括北京、天津、上海等直辖市在内的地区差距扩大的趋势在2004年出现了自1990年以来的首次逆转；到2007年，地区差距进一步缩小。最近几年地区差距缩小至少是减缓，是一个非常了不起的成就。

为了缩小城乡之间的收入差距，中国政府近年来对农村居民采取了“少取”和“多予”两套策略。“少取”最明显表现在取消农业税上。改革开放以后，农业在中国国民经济中的份额不断下降，其占国内生产总值的比重从1979年的31%下滑到2005年的12.6%。但在1986—1996年

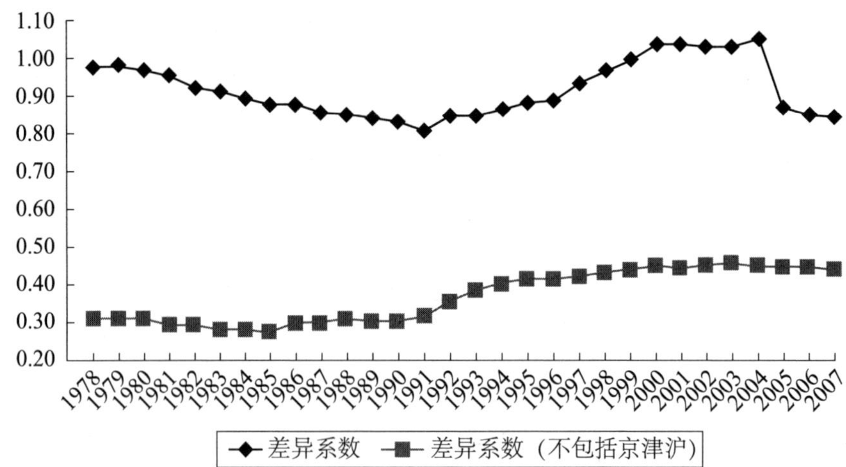

图 7—4 中国省际人均 GDP 基尼系数差距年度变化

间，各种农业税收（包括农业税、农业特产税、牧业税、耕地占用税和契税）占财政总收入的比重却不降反升，从 2.1%攀升到 5.3%。1996 年以后，农业各税占财政收入的比重开始回落，可是直到 2005 年，仍高于 1985 年的水平。2005 年，农业各税总额达 936.4 亿元（见图 7—5）。

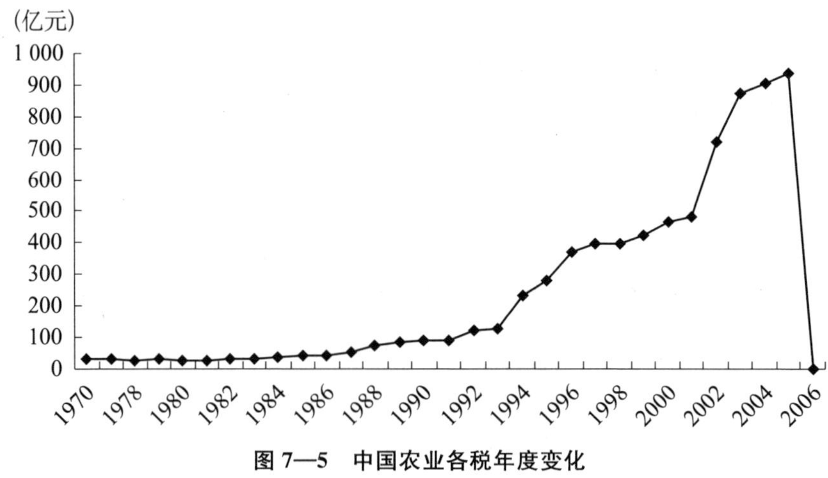

图 7—5 中国农业各税年度变化

“多予”方面的政策力度更大。1997 年，中央财政用于“三农”的资金不过区区 700 余亿元。这类资金在 2001 年上了一个大台阶，达 1 900 亿元；但其后两年变化不大。2004 年是个转折点，中央财政用于“三农”

的支出比上年净增 700 余亿元，达 2 626 亿元；其后，每年的增幅都在 500 亿元上下。2007 年中央财政预算安排“三农”支出达 3 917 亿元，相当于 1997 年的 5 倍多（见图 7—6）。到 2009 年，中央财政用于“三农”的支出已经达 7 000 多亿元，10 倍于 1997 年的情况。

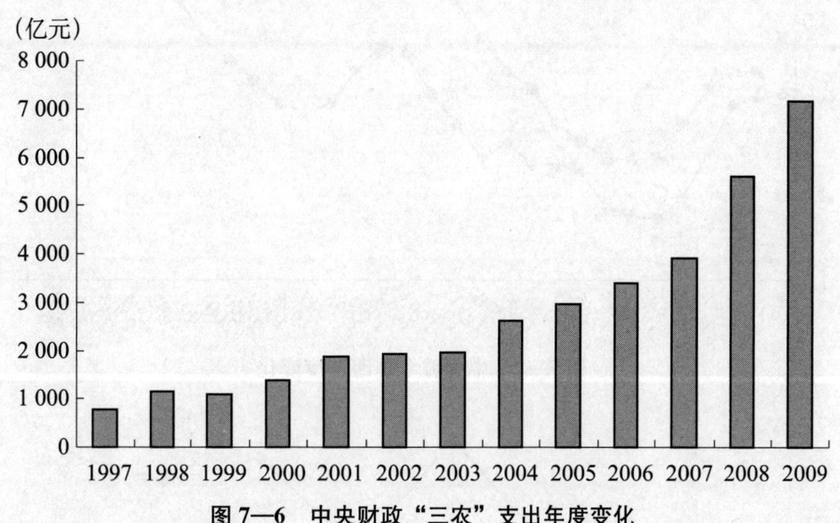

图 7—6 中央财政“三农”支出年度变化

“少取”和“多予”双管齐下似乎已经初见成效。在收入方面城乡差距已经不像前几年那样直线上升，现在是比较缓慢上升，基本稳定在一个很窄的区间（见图 7—7）。从消费的角度看城乡差距，变化的情况更为复杂一点，基本上没有大规模的上升，有些地方还有一点点下降，如城乡居民人均医疗支出和文教娱乐支出（其中教育支出是大头）的差距已开始呈现下滑的趋势。随着公共财政担负起全民基础教育和基本医疗保障的责任，我们可以期待，城乡差距扩大的势头将会在不久的未来受到遏制，甚至出现逆转。

农村内部的差距如果用最富的 20%与最穷的 20%百分点加权的收入差距来看，2002 年以后农村内部差距开始平缓化，城市也基本上呈这种趋势（见图 7—8、图 7—9）。

（2）降低不安全。2002 年，城镇低保人数在 2 200 万上下浮动，基本上将全国城镇符合条件的低保对象都纳入了保障范围；人均低保补助从 2002 年的 40 元/月左右提高到 2008 年的 140 元/月左右，这是一个大幅度的增加（见图 7—10）。

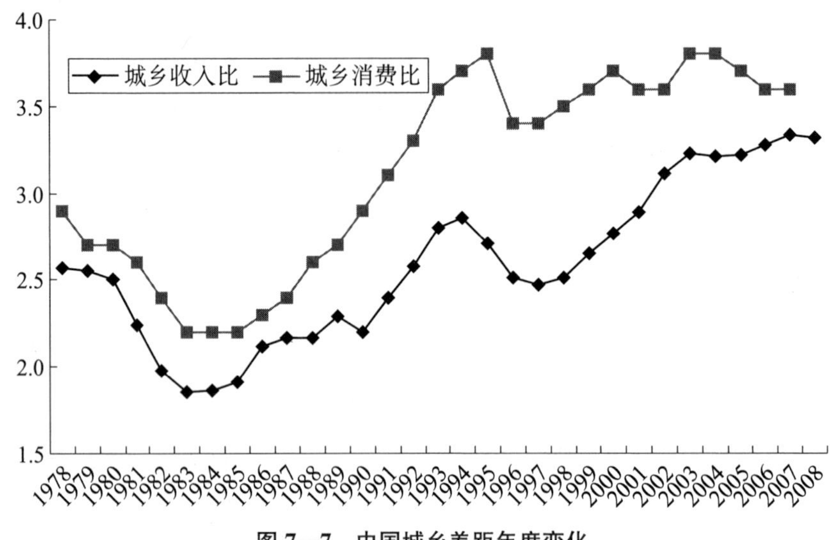

图 7—7　中国城乡差距年度变化

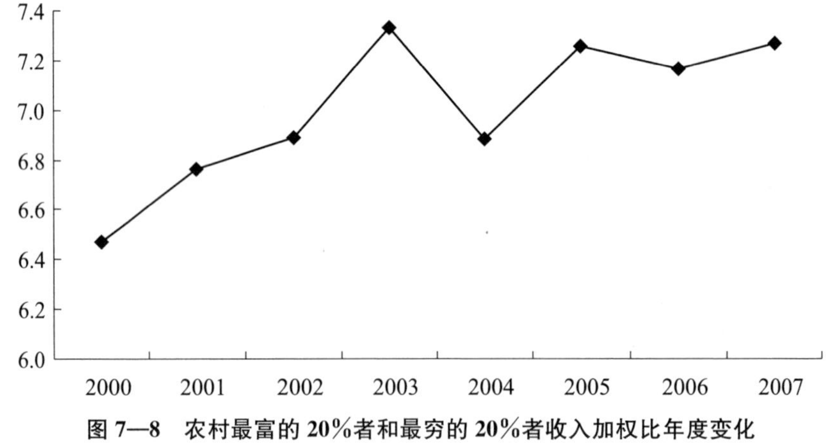

图 7—8　农村最富的 20%者和最穷的 20%者收入加权比年度变化

从 2007 年开始，国务院决定开始在农村建立最低生活保障制度。以前基本上只面向五保户，到 2008 年则共补助 4 300 万人。按 2008 年最低贫困线，把低收入人群和最低收入人群合在一起，这个底线下正好是 4 300万人，两个数据基本上是吻合的（见图 7—11）。

降低不安全的另一个很重要的方面就是医疗卫生。图 7—12 反映的是我国社会卫生总费用的结构，1965 年，在很多卫生费用中个人掏腰包的总量占 16%，到 80 年代中期是 26%左右，但到了 2001 年达到 60%多。

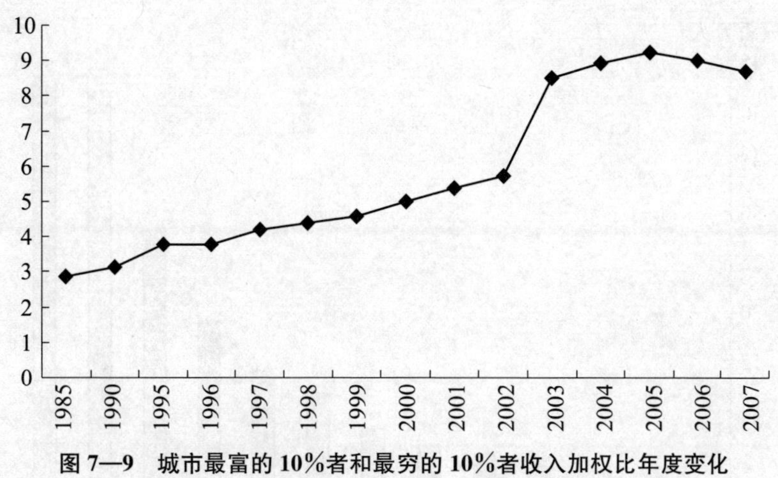

图 7—9　城市最富的10%者和最穷的10%者收入加权比年度变化

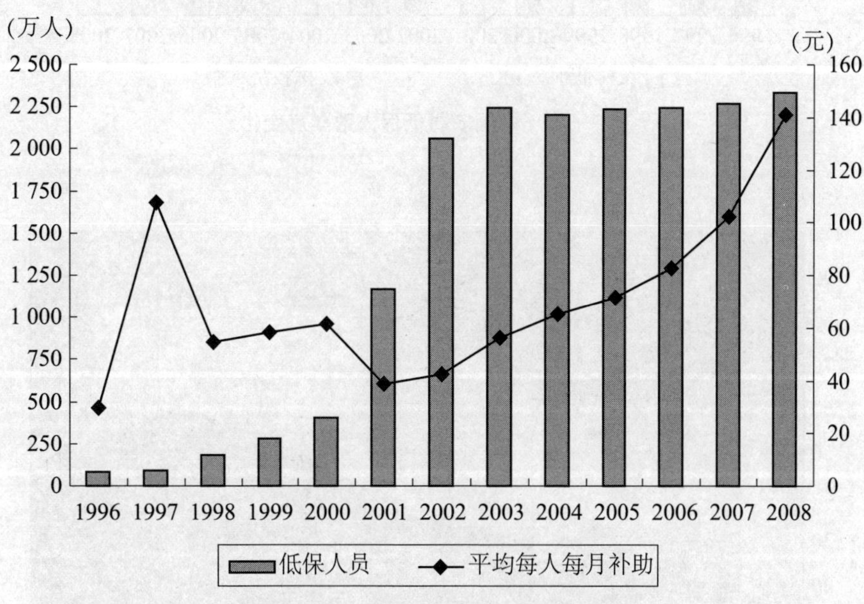

图 7—10　中国城镇低保年度变化

60%的个人掏腰包在全世界可能是最高的比例，跟我们差不多高的还有越南等几个国家。所以 2002 年世界卫生组织排名卫生不公平的国家，中国很不幸排在 188 个国家的第 184 位，倒数第四位，是最不公平的国家之一。但最近几年发生了许多可喜的变化，个人支付的份额在大幅度下降，到 2007 年降到 45%左右。我相信如果 2008 年有数据的话，应该在 40%

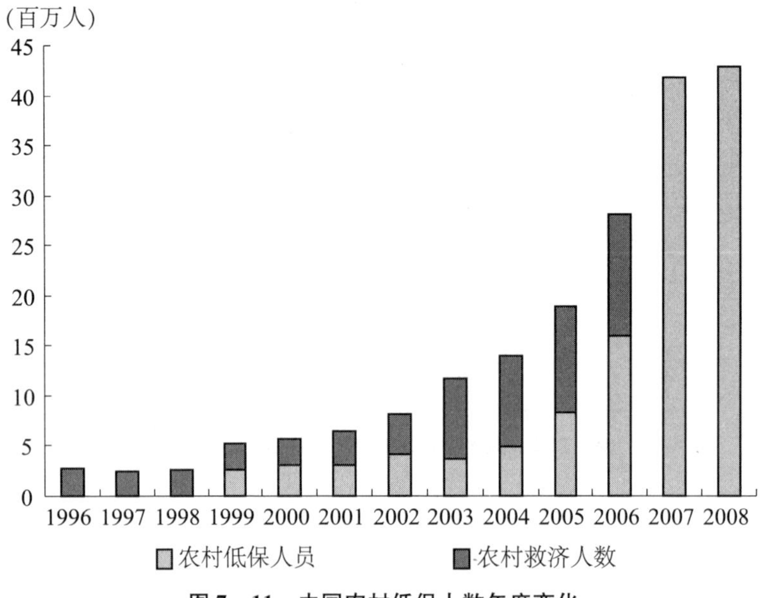

图 7—11 中国农村低保人数年度变化

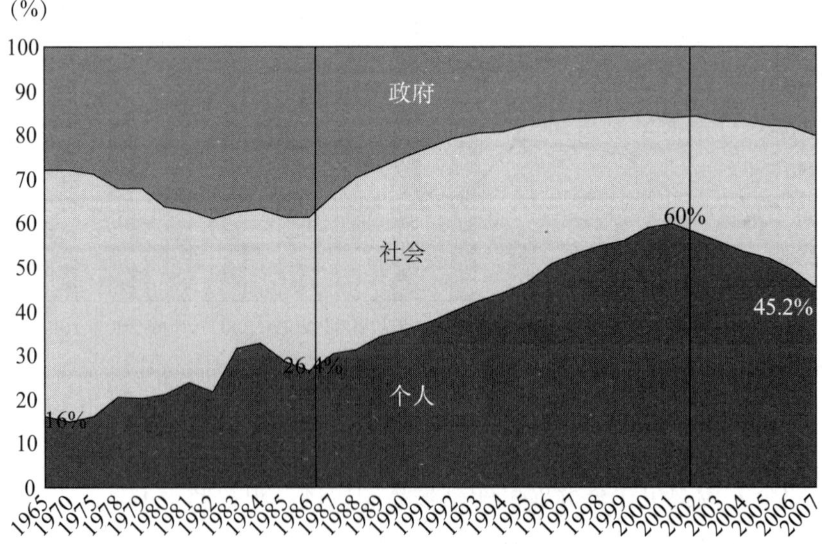

图 7—12 中国社会卫生总费用年度变化

左右。今后，研究者建议应降到 30%左右，这样就与国际平均水平接近，我觉得非常可取。

城镇基本医疗覆盖面在过去几年大幅度提高，现在增加了农民工的医疗保障和城镇居民的医疗保障，如果合起来看的话到 2008 年已经有 32 000万人参保（见图 7—13）。

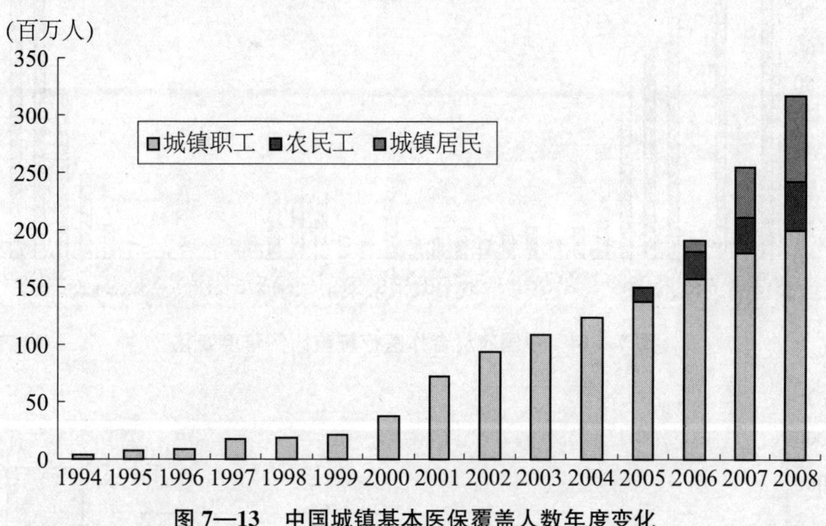

图 7—13 中国城镇基本医保覆盖人数年度变化

在农村，农村合作医疗在 1983 年人民公社解体以后就基本上崩溃了。1983 年以后直到 2004 年，农村医保村落的覆盖比例一直在 10%左右，中国政府在 90 年代中期以前也曾试图恢复与发展农村合作医疗，但就是促进不起来，原因很简单，就是政府财政没有参与，在 90 年代初国务院研究室有的报告中就已经发现没有政府参与，农保是不可能恢复的。1994 年是中央政府最困难的时候，中央政府就是有心也没这个能力，所以这件事情一直等到 2002 年 10 月份，“非典”前几个月，中央才下决心财政参与新农合，这以后农村合作医疗才比较迅速地恢复。到 2008 年，93%的农村人口被涵盖在农村合作医疗里面（见图 7—14）。这样，全国 13 亿人口里面大约有 11.3 亿人有某种形式的医疗保险，这是一个很重要的变化。

除医疗保险以外还有医疗救助，城乡都有。到 2008 年大概有 5 300 万人享受了某种形式的医疗救助（见图 7—15）。

工伤保险在全世界的保险中是发展比较早的，中国在 20 世纪 90 年代初就已经出现，在 90 年代末和 21 世纪初发展非常平缓，真正发展快是在

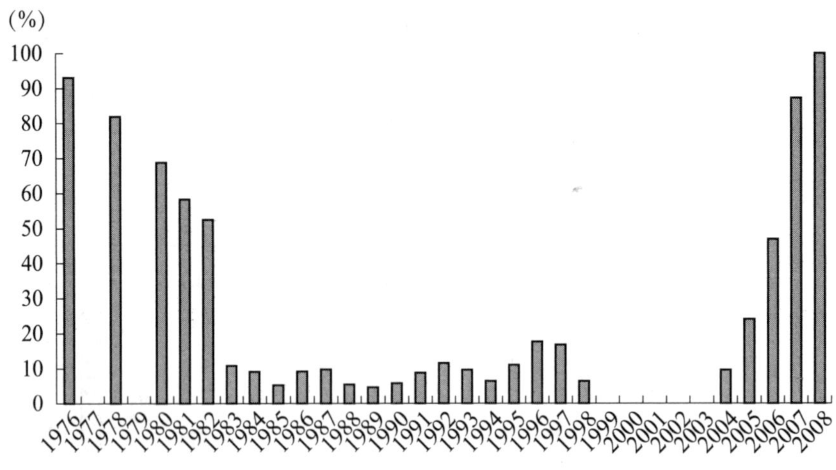

图 7—14　中国农村合作医疗覆盖比例年度变化

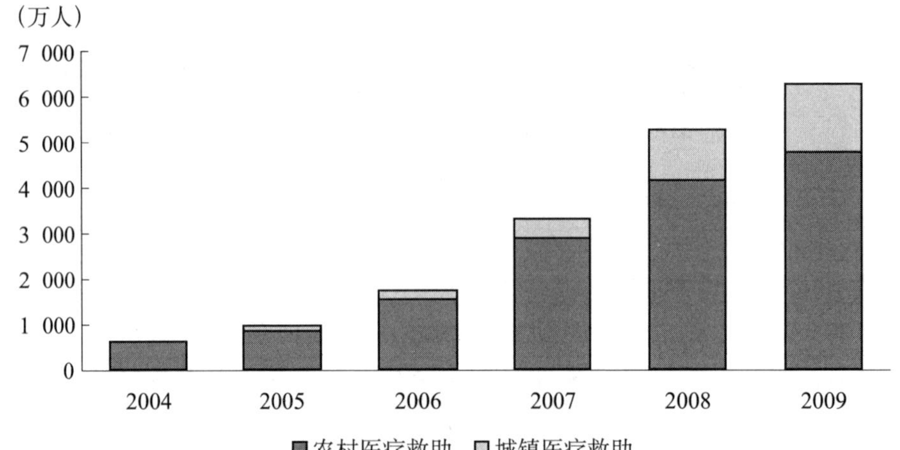

图 7—15　中国城乡医疗救助覆盖人数年度变化

2003 年以后（见图 7—16），但到 2013 年底，也只是覆盖了城镇就业总人口的 52%左右，还不是一个很高的比例。

城镇养老保险中，职工养老保险有 2 亿多人（见图 7—17）；从城镇就业人口参保率来看，还是比较低的，只有 50%左右，另外还有 50%的人没有参保（见图 7—18）。

这个领域基本没有进步的就是农村的养老保险。90 年代中期有一段，农村养老保险参保人数达到 8 000 万人，但就在这个时候，国务院主要领导认为这不符合中国基本国情，然后基本上就垮下来了，直到 2007 年的

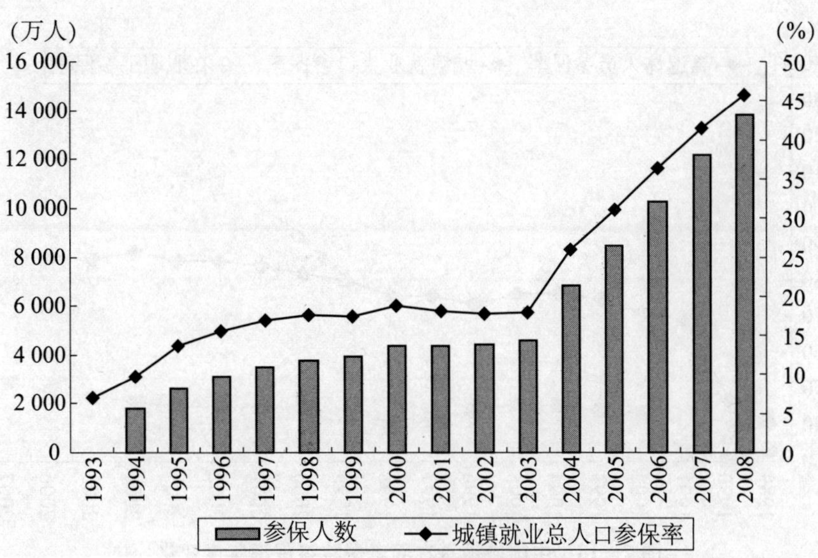

图 7—16　中国工伤保险参保年度变化

数据还是很低（见图 7—19）。温家宝总理宣布，农村养老保险要覆盖全国，财政也要参与，所以农村养老保险事业有望恢复。但这是个很花钱的事，财力上能否做到本人还是有点怀疑。

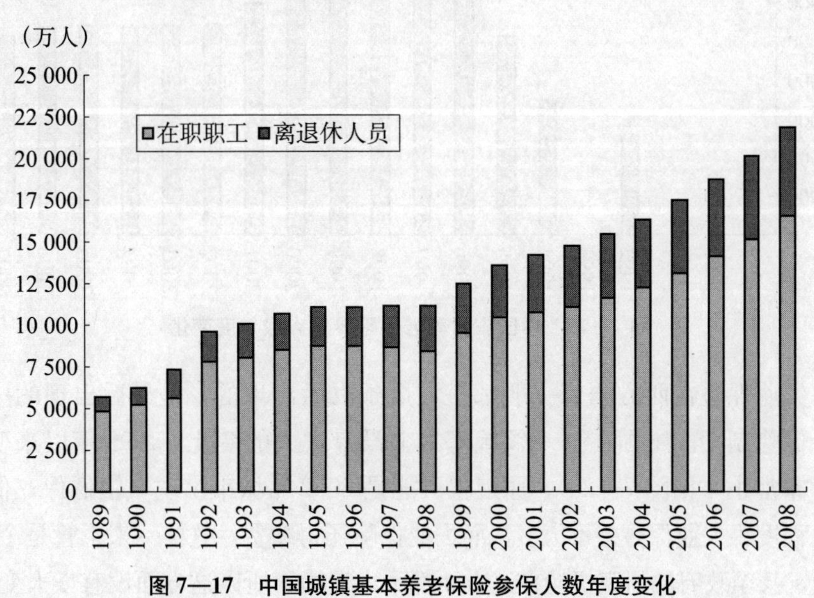

图 7—17　中国城镇基本养老保险参保人数年度变化

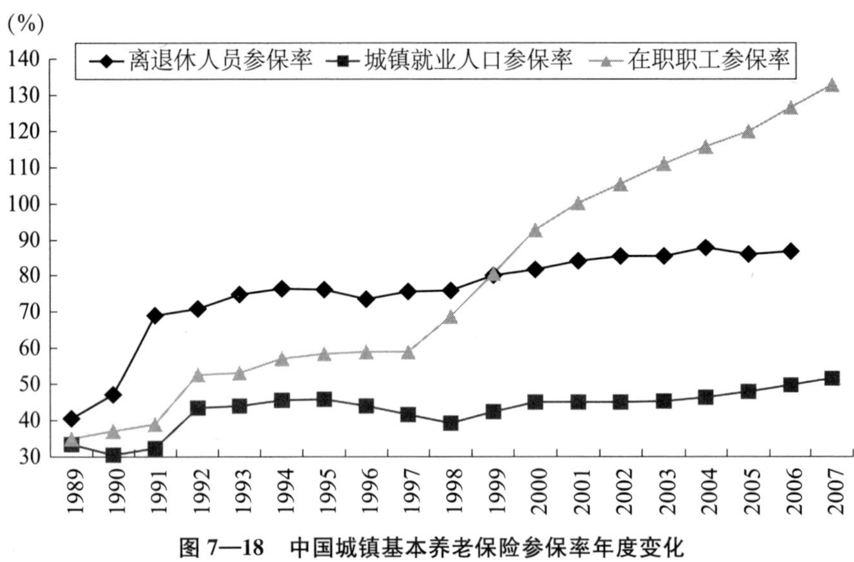

图 7—18 中国城镇基本养老保险参保率年度变化

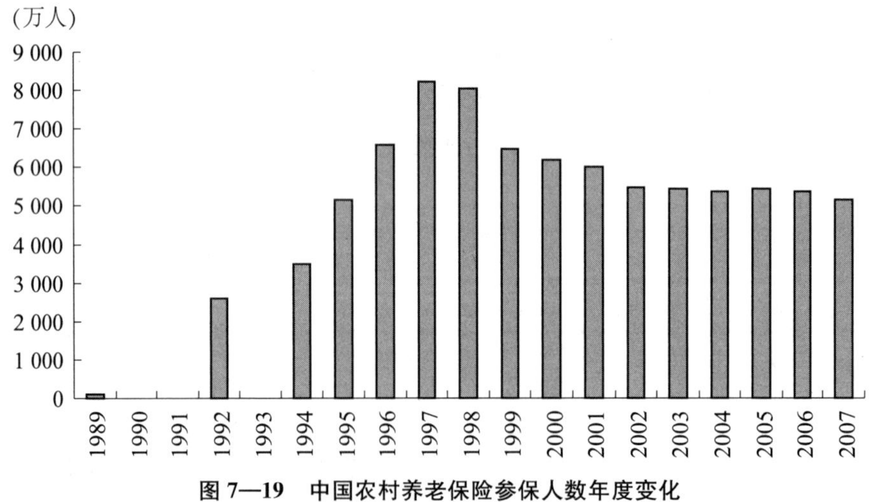

图 7—19 中国农村养老保险参保人数年度变化

失业保险在西方国家一般都是大萧条以后出现的，是最后出现的一种社会保险制度。中国在这一领域基本上没有太大的变化，1999 年以来变化幅度非常小（见图 7—20），原因很可能是 2002 年城市出现城镇低保，低保受益程度跟失业保险差不太多，而失业保险还得缴费，这样一来不管是个人、企业，甚至政府的研究机构在这方面都不太着力，所以这方面没有太大变化。失业保险参保率相当低，在城镇就业人数中只占 40%左右（见图 7—21）。

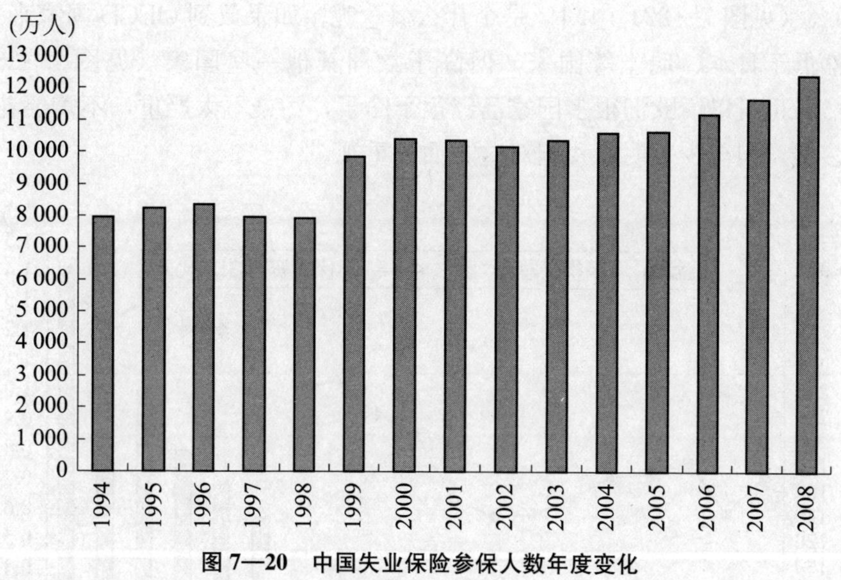

图 7—20 中国失业保险参保人数年度变化

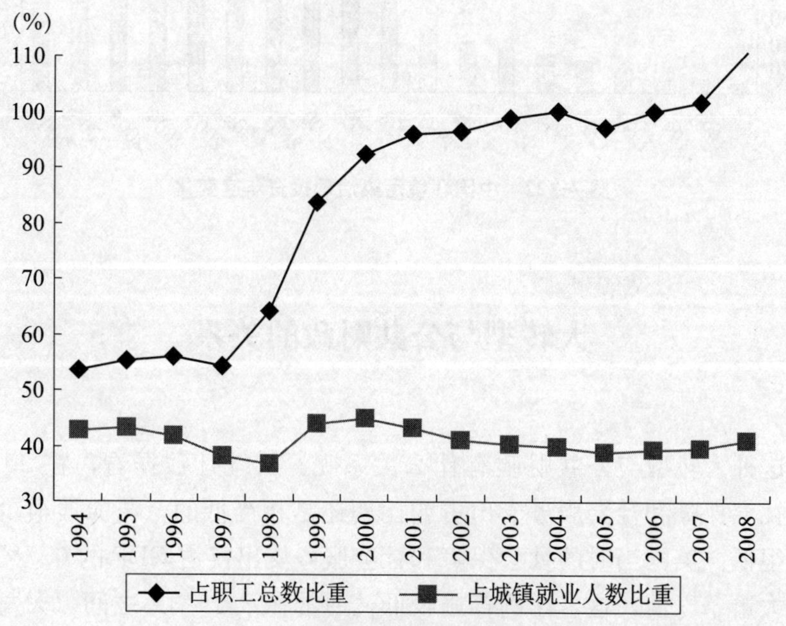

图 7—21 中国失业保险参保率年度变化

还有一个变化就是对环境污染的治理。这一领域最近几年的变化比较大，环保投资占 GDP 的比重攀升比较快，到 2007 年已经达到了 GDP 的

1.4%（见图 7—22）。1.4%是个什么概念呢？如果放到 OECD 国家来看，虽然低于日本、瑞士等国家，但高于欧洲其他一些国家（见图 7—23）。当然，也可以说欧洲很多国家已经很干净了，污染不太严重，不需要花那么多钱，但至少表明了我国对这方面的重视。

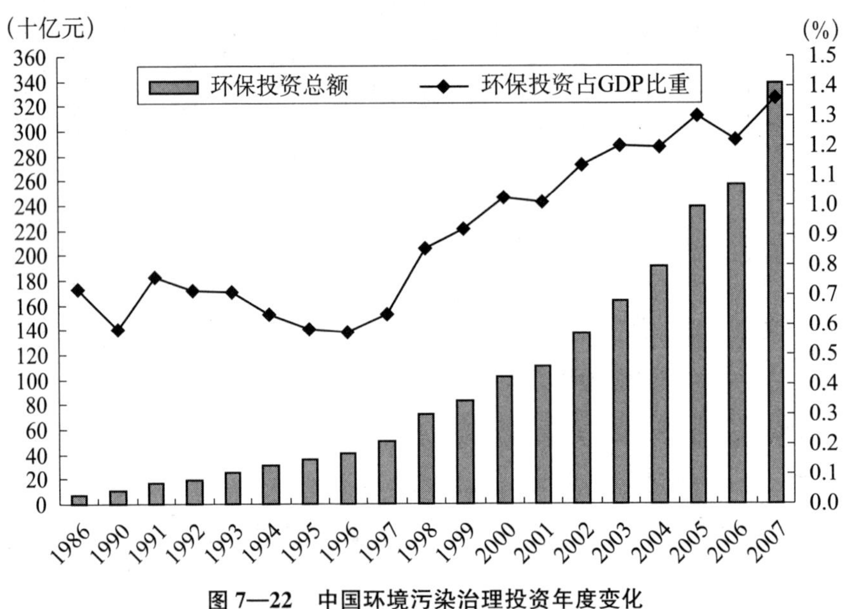

图 7—22　中国环境污染治理投资年度变化

大转型与公共财政的关系

这种大转型与公共财政有什么关系呢？从统计数据看，在 20 世纪初，社会保障和社会服务支出占的比例还是相当低的，花的钱很少，收益也很低。英国当时的社会保障和社会服务支出仅占 GDP 的 0.7%。20 年代大萧条以前，这个比例普遍较低，通常在 2%～3%之间。大萧条以后这个比例开始增加，但当时经济还比较落后，补助也不太高；真正高起来是在战后资本主义黄金 20 年，到 1975 年，有些国家的社会保障和社会服务支出占 GDP 的比重基本达到 10%左右，有的甚至达到 25%左右（见表 7—7）。

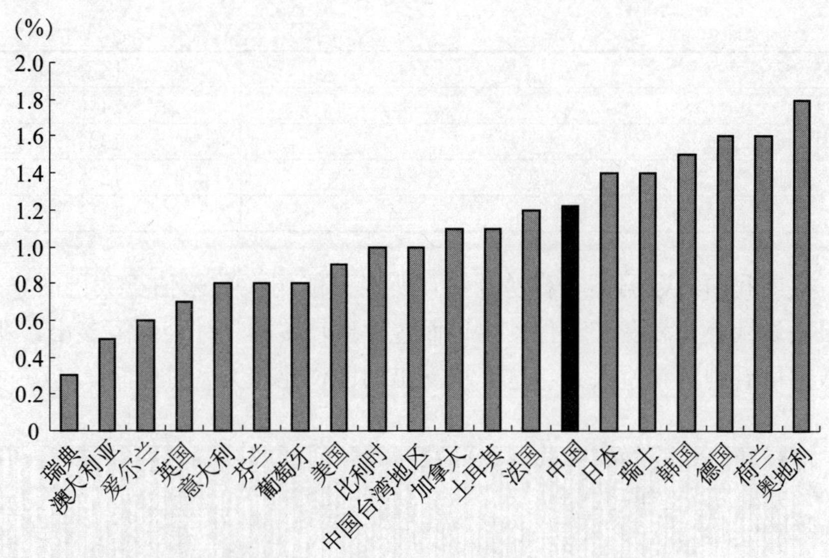

图 7—23　各国家和地区环境污染治理投资占 GDP 比重（2007 年）

表 7—7　1900—1975 年欧洲国家社会保障和社会服务支出占 GDP 的比例

年份	奥地利	法国	英国	荷兰	丹麦	德国
1900			0.7%		1.0%	
1920	2.0%	2.8%	4.1%	3.2%	2.7%	7.5%
1940	2.3%	5.1%	5.3%	4.4%	4.8%	11.1%
1960	7.3%	8.9%	9.0%	8.7%	7.6%	14.9%
1975	10.8%	9.2%	15.0%	17.2%	24.6%	20.8%

说明：表中“1960”、“1975”年份对应的“德国”指的是联邦德国。

在撒切尔-里根革命时期，即使像日本这样后发达资本主义国家，其社会保障支出占 GNP 的比重也达到 11%，而瑞典这样的国家已经达到 32%（见表 7—8）。近几年这一比重虽经历小幅波动，但总体保障水平仍保持在原有水平。

表 7—8　西方各国社会保障支出占 GNP 的比重（1980 年）

国家	比重
瑞典	32%
比利时，丹麦，法国，荷兰	25%～30%
奥地利，联邦德国，爱尔兰，卢森堡，挪威	20%～25%
英国	18%
加拿大	15%

续前表

国家	比重
新西兰	14%
美国	13%
澳大利亚	12%
日本	11%

以前我国的数据不太容易计算，所以只能用大数来估算我国的水平。如果假设社会文教费和其他支出里面包含比较多的是社会保障支出，那么从数据可看到，在过去几年这一块支出的增长比较大（见图 7—24）。

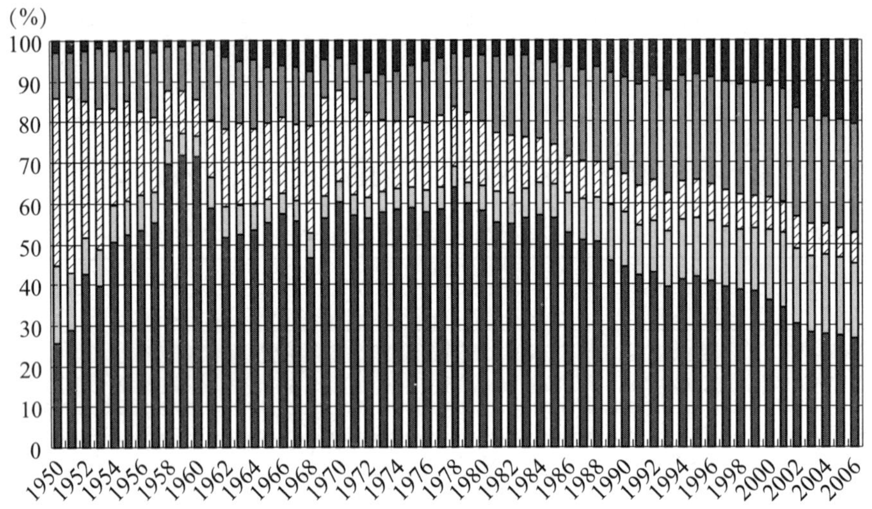

图 7—24　中国政府财政支出结构的年度变化

2007 年调整支出分类以后，社会保障和就业支出占政府财政支出的 11%，医疗卫生支出占 4%，环境保护支出占 2%，文化体育与传媒支出占 2%，教育支出占 14%，加起来有 30%左右（见图 7—25）。由于一些项目国外算在财政社会保障支出范围之内，而我国没有包含，所以本文在计算时将与社会保障支出相关的部分都计入到财政口径。最近几年我国社保支出的增长非常快，到 2008 年达到约 1 万亿元（见图 7—26）。还有一部分预算外资金项目也应考虑加入到财政社会保障支出，如住房公积金、城镇居民医保收费、新农合筹资（政府占 2/3）等政府支出的部分，进而计算综合财政支出。

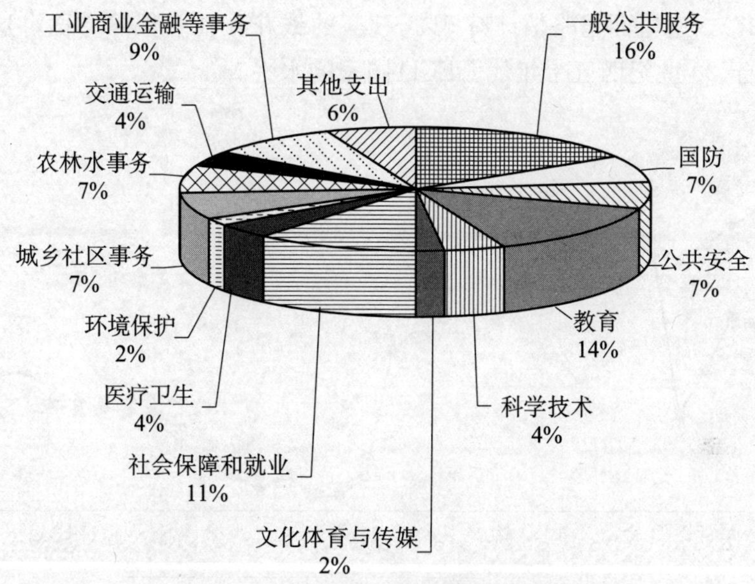

图 7—25　2007 年中国政府财政支出结构

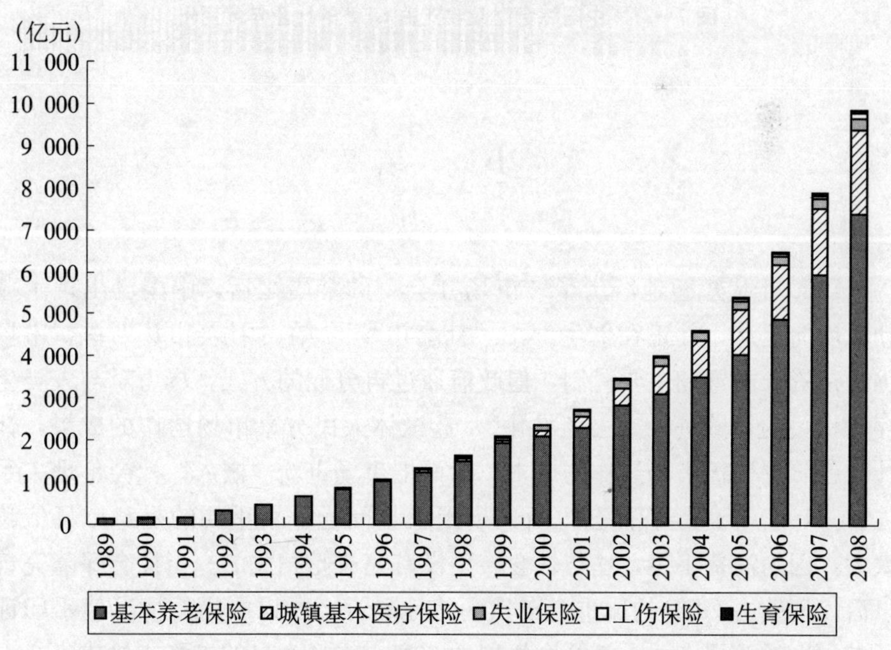

图 7—26　社会保险基金支出

从数据看，当前我国综合财政收支占 GDP 的比重约在 30%以下（见

图 7—27)，这里面粗略估计有 5%～7%的钱花在社会保障方面，这个水平相当于 20 世纪四五十年代 OECD 国家的水平。

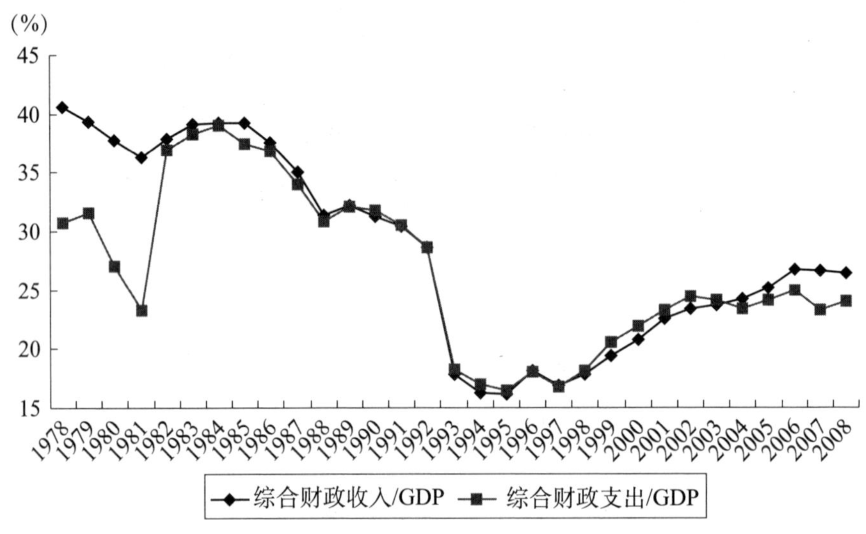

图 7—27　中国综合财政收支占 GDP 的比重年度变化

小　结

1990 年代短暂地经历了“市场社会”的梦魇之后，中国已出现了蓬勃的反向运动，并正在催生一个“社会市场”。在“社会市场”里，市场仍然是资源配置的主要机制，但政府通过再分配的方式，尽力对与人类生存权相关的领域进行“去商品化”，让全体人民分享市场运作的成果，让社会各阶层分担市场运作的成本，从而把市场重新“嵌入”社会伦理关系之中。1990 年代经济社会之所以出现大量问题，很重要的是对市场依赖太大，国内消费不足，这与社会转型没有完成是相关的。当社会保障完善以后，消费占 GDP 的比重会自然而然地攀升，所以中国的情况似乎印证了卡尔·波兰尼有关人类社会发展的观察：市场力量的扩张或早或晚会引发旨在保护人、自然和生产组织的反向运动，保护性立法与其他干预手段是这种反向运动的特征，也是我对中国过去几年发展的一个解读。

八、为了实现共同富裕*

——中国在保护社会方面的新跃进

作为一种人类理想，社会主义从来就没有一种放诸四海而皆准的固定模式。在不同的国家，处在不同的发展阶段，社会主义理想的实现方式不可能一模一样。在坚守社会主义方向的同时，探索社会主义道路是一项极具挑战性的历史任务。

中国式社会主义：从 1.0 到 3.0

1949 年，中华人民共和国成立，这标志着千千万万人民英雄在过去一个世纪里为之浴血奋战的解放梦终于实现了。[1]解放以来，中国共产党、中国各级政府与中国人民一直在探索适合本国国情与所处发展阶段的社会主义道路。回首过去 60 多年，中国已经跨越了两个历史发展阶段，并在各个阶段探索出相对而言比较成功的社会主义道路，取得了举世瞩目的成就，实现了自立自强与脱贫致富的梦想[2]；现在，中国处于第三个历史阶段，正努力探索一条实现共同富裕梦想的新路。[3]

第一个阶段可以称为“匮乏阶段”，从中华人民共和国成立开始，一直持续到 1978 年。按 2012 年国际不变价格计算，在这个阶段，中国的人

---

* 本文曾发表于《人民论坛·学术前沿》2013 年 11 月下。

均 GDP 从 400 美元持续攀升，但一直低于 1 000 美元（见图 8—1）。把这个阶段称为“匮乏阶段”，是因为其经济发展水平很低，其产出仅够维持人们的基本生存。为了在剩余极其有限的条件下发展经济，中国在这个阶段采取了公有制加计划经济的社会主义模式，为的是把不多的剩余集中起来，优先发展重点产业与关键社会事业。与此同时，在“匮乏阶段”，当人均收入十分低下、人们普遍贫穷时，尽量保障所有人的基本生存条件是在那种条件下实现社会福利最大化的唯一途径。由于人均收入只够维持基本生存，如果分配不均，势必有人连基本生存也得不到保障。因此，在分配政策上，中国那时十分注重公平，往往采取票证的方式定量供应生活必需品。

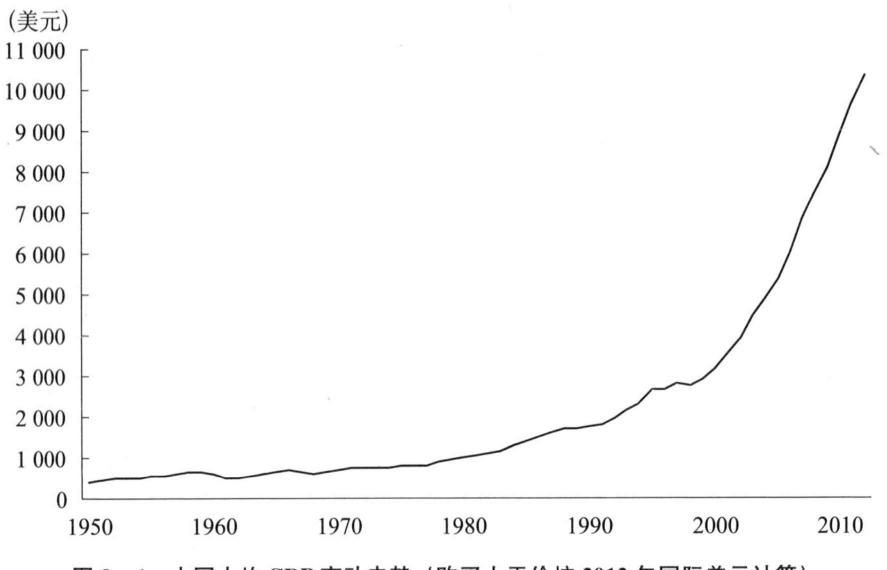

图 8—1　中国人均 GDP 变动走势（购买力平价按 2012 年国际美元计算）

资料来源：The Conference Board Total Economy Database，January 2013，http：//www.conference-board.org/data/economydatabase/ 。

毛泽东时代的中国式社会主义 1.0 版本固然有缺陷（如物质生活水平提高缓慢），但其成就不容抹杀。“匮乏阶段”的中国梦是自立自强。面对西方列强的敌视与封锁，“自力更生、奋发图强”的中国虽然不得不勒紧裤腰带，但取得了令人瞩目的成就。且不说解放后仅三年，经济就迅速恢复到战前最高水平，就是从 1953 年到 1978 年，GDP 年均增长率也高达

6.5%，虽然比不上同期东亚的日本与“四小龙”，但放在世界范围内也相当突出。更重要的是，在这个阶段，中国从无到有、从小到大建立起完整的现代国民经济体系，并为其后的发展奠定了硬（基础设施）、软（劳动力的健康水平与受教育程度）两方面坚实的基础。[4]有人经常引用诺贝尔经济学奖得主阿玛蒂亚·森的话批评“大跃进”，但他们却有意或无意忽略森对毛泽东时代的总体评价：“1949年政治变革时中国的生活条件与当时印度的情况大致相差无几。两个国家都属于世界上最穷的国家之列，死亡率、营养不良和文盲程度都很高”。但到改革前，“印度和中国所处的相对地位就决定性地确立了”；“改革前中国在教育、保健、土地改革和社会变化方面的成就，对改革后的成绩做出了巨大的积极贡献，使中国不仅保持了高预期寿命和其他相关成就，还为基于市场改革的经济扩展提供了坚定支持”[5]。

1979年，中国人均GDP达到1 000美元上下，进入“温饱阶段”（见图8—1）。与此同时，中国开始进行改革开放。公有制一统天下的局面逐步被多种所有制并存的局面所替代，计划经济逐步演变为市场经济（不过，规划依然发挥着相当重要的作用）。为了促进经济增长，分配政策也发生了变化，打破了“铁饭碗”，端走了“大锅饭”，希望用“让一部分人（一部分地区）先富起来”的方式，激励所有人、所有地区千方百计摆脱贫困、创造财富。

“温饱阶段”的中国梦是脱贫致富。在此阶段，既然人均收入水平已足以维持生存，社会福利最大化的途径是一方面促进经济发展，提高大多数人的收入与消费水平，一方面扶贫减贫。这正是中国式社会主义2.0版本的精髓。

在经济发展方面，从1978年到2001年，中国GDP年均增长9.6%，大大高于前30年的6.5%。作为一个拥有十几亿人口的超大、超复杂经济体，中国连续20多年高速增长，这在人类史上是绝无仅有的，是名副其实的“奇迹”。如果说在“匮乏阶段”人们还吃得不太饱、穿得不太好的话，那么在“温饱阶段”，随着人均GDP从1 000美元逐步增加至4 000美元，绝大多数中国人已有条件吃得越来越有营养、穿得越来越体面。

中国在扶贫减贫方面的成就也许更值得称道。如果按照世界银行的贫困标准计算，从1981年到2004年，中国贫困人口的绝对数量从6.52亿降至1.35亿，5亿多人摆脱了贫困。而在同一时期，全球发展中国家贫困人口的绝对数量只减少了4亿。换言之，如果排除中国，发展中国家贫困人口的数量不仅没有减少，反倒增加了。难怪世界银行的一份报告赞叹道：中国“在如此短的时间里使得如此多的人摆脱了贫困，对于全人类来说这是史无前例的”[6]。

当然，2.0版本的中国式社会主义也有缺陷。为了追求尽可能高的经济增长速度，在这一阶段，中国在相当大程度上忽略了社会公平、职工权益、公共卫生、医疗保障、生态环境、国防建设等，带来了一系列严重的后果，让人们普遍感到不安全、不平等、不舒适。

2002年，中国人均GDP达到4 000美元左右，进入“小康阶段”（见图8—1）。到2012年，中国人均GDP已跨越10 000美元大关。1950年，中国的人均GDP不到美国人均GDP的3%，现在这个比例已超过20%，并仍在快速攀升。新阶段一定会催生新版社会主义。那么，3.0版本的中国式社会主义与2.0版本会有什么不同呢？

如果说在“温饱阶段”私人收入和消费水平的提高有助于社会福利改善的话，那么，进入“小康阶段”后，私人收入和消费水平的提高已不再是社会福利改善的主要动力，它与社会福利改善的正相关关系开始递减，甚至走向反面。[7]

正是基于这一认识，1958年，加尔布雷思出版了《丰裕社会》一书。他敏锐地观察到，当时美国的丰裕只是私人产品与服务的丰裕，而公共产品与服务实际上相当贫乏。虽然不少美国家庭拥有私人住宅、汽车、冰箱、洗衣机、电视、空调，但即使在美国引以为傲的纽约市，加尔布雷思看到的也是“学校都已古老且过分拥挤。警察力量太小而且饷给过低。公园和游玩场地不够。街道和空地是污浊的，卫生部门设备不足而且缺乏人手。在城市工作的人们要进城去的交通工具不能确保且很辛苦，而且愈来愈差。市内交通也是拥挤不堪，很不卫生而且龌龊。空气也很污浊。在马路上停车是禁止的，但别处又没有空地”[8]。在加尔布雷思看来，在私人产品和服务与公共产品和服务供给之间必须寻求某种平衡，否则，增加私人产品和服务毫无意义。例如，“汽车消费的增加需要便利这种消费的街道、公路、交通管制和停车场所的供应。警察和公路巡逻队的保护劳务以及医院设备也是必需的”[9]。为了取得这种平衡，为了进一步提高社会福利水平，加尔布雷思强调，进入“丰裕阶段”后，社会必须大幅度增加对公共产品和服务的投入。不过，加尔布雷思的忠告并没有在美国产生多大效果。1998 年，在为《丰裕社会》出版 40 年纪念版写序时，他不胜唏嘘地感慨道：“我的批评仍然有效。不错，政府确有公共开支，但往往用于购买杀人武器，或用于给大公司种种好处。除此之外，限制公共支出的压力像以前一样十分强大。结果，虽然我们的私人消费比以往任何时候都更加丰裕，但我们的学校、图书馆、公共娱乐场所、医疗保险甚至执法力量都远远不能满足社会需要……与过去相比，公共部门与私人部门的差距可以说是越拉越大”[10]。

社会主义的中国理应能够做得更好。在基本解决广大人民群众的温饱问题之后，“小康阶段”的中国梦是共同富裕。为了实现共同富裕，3.0 版的中国式社会主义对那些能切实改善大多数人福利的领域（如公共卫生、公共教育、公共住房、公共安全、公共交通、生态保护、基础设施、文化艺术、科学技术）加大了公共投入，并通过再分配的方式，尽力对与人类生存权相关的领域进行“去商品化”。[11]如果有人在 2000 年前后说中国是“低福利”国家，那是有依据的。[12]但如果今天仍有人一口咬定中国是“低福利”、“零福利”甚至“负福利”[13]，那就是无的放矢了[14]。本文提供的大量数据表明，在过去十年中，中国出现了一次新跃进：社会的保护力度大大增强。[15]这个新跃进已静悄悄地给中国社会带来翻天覆地的变化：一方面，它阻止了不平等进一步恶化的趋势；另一方面，它为降低人类不安全创造了有利条件。[16]没有这两方面的变化，让全体人民共享经济发展的成果只是一句空话，社会主义只是一句空话。

缩小不平等

从收入差距的构成上看，中国的收入差距可以分解为城镇内部收入差距、农村内部收入差距、城乡之间收入差距以及地区之间收入差距。研究表明，中国整体收入差距的很大一部分源自地区之间的差距和城乡之间的差距。[17]因此，缩小整体收入差距的关键是尽量缩小地区差距与城乡差距。

缩小地区差距

缩小地区差距的主要措施是加大中央政府对各省，尤其是中西部经济相对落后省份的财政转移支付力度。1993 年以前，中国财政体制实行“分灶吃饭”的包干制，这种体制对东南沿海的发达省份十分有利，因为它们的财政资源相对比较充裕，且不必与别省分享来自本地的税收。但对财政资源贫乏的中西部省份来说，没有外来的财政转移支付，它们便难以为本地居民提供像沿海省份那样的公共服务，更没有能力像沿海省份那样拓建基础设施、投资产业项目。20 世纪 80 年代中期以后，地区差距不断扩大，其中一个重要原因便是财政包干制。[18]

1994 年，中国政府对财政体制作出重大调整，将包干制改为分税制。这次改革从根本上扭转了“两个比重”[19]连续 15 年的下滑趋势，从而增强了中央政府的财政汲取能力，为它加大对各省的财政转移支付奠定了制度基础。

从图 8—2 可以看得很清楚：自 1994 年以来，中央对地方财政转移支付的总量一直呈快速增长的态势；尤其是 1999 年以后，几乎是一年上一个大台阶；到 2013 年已达到近 5 万亿元的水平，是 1994 年转移支付总量的 20 倍。

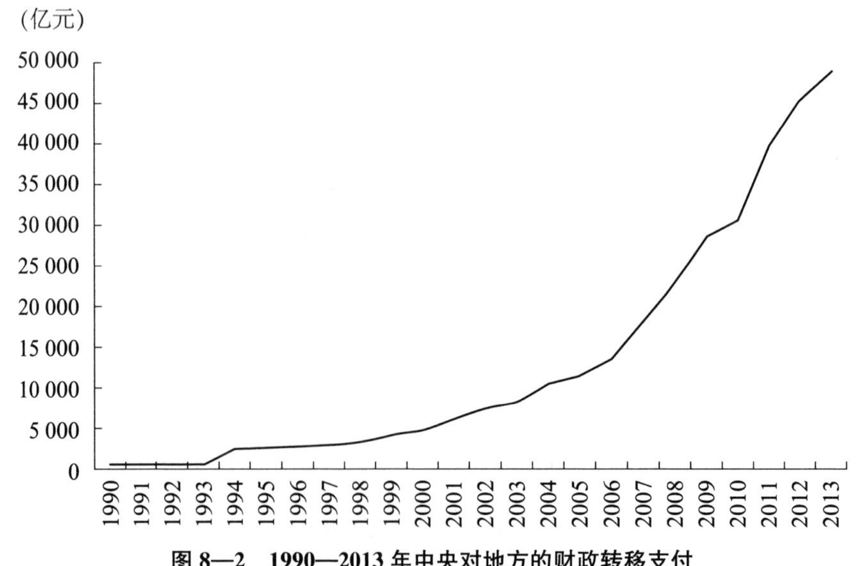

图 8—2　1990—2013 年中央对地方的财政转移支付

在财政转移支付中，作为旧体制残余的“税收返还”有利于东部沿海省份，但按分税制的设计，其份额会逐年下降。它在1995年占转移支付总量的73.7%，而到2013年，该比重已降至10.3%，今后还会进一步下降。财政转移支付中的另外两大组成部分是“一般性转移支付”与“专项转移支付”，其着眼点都是缩小地区间财力的差异，它们的主要受益者是中西部省份。[20]转移支付之后，地区之间人均财力水平的差距大大缩小。在转移支付以前，如果把东部地区的水平当作100的话，中部地区只有约35，西部地区只有约40；转移支付之后，东部水平如果是100的话，西部已达到了97，中部也达到约77。[21]大规模的中央财政转移支付，显然缓解了各地区间财政收支的不平衡，有助于公共服务的均等化，也有助于促进全国各地区协调发展。

在实行分税制以前，东部、中部、西部和东北四大板块GDP增速存在着很大的差距，东部沿海省份遥遥领先，导致地区差距扩大。1994年以后，各板块的增速开始逐渐趋同。[22]近年来，中国各省GDP的增速格局更是发生了根本性的逆转：中西部省份的GDP增速普遍高于东部沿海省份，其结果是地区差距开始缩小。

图8—3显示，无论使用哪方面的数据，不管是以户籍人口还是以常

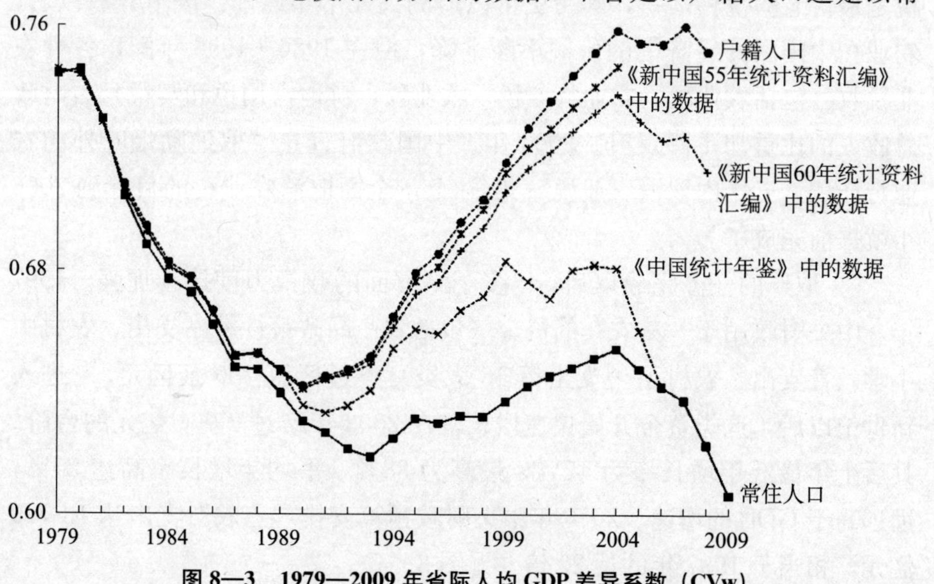

图8—3 1979—2009年省际人均GDP差异系数（CVw）

住人口为基数，2004年以后，中国人均GDP的省际差距都出现了缩小的势头。该图用来衡量地区差距的尺度是人口加权差异系数（coefficient of variation weighted by population 或 CVw）。实际上，即使换用泰尔系数（Thiel index）、基尼系数（Gini index）或阿特金森系数（Atkinson index），地区差距缩小的趋势也都是一致的。[23] 在这么短的时间里，地区差距已出现显著缩小，不能说不是一个奇迹，虽然不少因素发挥了作用，但大规模中央财政转移支付功不可没。

缩小城乡差距

众所周知，中国城乡之间的收入差距一直比较大。与其他一些发展中国家相比，如按总体基尼系数来衡量，中国全国的收入差距并不是最高的，低于拉丁美洲和非洲的一些国家；然而，中国城乡收入差距也许是世界上最大的，这构成中国收入分配格局的一个最为重要的特点。[24]

为了缩小城乡之间的收入差距，中国政府近年来对农村居民采取了“少取”和“多予”两套策略。“少取”最明显表现在取消农业税上。农业税是最古老的税种之一，其历史可以追溯到几千年以前。改革开放以后，农业在中国国民经济中的份额不断下降，但在1986—1996年间，各种农业税收（包括农业税、农业特产税、牧业税、耕地占用税和契税）占财政总收入的比重却不降反升。2004年，中国政府宣布“取消除烟叶外的农业特产税，五年内取消农业税”；实际上，全面取消农业税的目标到2006年就提前完成了。

“少取”的任务完成以后，“多予”方面的政策力度持续加强。1997年，中央财政用于“三农”的资金（包括农产品政策性补贴支出、农村中小学教育支出、农村卫生支出等15大类）不过区区700余亿元。[25] 进入新世纪以后，这类资金开始快速增长，在2003年跨过2 000亿元的台阶。其后十年最低年增长率为12%，最高为38%，平均年增长率高达20%，远远高于GDP的增速。2013年中央财政预算安排“三农”支出达13 799亿元，相当于1997年的近20倍（见图8—4）。

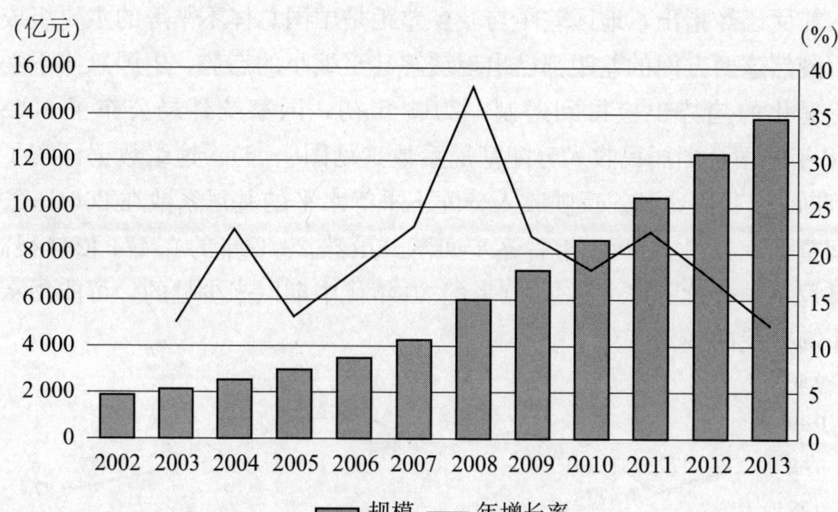

图 8—4　2002—2013 年中央财政用于“三农”的支出

“少取”和“多予”双管齐下似乎已经初见成效。如图 8—5 所示，在经历了 20 世纪 90 年代中期以来的急剧恶化后，从 2003 年起，城乡人均收入与消费差距已稳定在一个狭窄的区间；其中城乡人均消费的差距从 2003 年起已开始呈现下滑的趋势。更可喜的是，从 2010 年起，农村居民收入增速连续三年高于城镇，城乡居民收入差距也有所缩小。[26]

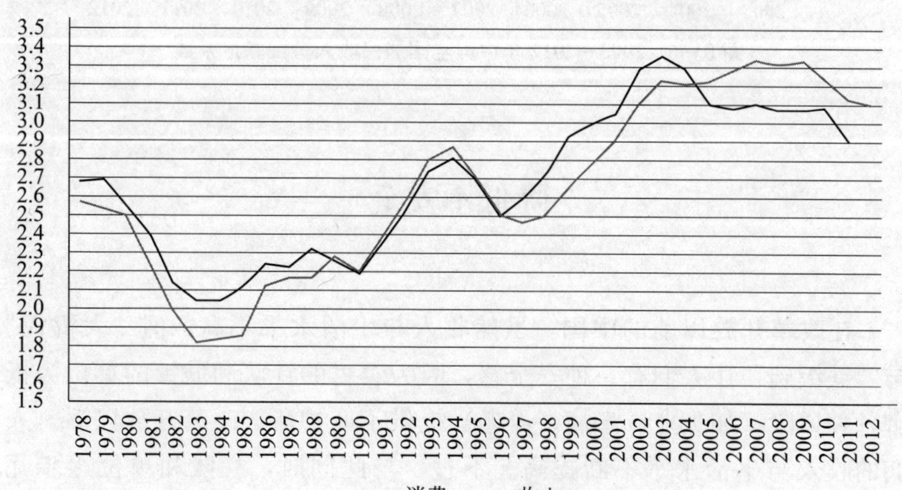

图 8—5　1978—2012 年城乡收入与消费的差距（农村为 1）

前面已经指出，地区差距与城乡差距是中国总体不平等的主要组成部分。既然这两方面的差距都已出现缓解甚至缩小的态势，中国总体不平等水平恶化的趋势也应得到遏制。2013 年初，国家统计局公布了 2003—2012 年中国全国居民收入分配基尼系数（见图8—6），这组数据证实了上述判断。[27]我们看到，反映收入分配不平等水平的基尼系数在 2004—2008 年间窄幅上升[28]，2008 年后逐步回落。虽然 2012 年的 0.474 依然很高，但基尼系数连续五年下降是 20 世纪 80 年代中期以来少见的，可能预示着一个新时代的到来。[29]

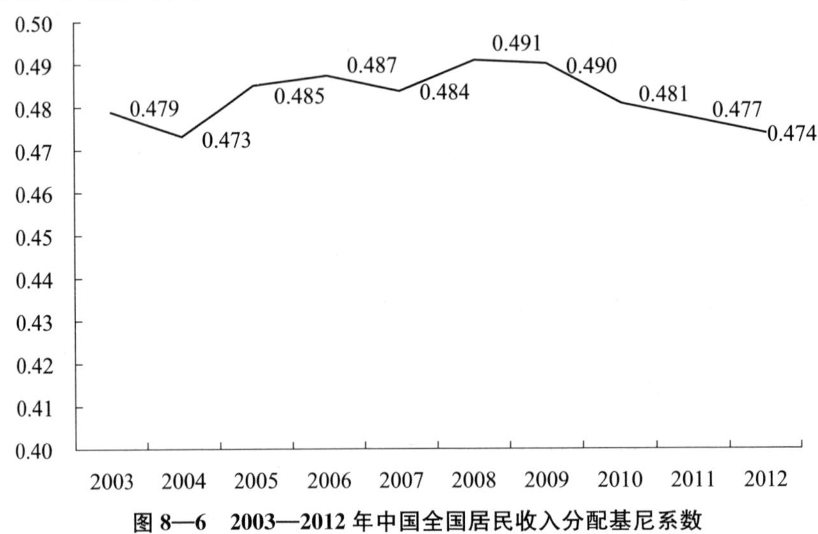

图 8—6　2003—2012 年中国全国居民收入分配基尼系数

降低不安全

在改革开放以前的中国，虽然收入与生活水平不高，但“大锅饭”与“铁饭碗”让人们有一种安全感，因为农村的社队和城镇的单位为抵御各种风险（如失业、患病、养老）提供了庇护所。改革开放以后，人们的收入与生活水平不断提高。不过，与此同时，社队和单位逐步瓦解，“铁饭碗”被打破，“大锅饭”被端走。在这种新格局下，即使中高收入群体也深感各种风险威胁巨大，低收入群体就更不用说了。在 20

世纪八九十年代，中国政府一度误认为，市场导向的改革意味着由个人与家庭承担这类风险，从而漠视了自己在这方面的责任。进入新世纪以后，这种状况开始改变。在涉及绝大多数民众福祉的最低生活保障、医疗保障、养老保障、住房保障、工伤保险、失业保险等方面，政府出台了一系列社会政策，其保障范围越来越广、保障水平越来越高、保障体制越来越健全。

最低生活保障

城市居民的最低生活保障（低保）制度最初在上海市设立。1997 年，在大规模“减员增效、下岗分流”启动之时，国务院颁布了《关于在全国建立城市居民最低生活保障制度的通知》，开始在全国范围内推行城市低保制度，但各级地方政府当时似乎没有什么紧迫感。此后三年，全国低保覆盖面扩展缓慢。到 2000 年，全国只有 403 万城镇居民获得低保补助。次年，由于前几年大规模、持续性下岗引发的城市贫困现象开始催生社会不安[30]，各级政府才开始扩大对国有大中型企业特困职工低保的覆盖面。2002 年，覆盖面进一步扩展，中央政府要求对各地城市贫困人口做到“应保尽保”。到该年底，城市低保覆盖人数总数猛增至 2 065 万。其后十年，低保人数一直在 2 300 万上下浮动，基本上将全国城镇符合条件的低保对象都纳入了保障范围（见图 8—7）。

城市贫困问题固然麻烦，更严重的贫困问题存在于农村。新世纪以前，由于农村贫困仍是普遍现象，中国政府农村扶贫政策的重点不得不放在扶持贫困地区的发展上。这种扶贫战略功效卓著，在 1981—2004 年间，使中国五亿人摆脱了贫困。[31]

进入新世纪后，按照中国政府设置的贫困标准，贫困发生率已降至 3.5%以下。这样一来，在继续关注贫困地区的同时，中国政府也开始把目光转向贫困人口，包括居住在贫困地区以外的那些贫困人口。

从 1997 年开始，中国东部沿海地区部分有条件的省市开始逐步建立农村最低生活保障制度。但直到 2004 年，中央政府才要求全国范围内有条件的地方探索建立农民最低生活保障制度。[32]经过三年的试点，

2007 年初，中共中央、国务院在《关于积极发展现代农业扎实推进社会主义新农村建设的若干意见》（中发〔2007〕1 号）中明确要求，年内在全国范围建立农村最低生活保障制度，将符合条件的农村贫困人口纳入保障范围，重点保障病残、年老体弱、丧失劳动能力等生活常年困难的农村居民，并确保在年内将最低生活保障金发放到户。[33] 这意味着，农民村落内部的互助共济体制向国家财政供养体制过渡，是中国历史上的一次划时代转变。结果，当年纳入农村低保范围的人口就猛增了 2 000 多万，达到近 3 600 万。[34] 此后，农村低保的覆盖范围逐步扩展，如果加上集中供养与分散供养的五保户，总人数在 2012 年底达到近 5 900 万。城乡低保的总覆盖人口达到 8 000 万（见图 8—7），相当于一个德国的总人口。

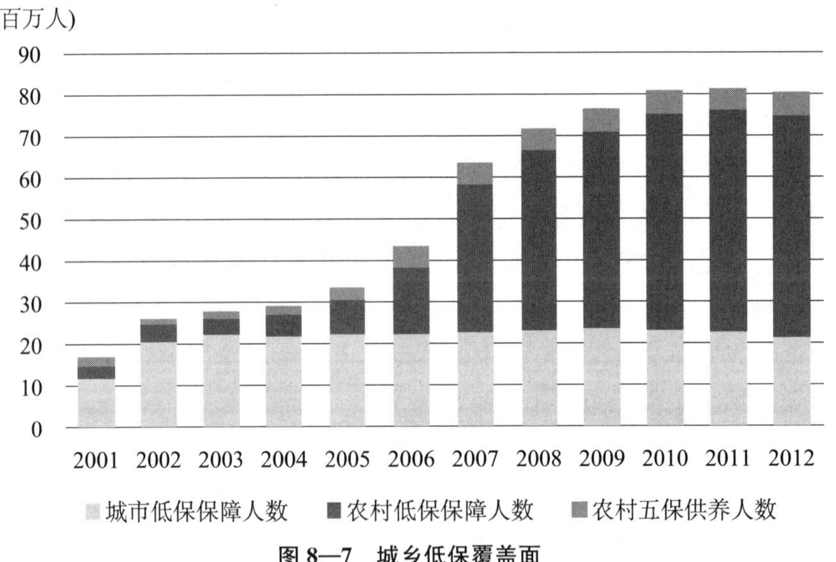

图 8—7　城乡低保覆盖面

目前城乡低保的补差水平还很低，但增速很快。城镇低保月补差的年均增速为 18.7%，农村低保月补差的年均增速为 21.6%；这使得前者在 2001—2012 年间增长了 5.3 倍，后者在 2006—2012 年间增长了 2.1 倍（见图 8—8）。随着国家财政投入力度的加大，城乡低保水平肯定还会进一步提高。

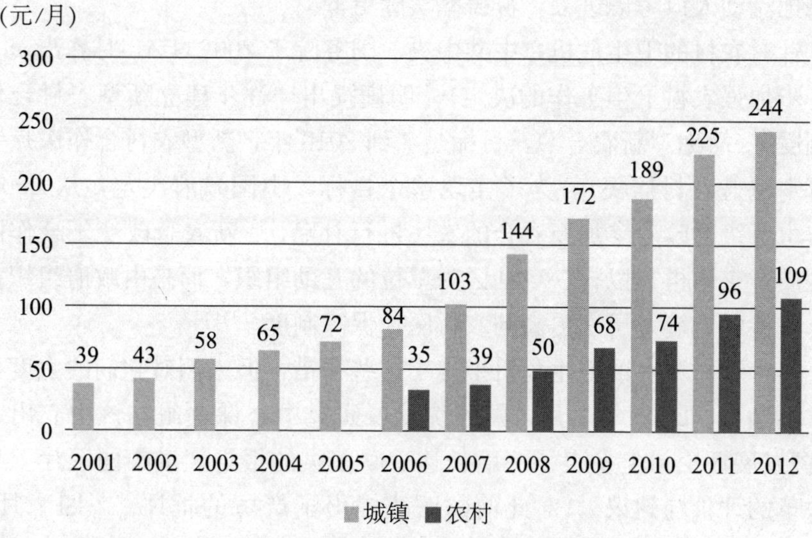

图 8—8　城乡低保人均补差水平

医疗保障

改革开放以前，中国有三套医疗制度，即：为政府机关、大专院校和事业单位雇员建立的公费医疗制度，为国有企业和部分集体企业职工建立的劳动保险制度，以及农村以社队为基础的合作医疗制度。它们为绝大多数城镇和农村居民提供了廉价、平等的基本医疗保障。

20 世纪 80 年代初，随着人民公社制度的瓦解，曾广受国际赞誉的农村合作医疗制度迅速崩溃。在城镇地区，90 年代大规模的转制、下岗使得公费医疗和劳动保险制度双双萎缩。结果，到世纪之交，八成以上的农村居民以及半数以上的城镇居民陷入了没有任何医疗保障的境地。[35]

为了回应民众对“看病难、看病贵”的关切，中国政府于 1999 年开始推广城镇职工基本医疗保险制度。新制度涵盖了离退休人员，使这个健康状况相对脆弱的人群得以享受基本医疗保障，但不再覆盖职工的亲属，也未将个体从业者、非正规部门的职工和流动人口纳入保障范围。因此，尽管新制度发展很快，但到 2006 年它的覆盖面仅占城镇人口的四分之一。

如果把流动人口考虑进去，覆盖率实际更低。

针对农村的卫生危机，中共中央、国务院于 2002 年 10 月作出《关于进一步加强农村卫生工作的决定》，明确提出“逐步建立新型农村合作医疗制度”（简称“新农合”），目标是“到 2010 年，新型农村合作医疗制度要基本覆盖农村居民”。为了实现这个目标，中国政府决定，从 2003 年起，由各级财政对参加新农合的农民进行补贴。[36]新农合改变了合作医疗的性质，它不再是以村、乡社区为单位的互助组织，而是由政府组织、引导、支持的，统筹层次更高的农村医疗保障制度。[37]

尽管针对城乡的卫生危机推出了这些举措，但人们对它们的力度与进度并不满意。2005 年 3 月，国务院发展研究中心课题组在该中心出版的《中国发展评论》上发表了一篇长达 160 多页的报告《对中国医疗卫生体制改革的评价与建议》，对此前的医改提出了严厉的批评。[38]四个月后，这份报告引起了一份报纸的注意[39]，并迅速在媒体上掀起巨大的波澜，一时间“中国（此前的）医改基本上不成功”变为搅动全国上下的话题，并由此拉开了中国新一轮医疗体制改革的序幕。2006 年，在广大民意的推动下和最高决策层的主导下，中央政府形成了“恢复医疗卫生公益性，加大政府财政投入”的指导思想，正式启动了新医改的政策制定工作。三年后，中共中央、国务院于 2009 年 3 月最终出台了《关于深化医药卫生体制改革的意见》及《医药卫生体制改革近期重点实施方案（2009—2011 年）》，其总体目标是“建立健全覆盖城乡居民的基本医疗卫生制度，为群众提供安全、有效、方便、价廉的医疗卫生服务”[40]。

在新医改方案出台前后，城乡医疗保障的范围迅速扩大了。在城镇，国务院于 2006 年发布了《关于解决农民工问题的若干意见》，强调要“抓紧解决农民工大病医疗保障问题”。次年，中国政府又开始试点为城镇居民（包括婴幼儿、中小学生与其他非从业城镇居民）提供医疗保险。[41]这两项措施着眼于解决城镇在职职工以外人群的医保问题。图 8—9 显示，直到 2002 年底，全部城镇居民中只有不到 1 亿人享有医疗保险；而到 2012 年结束时，这个数目已猛增至近 6 亿人（相当于当年 6.9 亿城镇常住人口的约九成）；10 年间增加了 5 倍。

在农村，公共财政的参与有力地推动了新农合的快速发展。随着各级财

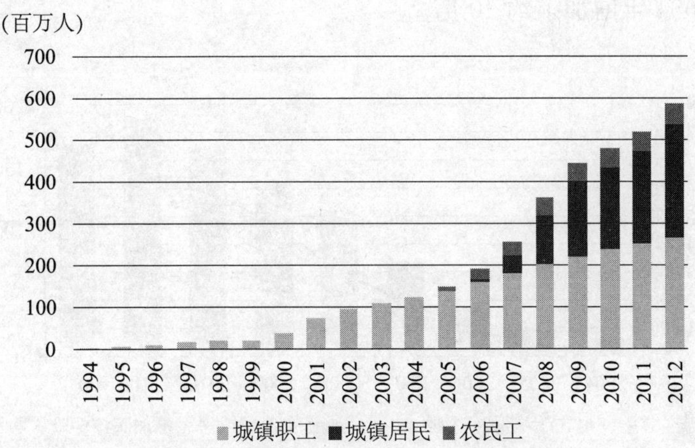

图 8—9　城镇基本医疗保险制度的进展

政对参加新农合的补助标准不断提高（从 2003 年的每人每年 20 元升至 2012 年的每人每年 240 元），参加新农合的人口迅速攀升，到 2008 年已突破 8 亿大关，此后稳定在 8.3 亿人上下，几乎实现了全覆盖（见图 8—10）。[42]

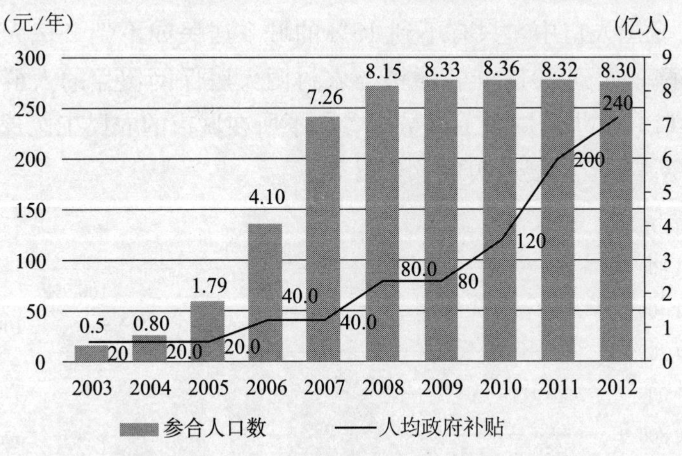

图 8—10　新农合的参合人口与人均政府补贴

对于部分城乡低保对象，政府还出钱资助他们参加城镇医保或新农合，并为他们中的因病致困户提供大病救助。如图 8—11 所示，2004 年建立医疗救助机制之初，全年受益于四类医疗救助的人不过 600 余万，政府在这方面的开支不过区区 4.43 亿元。而到 2011 年高峰期，当年受益于四类医疗救助的人已达 8 000 多万，政府医疗救助方面的支出接近 190 亿元，比2004年增加了约40倍。

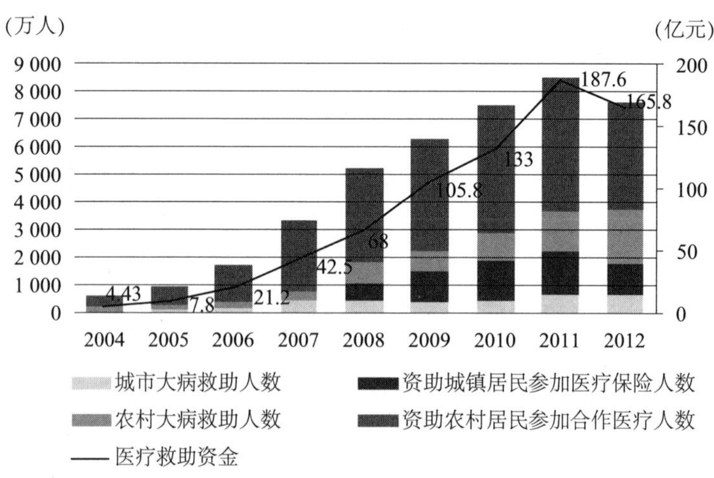

图8—11　城乡医疗救助体系的受益人数

图8—12将城镇各类医保与农村新农合的覆盖人口进行了加总。它向我们显示，中国如何在短短几年的时间里构筑起世界上最大的医保网。2003年，全国人口中，只有不到15%的城乡居民或不到2亿人口享受某种医疗保障；而到2012年，城镇与农村两大医保网覆盖的人群已超过全国的总人口（某些进城务工人员既参与了所在城市的农民工医保，也参加了家乡的新农合），接近实现了全覆盖。

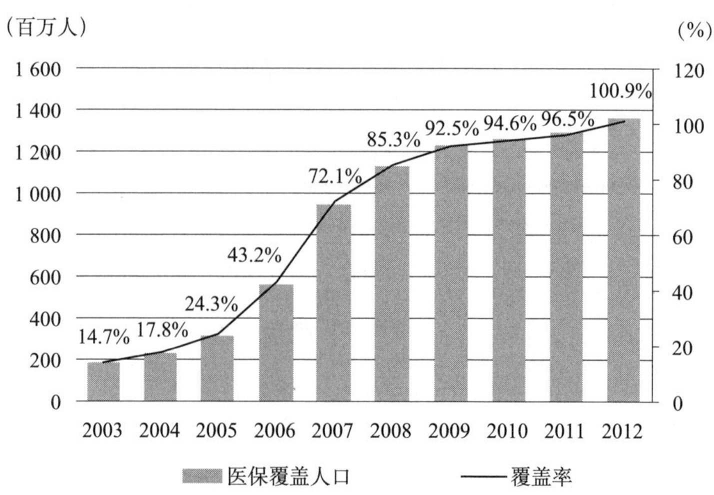

图8—12　城乡医疗保障体系的覆盖情况

在快速扩大覆盖率的同时，中国新医改也致力于减少卫生总费用中的个人支出部分。从图 8—13 中，我们可以清晰地看到发生在医疗卫生领域的显著变化。进入新世纪之初，一度中国卫生总费用中的 60%是由个人支出的。这也就是说，当时医疗费用的负担主要压在居民个人肩上。无怪乎，当时人们普遍感到“看病贵”。之所以出现这种现象，是因为在 20 世纪最后十几年间，政府放弃了为民众提供医疗保障的责任。过去十几年，医疗卫生领域出现了引人注目的反向运动：政府财政与医疗保险支付的份额越来越大，个人支出的份额越来越小。到 2011 年，个人支出的份额已降至 34.77%（见图 8—13）。中国政府正努力进一步降低个人卫生支出占卫生总费用的比重，2013 年将降至 33%以下[43]，在“十二五”（2011—2015 年）末将降至 30%以下[44]。需要指出的是，就个人卫生支出占卫生总费用的比重而言，中国现在不仅已低于世界的平均水平（40.8%），也已低于高收入国家的平均水平（40.5%），只是仍高于欧洲国家的平均水平（24.8%），高于日本的水平（17.7%）。[45]

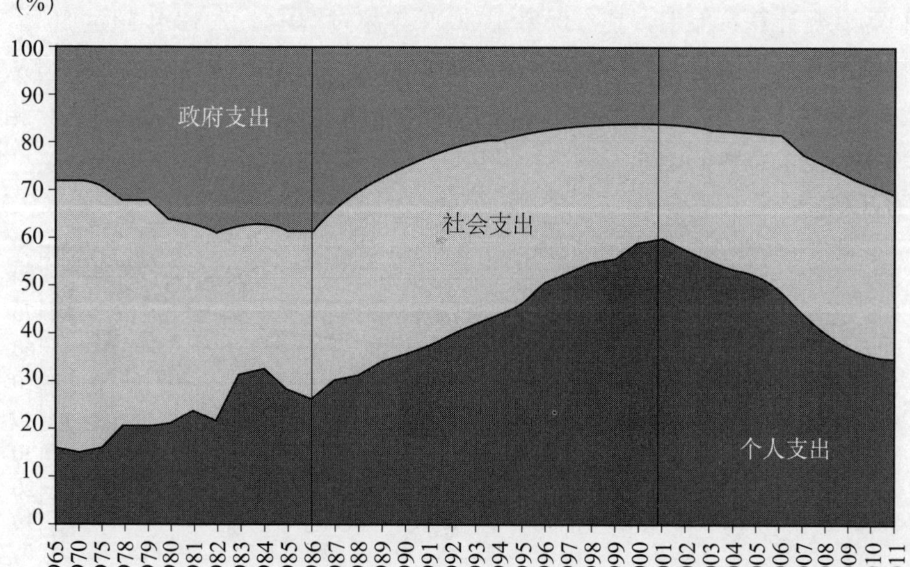

图 8—13　中国卫生总费用结构

各种指标显示，中国正稳步迈向“人人享有公共卫生和基本医疗服务”的目标。对一个超过 13 亿人口的发展中大国而言，这实在是一项了不起的成就！

养老保障

改革开放前，国家通过单位向机关事业机构的工作人员、城镇国有企业职工及部分集体企业的职工提供养老保障。单位体制的解体以及所有制结构的多元化促使中国探索新型养老保障模式。

国务院于 1997 年颁布的《关于建立统一的企业职工基本养老保险制度的决定》标志着中国现代城镇职工养老保险制度的正式建立。城镇职工基本养老保险（简称“城基保”）最初主要覆盖国有企业或集体所有制企业职工，但目标是逐步扩大到城镇所有企业及其职工，并延伸至城镇个体劳动者。其后十来年，扩大“城基保”的覆盖面一直是中国养老保险制度建设的重点之一。如图 8—14 所示，1997 年以后，“城基保”覆盖人口稳步增加，到 2007 年超过 2 亿人，2012 年超过 3 亿人。如果以城镇就业人口为基数计算参保率，其参保率于 2009 年超过 70%，2012 年超过 80%。特别需要指出的是，“城基保”覆盖人口中有一部分是农民工，其数量从 2006 年的 1 417 人万增至 2011 年的 4 140 万人，现应约为 5 000 万人，相当于农民工总数的 1/6。

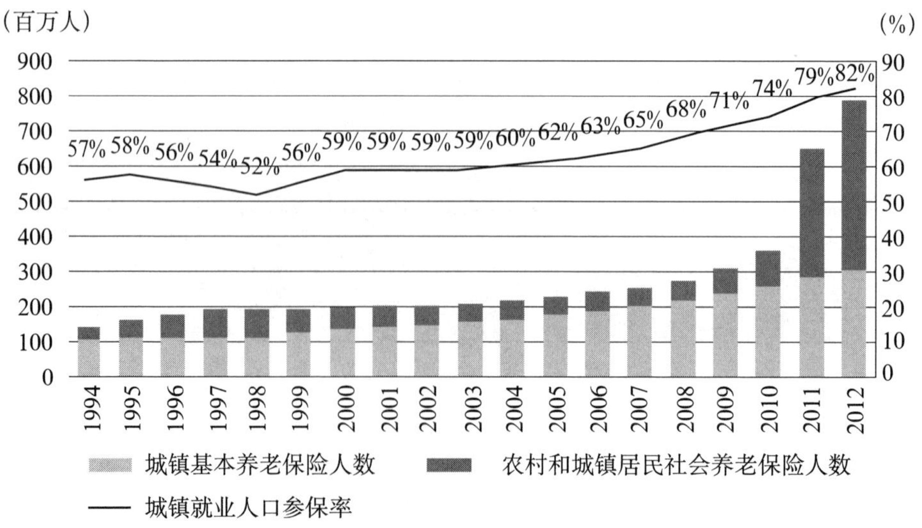

图 8—14　中国基本养老保险参保人数

扩大养老保障覆盖面的更大挑战是如何将城镇就业人员以外的人群纳入其中，尤其是广大农村居民。从 20 世纪 90 年代初开始，中国一些地区便以不同的方式探索过如何在农村推行社会养老保险。由于只有部分地区可以提供有限的公共财政补贴，农村养老保险的参保人数在 5 400 万人上下徘徊了许多年。

这种状况一直到 2009 年才出现转机。为了填补农村居民和城镇非就业居民养老保险长期以来的制度空白，那一年，中央政府决定从当年起开展新型农村社会养老保险（简称“新农保”）试点。年满 16 周岁（不含在校学生）、未参加城镇职工基本养老保险的农村居民，可以在户籍地自愿参加新农保。新农保制度最大的特点是明确国家对农民负有“老有所养”的责任，其体现是政府资金的投入。当时确定的目标是在 2020 年之前基本实现对农村适龄居民的全覆盖。新农保试点启动以后，社会各界反映良好，试点进度不断加快。到 2011 年，新农保试点人口已覆盖 3.26 亿农村居民。

在这个背景下，中央政府于 2011 年决定从当年起开展城镇居民社会养老保险（简称“城居保”）试点，采取与“新农保”同样的财政补助政策。年满 16 周岁（不含在校学生）、不符合职工基本养老保险参保条件的城镇非从业居民，可以在户籍地自愿参加城镇居民养老保险。当时确定的目标是在 2012 年基本实现城镇居民养老保险制度全覆盖。

从 2009 年到 2011 年，三年间各级财政共为两项养老保险拨付补助资金超过 1 700 亿元，手笔不可谓不大。[46]更重要的是，2012 年上半年，中央政府决定在全国全面开展“新农保”与“城居保”工作，即当年基本实现社会养老保险制度全覆盖，比原来预期的 2020 年大大提前。至此，可以说，覆盖城乡居民的社会养老保障体系已在中国基本建立，人人享有养老保险正在成为现实。这是继城乡低保制度、基本医疗保险制度实行全覆盖后，又一项覆盖全民的社会保障制度，是中国社会保障事业发展的重要里程碑。当然，体系的成型并不意味着所有应该参保的人都已经被纳入其中。从图 8—14 中我们可以看到，“新农保”、“城居保”再加上原有的“城基保”覆盖人口在 2010 年后猛增，到 2012 年已达 7.88 亿人。考虑到中国 16 岁以上的成年人口为 10 亿人左右，社会养老保险体系的参保率应已接近八成。[47]中国的社会养老保险体系无疑已成为世界上最大的社会养老保险体系。

自 2009 年始，澳大利亚金融研究中心（Australian Centre for Financial Studies）已连续四年发布“墨尔本美世全球养老金指数”（Melbourne Mercer Global Pension），用 40 多个指标对各国的养老体系进行评估、排名。其最新的 2012 指数包括 18 个国家，但涵盖世界上一半的人口。它将中国排在第 15 位，被有些媒体炒作为“全球主要国家养老金等级排名中国倒数第 4”。实际上，中国的总得分与排名均高于韩国（16 位）和日本（17 位），尽管后两者的经济发展水平比中国高。[48]

住房保障

刚刚改革开放时，无论是城市还是农村，住房条件都不好。1978 年，城市人均住宅建筑面积只有 6.7 平方米，农村人均住房面积只有 8.1 平方米。那时，解决住房保障的重点是为绝大多数城乡居民改善居住环境创造条件。过去 30 多年来，中国经济长期快速增长，城乡居民的总体居住条件也获得了极大的改善。截至 2010 年底，城镇居民家庭自有住房率达 89.3%[49]；2011 年，人均住宅建筑面积跃升至 32.7 平方米。在农村，住房自有率几乎是百分之百，人均住房面积现已达到 36.2 平方米（见图 8—15）。

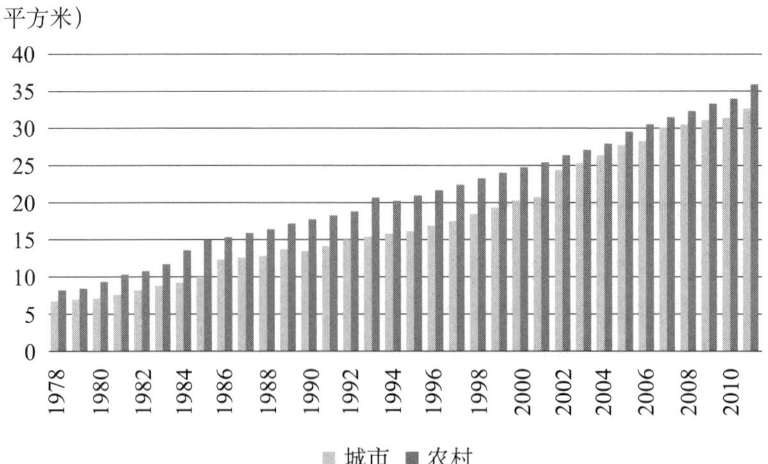

图 8—15　城乡居住条件的改善：人均住房面积

然而，自1998年推行住房商品化后，快速攀升的房价成为相当大一部分城镇居民进一步改善住房条件的拦路虎。为此，中国政府采取了多管齐下的方式，探索如何为民众提供住房保障。

首先，政府着眼于在正规部门稳定就业的人群，要求所有国家机关、国有企业、城镇集体企业、外商投资企业、城镇私营企业及其他城镇企业、事业单位及其在职职工共同缴存住房公积金，存入公积金个人账户，供职工家庭日后用于解决与自住住房相关的问题。截至2011年底，全国缴存住房公积金的职工达到1.33亿人，历年累计缴存住房公积金高达4.06万亿元，公积金帮助8 112万职工家庭实现了自己的安居梦。[50]

其次，在另一极端，为了解决特困城乡社会群体的住房问题，由政府出资进行各类棚户区和农村危旧房改造，并协助游牧民定居。[51]

棚户区主要存在于矿区、林区、垦区，也包括各地的“城中村”。从2006年至2012年底，全国累计开工改造各类棚户区约为1 300万户，但目前仍有1 000多万城镇低收入和少量中等偏下收入家庭居住在棚户区中。[52]2013年就任的新一届国务院决定，在本届政府任期内，改造各类棚户区1 000万套以上，力争到“十二五”期末，基本完成对集中成片棚户区的改造。[53]

农村危房改造的补助对象重点是居住在危房中的农村分散供养五保户、低保户、贫困残疾人家庭和其他贫困户。在2008—2012年五年间，政府累计资助1 033.3万贫困户实施了危房改造；而2013年一年，政府已部署再改造农村危房300万户左右，远远超出“十二五”规划设定的每年改造农村危房150万户以上的目标。[54]

之所以要协助游牧民定居，是因为直到2000年，在青海、四川、甘肃、云南四省的藏区，以及西藏、新疆、内蒙古等边远牧区，仍有约44万户、200多万游牧民沿袭着传统游牧方式，居无定所，生产生活条件落后，饱受自然灾害侵袭。政府于2001年在西藏启动了游牧民定居工程试点，2008年后加大了对游牧民定居工程的投入力度。到2010年底，中央财政已投入48.4亿元补助资金，安置19.4万户，约85万人。政府的规划是，到2015年，基本解决余下24.6万户、约115.7万未定居游牧民定居问题。为此，中央财政将投入79.83亿元，地方财政配套投入42.99亿元。[55]

再次，为解决城市中低收入家庭的住房需求，政府出台政策，建立了包括经济适用房、两限房（“限套型”和“限房价”）、廉租房、公租房在内的保障性住房体系。

1994—2002年间，保障性住房体系以经济适用房为主、廉租房为辅。这期间经济适用房发展很快，经济适用房竣工面积占同期商品住宅竣工总面积的比重较高。但保障性住房政策在2003年出现偏差，当年国务院《关于促进房地产市场持续健康发展的通知》（即18号文）把房改的目标改为：“逐步实现多数家庭购买或承租普通商品住房；同时，根据当地情况，合理确定经济适用住房和廉租住房供应对象的具体收入线标准和范围。”结果导致经济适用房和廉租房建设数量的急剧下降，等于把绝大多数需要改善住房条件的家庭赶向了房价疯涨的市场。

这种住房商品化的偏差在2005年开始得到纠正，国务院连续出台多个文件再次强调保障性住房建设，并明确提出，在进一步完善经济适用住房制度的同时，把廉租住房作为解决低收入家庭住房困难的主要渠道。政府纠偏的力度在以后几年逐步加强。如国务院于2007年8月发布《关于解决城市低收入家庭住房困难的若干意见》，要求把解决城市低收入家庭的住房困难作为维护群众利益的重要工作和住房制度改革的重要内容，并首次提到逐步改善农民工等其他住房困难群体的住房条件。

2010年，保障性住房的重点再一次调整，公共租赁住房成为实现住房保障的主要形式。[56]不管重点如何调整，在“十一五”期间（2006—2010年），中国通过各类保障性住房建设，为全国1 140万户城镇低收入家庭和360万户中等偏下收入家庭解决了住房困难问题。[57]

2011年通过的“十二五”规划纲要提出了更宏伟的目标，计划在2011—2015年五年间建设3 600万套保障性住房，到“十二五”末，将全国城镇保障性住房的覆盖率从当时的7%～8%提高到20%以上。[58]从“十二五”头三年的发展看（见图8—16），这些目标是可以实现的。

如果到2015年中国政府的确实现了自己设定的目标，那么就意味着，中国在2006—2015年十年间为5 100万城镇家庭解决了住房问题。以每家平均三口计算，中国的保障性住房政策受惠者达1.5亿人，比日本全国的人口还要多，相当于半个美国人口。

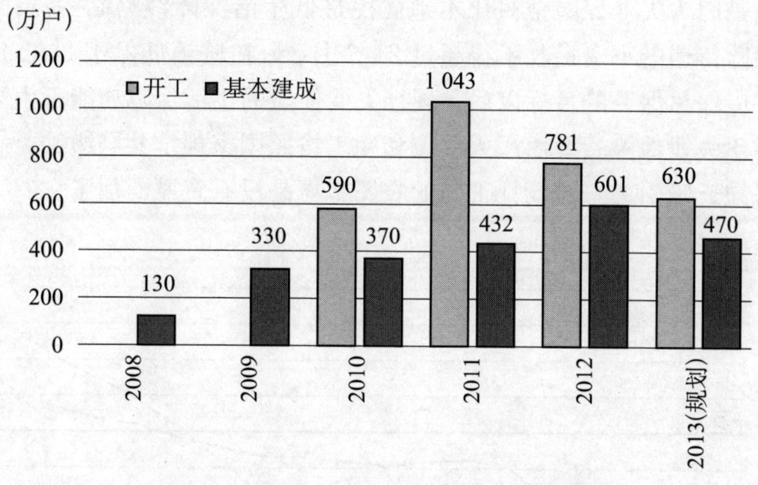

图 8—16　2008—2013 年保障性住房建设情况

其他保障

最低收入、医疗与养老三方面的保障适用所有人，而还有其他几类社会保险则只适用于城镇就业人口（至少目前是如此），它们是失业保险、工伤保险与生育保险。

改革开放前，城镇就业人口捧有“铁饭碗”，不存在失业问题。1986 年实行劳动合同制和试行《破产法》后，出现了国有企业职工下岗待业的现象。那时政府关注的只是国有企业职工的所谓“待业保险”问题。[59]

20 世纪 90 年代中后期，几千万本来捧有“铁饭碗”的国有和集体企业职工被“下岗分流”；与此同时，快速扩张的非公有经济从一开始就不提供“铁饭碗”。这两方面的发展都使失业问题凸显出来。1999 年初，国务院颁布了《失业保险条例》，把失业保险的覆盖范围从国有企业扩展至集体企业、外商投资企业、港澳台投资企业、私营企业等各类企业及事业单位。[60] 从图 8—17 我们可以看出，该《条例》的颁布一下子使失业保险的参保人数从 1998 年的 7 928 万人增至 2000 年的 1.04 亿人。不过，2000 年以后，失业保险的发展仿佛失去了动力。到 2012 年底，失业保险只覆盖了约 1.52 亿人，仅比 2000 年增加了 4 817 万人。失业保险之所以扩展乏力，是因为失业保险金只比本地居民最低生活保障线略高一点；况且，失业保险待遇的享受最长不得超过 24 个月。[61]在城镇低保于 2002 年基本实现“应保尽保”的目标以后，现行失业保险的生活保障功能不由黯然失色。由于失业保险费要由用人单位和职工按照国家规定共同缴纳，它对城镇居民缺乏吸引力，流动性很强的农民工更是没有意愿参加了。

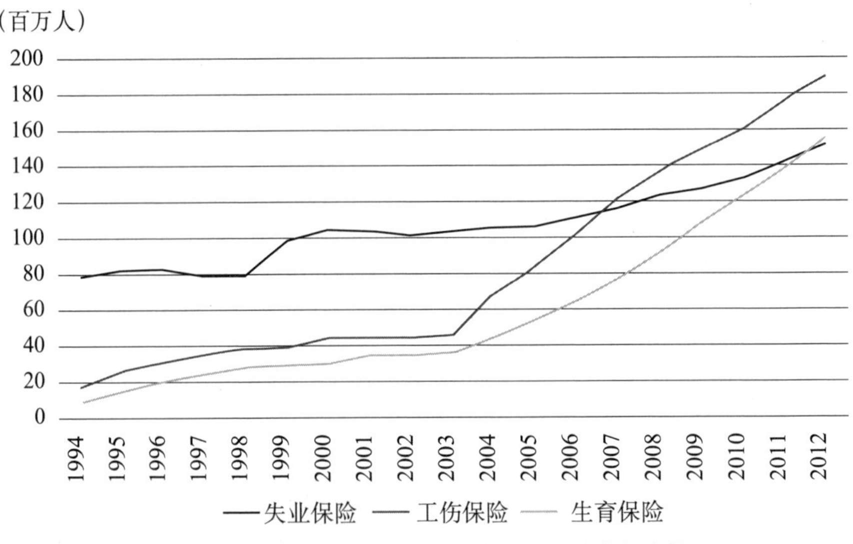

图 8—17　失业保险、工伤保险与生育保险参保人数

工伤保险是指劳动者因公受伤、患病、致残或死亡，依法从国家和社会获得经济补偿和物质帮助的社会保险制度。工伤保险实行“无过失补偿”的原则，由用人单位缴纳工伤保险费，职工无须缴纳工伤保险费。1995 年开始实施的《中华人民共和国劳动法》第 73 条规定：“因工伤残或者患职业病”时，劳动者依法享受社会保险待遇。为了贯彻《劳动法》，劳动部于 1996 年 8 月 12 日公布了《企业职工工伤保险试行办法》，它规定，工伤保险制度统一适用于我国境内的各类企业及其职工；城镇个体经济组织及其劳动者参照适用。但在其后七年里，工伤保险的推广进展不大。直到 2004 年实施国务院颁布的《工伤保险条例》后才出现转机。此后，我国的工伤保险新增参保人数直线上升，从 2003 年底的 4 575 万人猛增至 2012 年底的 1.9 亿人（占城镇就业人口的一半左右），十年翻了 4.15 倍（见图 8—17）。

特别值得注意的是农民工占工伤保险参保人数的比重，因为他们从事的往往是比较容易出现工伤的职业（如建筑业、采掘业）。在过去一些年，中国政府出台了一系列举措，推动用人单位将农民工纳入工伤保险，取得了显著成效。2005 年底，参加工伤保险的农民工仅为 1 252 万人，而到 2012 年底，这个数目已经达到 7 173 万，比同一年农民工参加医疗保险和养老保险的人数（两者都约为 5 000 万）多出 2 000 多万。

设立生育保险的目的是向职业妇女提供生育津贴、医疗服务和产假，帮助她们恢复劳动能力，重返工作岗位。生育保险费由用人单位按照国家规定缴纳，职工不需缴纳。由图 8—17 可以看得很清楚，生育保险在各类社会保险中发展最为滞后，一直到 2012 年底，它的参保人数才达到 1.55 亿，略微超过了失业保险，不再垫底。这也许与它的主要受惠者只是就业人口中的一部分（即妇女）有关。近来，已有一些学者建言，将生育保险中与生育有关的医护费用（包括生育医疗费用和计划生育费用）并入医疗保险中，将生育津贴转化为由财政支撑的普惠式社会福利。[62]

小　结

1989 年，日裔美国人弗朗西斯·福山发表了《历史的终结》一文，认为西方资本主义国家实行的“经济与政治自由”制度已是“人类意识形态发展的终点”[63]。20 年后的 2009 年，英国广播公司委托两家民调机构在全球 27 个国家（包括中国）对随机抽样的 29 000 人进行了一次大规模调查，调查结果表明福山的判断是虚妄的、完全站不住脚的。这项调查显示，对所谓“自由资本主义”的不满遍布全球，在 27 国人民中平均只有 11%的人认为，这种制度运转良好，不需政府干预。[64]相反，平均有 23%的人认为，资本主义制度带有致命的缺陷，需要一种新的经济制度来取代它。持这种看法的人在法国高达 43%、墨西哥高达 38%、巴西高达 35%、乌克兰高达 31%。在各国人民中，最普遍的观点是资本主义制度的问题要靠改革与监管来解决，而改革的方向是政府应该在拥有或直接控制本国主要产业、财富再分配、企业监管等方面发挥更积极的作用。[65]换句话说，“自由资本主义”不得人心。

只有在这样的全球背景下，才能真正体会探索中国式社会主义 3.0 版的意义。中国人民不相信历史已经终结，仍然在不懈地探索社会主义道路；同时，中国人民也绝不会故步自封，跨越上一个发展阶段后，会通过丰富多彩的实践和试验探索如何为中国式社会主义“升级换代”。[66]

在“匮乏阶段”与“温饱阶段”，中国已经创造了辉煌的中国式社会主义 1.0 版与 2.0 版，并取得了举世瞩目的成就。进入“小康阶段”后，“衣食”或“温饱”不再是绝大多数中国人面临的主要问题，中国式社会主义 3.0 版必须大幅度增加对公共产品与服务的投入，进一步提高全社会的福利水平。前面提供的大量数据证明，为了实现共同富裕的梦想，在社会保护方面，中国在过去十余年确确实实经历了一次史无前例的大跃进。为了使这个大跃进一目了然，图 8—18 展现了 2000—2012 年间的两组数据：一组是中国在社会保障方面的公共支出[67]，另一组是该支出占 GDP 的比重。我们看到，在短短 13 年间，前一组数据从不到 5 000 亿元增至近55 000亿元，增加了 10 倍。也许有人会说，这组数据之所以增长率高，是因为中国经济在此期间快速增长。这固然没有错，中国的经济总量确实在此期间翻了好几番；但社会保障方面的公共支出与 GDP 并不是同步增长，而是比本来就增长很快的后者增长速度高得多。这使得该支出占 GDP 的比重从 2000 年的 5%猛增至 2012 年的 10.5%。

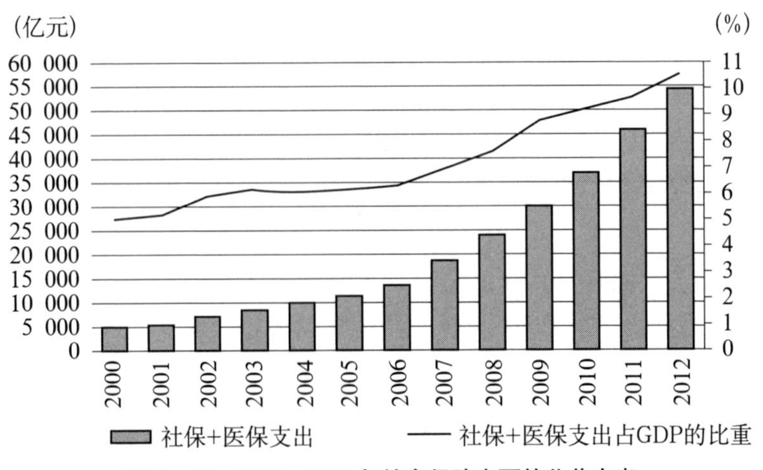

图 8—18　2000—2012 年社会保障方面的公共支出

图 8—18 拿当今的中国与十几年前的中国进行对比，显示中国在社会保护方面经历了一场大跃进。这个大跃进还可以从与其他国家的比较中看出。图 8—19 中有关其他国家与地区的数据来自《世界社会保障报告：2010—2011》[68]，中国的数据来自作者的计算。它显示，2000 年时，中国社保支出占 GDP 的比重与印度 2010 年的情形相仿；到 2005 年，中国超越亚太地区 2010 年的平均值；到 2010 年，中国超越世界平均值；到 2012 年，中国超越拉美与加勒比地区以及中东地区的平均值。在过去十余年的时间里，中国连续跨过三道门槛，现在正跃跃欲试，追赶俄罗斯与巴西的水平。除个别例外，中国在社会保护方面的支出现在仅低于两类经济体，即欧美发达经济体与前苏东经济体。在 138 个有数据的经济体中，中国可以排在 60 位左右。

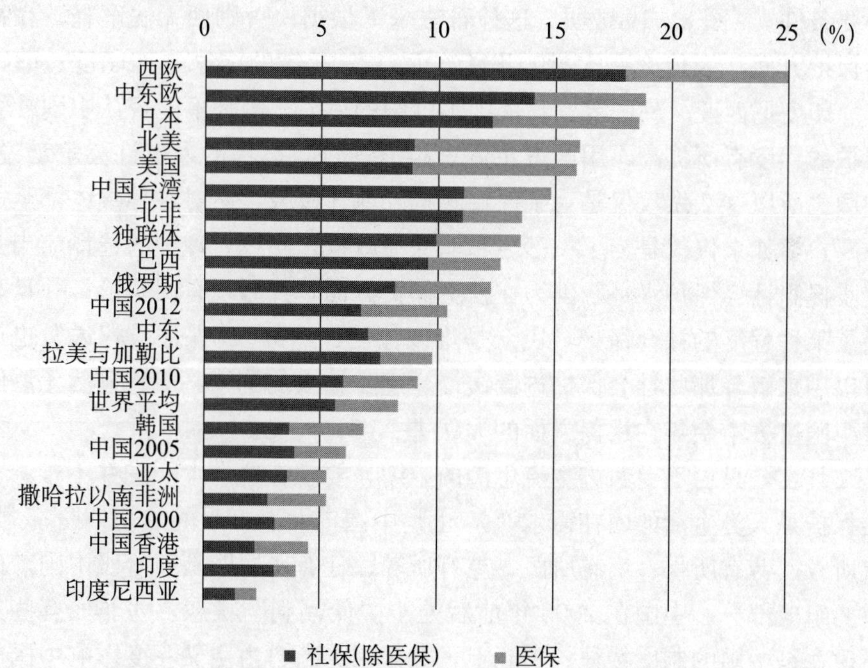

图 8—19 各国家和地区社会保障方面的公共支出占 GDP 的比重

说明：图中除中国外，其他国家和地区的数据均为 2010 年的数据。

这样，无论是与中国自身的历史作纵向比较，还是与其他国家进行横向比较，都无可争辩地表明，中国在社会保护方面经历了一次波澜壮阔的大跃进。有人在2000年前后说中国是“低福利”国家，那是有依据的，因为当时中国在社会保护方面的公共支出确实比大多数国家低。但如果这些人今天依然说中国是“低福利”，那等于说，全世界绝大多数国家都是“低福利”。问题是，如果世界上绝大多数国家都是“低福利”，多低才是低、多高才算高呢？高低总是相对的，没搞清客观的衡量标准便奢谈“高”、“低”，无异于信口开河。

西方那些不了解中国的人也会想当然地认为，中国是“低福利”国家，因为西方有关社会保护与福利的文献往往将竞争性的选举看作决定社会保障广度与力度的关键因素，似乎只有在竞争性选举的条件下，政府才可能回应选民的呼声；似乎只有引入竞争性选举，才构成加强社会保护的必要条件。[69]图8—19证明，这种看法毫无根据。否则便无法解释，在社会保护方面，为什么一大批被贴上“民主”标签的国家（如印度、菲律宾、印度尼西亚、韩国等）却落到了中国的后面。因为不能否认中国社会保护的程度有所提高，用西方主流思维方式进行思考的人也许会争辩说，中国之所以这么做仅仅是为了保住政权。保住政权当然对各种政体都至关重要，但如果仅仅是为了一己之私而保住政权，当权者理性的选择应当是缓步提高社会保护水平，因为在社会保护方面，开弓没有回头箭；一旦享受了某种程度的社会保护，民众是难以接受倒退的。“保住政权说”也许可以用来解释那些社会保护进度缓慢、逐步扩大的例子，但它显然无法解释中国过去十余年在社保方面的大跃进。

其实，只要不受西方主流思潮的束缚，要解释这个大跃进并不难。社会保护是人类生活的内在需求[70]，也是中国广大老百姓的热切期盼；“学有所教、劳有所得、病有所医、老有所养、住有所居”是现阶段中国梦的重要组成部分。中国在2000年前后处于“低福利”状态，并非如有些人所说，是中国的制度特征。实际上，只是因为新自由主义一度影响中国的政策思路，才使得中国在20世纪90年代短暂地经历了“市场社会”的梦魇，才导致“低福利”局面的出现；但“低福利”局面也催生了此后蓬勃的反向运动。[71]自新世纪以来，一个人口如此众多、内部差异性如此巨大的国家，能在如此短的时期里，推动如此广泛深刻、顺应民心的变局，这表明，中国的政治体制对变化的环境具有相当强的适应力[72]，对民众的需求具有相当强的回应性。今天，中国在社会保护方面还存在大量严重的问题，民众对进一步加强社会保护还有十分强烈的愿望。只要这种压力继续存在，只要中国体制的适应力与回应性不退化，可以预期，中国梦未来定会一步步变成惠及亿万百姓的现实。

注释

[1] 参见毛泽东为人民英雄纪念碑起草的碑文。

[2] 参见王绍光：《坚守方向、探索道路：中国社会主义实践六十年》，载《中国社会科学》，2009（5），4～19页。

[3] 参加王绍光：《探索中国式社会主义3.0：重庆经验》，载《马克思主义研究》，2011（2），5～110页。

[4] Y. Y. Kueh, *China's New Industrialization Strategy: Was Chairman Mao Really Necessary* (Cheltenham: Edward Elgar, 2008).

[5] [印度] 阿玛蒂亚·森、让·德雷兹：《印度：经济发展与社会机会》，第四章"印度与中国"，北京，社会科学文献出版社，2006。

[6] 世界银行东亚及太平洋地区扶贫与经济管理局：《从贫困地区到贫困人群：中国扶贫议程的演进——中国贫困和不平等问题评估》，2009-03，iii页。

[7] 参见黄有光：《效率、公平与公共政策》，北京，社会科学文献出版社，2003。

[8] [美] 加尔布雷思：《丰裕社会》，213页，上海，上海人民出版社，1965。

[9] 同上书，215页。

[10] Galbraith, John Kenneth, *The Affluent Society* (Boston: Houghton-Mifflin Trade and Reference, 1998), pp. x-xi.

[11] 参见王绍光：《大转型：1980年代以来中国的双向运动》，载《中国社会科学》，2008（1），129～148页。

[12] 这里的"福利"是指客观意义上的福利，而不是主观意义上的福利；是指社会福利，而不是个人福利。社会福利是一个非常复杂的概念，卷入与此相关的理论之争与方法论之争超出了本文的范围。不过，无论怎样定义社会福利，它都可以从投入（社会福利支出）与产出（如婴儿死亡率、人均预期寿命）两方面加以度量。在讨论社会福利的文献中，公共社会支出（public social spending）占国内生产总值的比重通常被用作比较各国福利水平高低的指标。[参见 Adema, W., P. Fron and M. Ladaique, "Is the European Welfare State Really More Expensive? Indicators on Social Spending, 1980—2012; and a Manual to the OECD Social Expenditure Database (SOCX)", *OECD Social, Employment and Migration Working Papers*, No. 124 (2011), http://dx.doi.org/10.1787/5kg2d2d4pbf0-en, p. 10.] 本文作者曾用这方

面的数据证明在2000年前后，中国在卫生领域存在低福利的问题。[参见王绍光：《中国公共卫生的危机与转机》，载《比较》，第七辑（2003年），52～88页。] 当然，也有学者对使用投入指标来衡量福利水平持保留态度，如 Gosta Esping-Anderson, *Decommodification and Work Absence in the Welfare State* (San Domenico, Italy: European University Institute, 1988), pp. 18 - 19。

[13] 参见袁莉：《秦晖访谈（二）：负福利、零福利 VS 低福利、高福利》，载《华尔街日报》，2013-05-07。秦晖已经坚持这个观点多年。在学术研究中几乎没有对这个断言的论证；在公共舆论中、在互联网上，这种说法却广为流传。

[14] 在《中国社会福利水平的测度及对低福利增长的分析：基于功能与能力的视角》[载《数量经济技术经济研究》，2012（11），3～17页] 一文中，作者杨爱婷、宋德勇使用的"福利"概念并不是通常意义上的福利，而是基于阿玛蒂亚·森的理论发展出来的一种特殊意义的福利。无论如何，他们只使用了"低福利增长"的说法，而没有一口咬定中国一直处于"低福利"状况。

[15] 除非特别注明，本文所有数据来自作者的数据库。

[16] 类似的分析可参见林治芬、孙王军：《政府社会保障财政责任度量与比较》，载《财政研究》，2012（2），22～25页。

[17] 参见李实、赵人伟：《中国居民收入分配再研究》，见 http://www.usc.cuhk.edu.hk/wk_wzdetails.asp?id=597；联合国开发署：《中国人类发展报告2005：追求公平的人类发展》，见 http://ch.undp.org.cn/downloads/nhdr2005/c_NHDR2005_complete.pdf。

[18] 参见王绍光、胡鞍钢：《中国：不平衡发展的政治经济学》，北京，中国计划出版社，1999。

[19] "两个比重"是指政府财政总收入占GDP的比重和中央政府财政收入占财政总收入的比重。

[20] 参见财政部网站文章《现行分税制财政体制框架》，见 http://www.mof.gov.cn/zhuantihuigu/czjbqk/cztz/201011/t20101101_345459.html。

[21] 参见郭晋晖：《中央财政转移支付超4万亿，西部人均财力接近东部》，载《第一财经日报》，2012-03-19，见 http://www.yicai.com/news/2012/03/1539441.html。

[22] 参见国务院发展研究中心"中国区域协调发展研究"课题组：《我国区域增长格局和地区差距的变化与原因分析》，见《国务院发展研究中心调查研究报告》，第138号（总2653号），见 http://www.drcnet.com.cn/DRCnet.common.web/docview.aspx?docid=1372930&leafid=3079&chnid=1034。

[23] 图8—3基于日本早稻田大学政治经济学部星野真教授的研究，见 Masashi Hoshino, "Measurement of GDP per capita and regional disparities in China, 1979—2009," paper presented at *Workshop on Poverty and Inequality in China and India*, March 13,

2012， http：//www. socialsciences. manchester. ac. uk/disciplines/economics/events/china/documents/Paper _ Hoshino. pdf。不少其他学者的研究得出与星野真教授相同或类似的结论。

[24] 参见联合国开发署：《中国人类发展报告 2005：追求公平的人类发展》，见 http：//ch. undp. org. cn/downloads/nhdr2005/c _ NHDR2005 _ complete. pdf。

[25] 参见丁学东、张岩松：《财政支持三农政策：分析、评价与建议》，载《财政研究》，2005（4）。

[26] 参见国家统计局综合司：《从十六大到十八大经济社会发展成就系列报告之一》，http：//www. stats. gov. cn/tjfx/ztfx/sbdcj/t20120815 _ 402827873. htm；《2012 年我国城镇居民人均可支配收入实际增长 9.6%》，见 http：//news. xinhuanet. com/fortune/2013 - 01/18/c _ 114415257. htm。学者对城乡差距变化趋势的独立研究得出与国家统计局相同的结论，但不平等水平低于国家统计局的报告，参见 Luo Chuliang and Sicular，Terry，"Inequality and poverty in rural China，" *CIBC Working Paper*，No. 2011 - 14，Table 6. 3. Estimates of the rural Gini coefficient，2002 and 2007。

[27] 参见国家统计局综合司：《马建堂就 2012 年国民经济运行情况答记者问》，见 http：//www. stats. gov. cn/tjdt/gjtjdt/t20130118 _ 402867315. htm。

[28] 李实等人的研究得出大致相同的结论，参见 Li Shi，Luo Chuliang and Terry Sicular，"Overview：Income inequality and poverty in China，2002—2007，" *CIBC Working Paper*， No. 2011—10， https：//www. econstor. eu/dspace/bitstream/10419/70341/1/670727598. pdf ，p. 37。大多数学者使用的数据都截止于 2007 年左右，来不及讨论最近几年总体不平等的变化趋势，如 Jinjun Xue，"Growth and Inequality in China，" in Jinjun Xue，ed.，*Growth with Inequality*：*An International Comparison on Income Distribution*（Singapore：World Scientific Publishing Company，2012），pp. 3 - 20；Li Shi，Hiroshi Sato，and Terry Sicular，eds.，*Rising Inequality in China*：*Challenges to a Harmonious Society*（Cambridge：Cambridge University Press，2013）。

[29] 早在 2010 年初，OECD 的一份研究就得出结论："近年来，中国的总体不平等水平已停止上升，或许已经下滑" （Overall inequality has ceased to increase in recent years，and may even have inched down）。参见 Richard Herd，"A pause in the growth of inequality in China?" *OECD Economics Department Working Papers*，ECO/WKP，2010 - 4（February 1，2010）。OECD 于 2012 年发表的另一份研究报告得出了与本文几乎相同的结论，参见 OECD，*China in Focus*：*Lessons and Challenges*（Paris，OECD，2012），Chapter 2 "Inequality：Recent Trends in China and Experience in the OECD Area，" pp. 16 - 34。

[30] 例如，2001 年 9 月，黑龙江省大庆市千余名下岗、退休工人上街；2002 年 3 月，辽宁省辽阳市 1 万多名工人上街示威。

[31] World Bank, *From poor areas to poor people: China's evolving poverty reduction agenda-an assessment of poverty and inequality in China* (Washington D. C.: The World bank, 2009), http://documents.worldbank.org/curated/en/2009/03/10444409/china-poor-areas-poor-people-chinas-evolving-poverty-reduction-agenda-assessment-poverty-inequality-china-vol-1-2-main-report.

[32] 参见中共中央、国务院:《关于促进农民增加收入若干政策的意见》,见 http://www.gov.cn/test/2006-02/22/content_207415.htm。

[33] 建立农村最低生活保障制度以地方人民政府为主,实行属地管理,中央财政对财政困难地区给予适当补助。

[34] 参见民政部:《2007 年民政事业发展统计报告》,见 http://cws.mca.gov.cn/article/tjbg/200805/20080500015411.shtml。

[35] 参见卫生部统计信息中心:《第三次国家卫生服务调查分析报告》,2004-09,85 页。

[36] 参见中共中央、国务院:《关于进一步加强农村卫生工作的决定》,见 http://www.zhongweiwang.org/health/html/2nd_page/zcfg/ncwswjhb/2001-2003-3.php。

[37] 参见朱庆生:《推进中国新型农村合作医疗制度建设:ISSA 第 28 届全球大会中国特别全会发言之五》,见 http://www.28issa-china.org.cn/gb/chinese/2004-09/01/content_45125.htm。

[38] 参见国务院发展研究中心课题组:《对中国医疗卫生体制改革的评价与建议》,载《中国发展评论》,2005 年增刊第一期,见 http://www.drc.gov.cn/cbw.asp? tlist=32618。

[39] 参见王俊秀:《国务院研究机构称我国医改工作基本不成功》,载《中国青年报》,2005-07-29。

[40] 中共中央国务院:《关于深化医药卫生体制改革的意见》,见 http://www.gov.cn/jrzg/2009-04/06/content_1278721.htm。

[41] 参见孟芗:《第三张网:全国城镇居民医保试点即将启动》,载《21 世纪经济报道》,2007-07-01,见 http://finance.sina.com.cn/g/20070701/04443742157.shtml。

[42] 2012 年,农村常住人口为 6.6 亿。这意味着,1.7 亿左右的外出务工人员参加了原籍的新农合。

[43] 参见卫生部:《关于印发 2013 年卫生工作要点的通知》,见 http://www.moh.gov.cn/mohbgt/s7693/201301/05239bafd80e4ff6a8121949469a388e.shtml。

[44] 参见《卫生部:十二五期间个人卫生支出比将降至 30%以下》,见 http://www.chinanews.com/jk/2012/12-26/4440537.shtml。

[45] World Health Organization, *World Health Statistics 2012* (Geneva: WHO, 2012), p. 142.

[46] 参见温家宝:《在全国新型农村和城镇居民社会养老保险工作总结表彰大会上的讲话》,见 http://politics.people.com.cn/n/2012/1013/c1024-19248968.html 。

[47] 参见王保安：《切实做好新型农村和城镇居民社会养老保险两项制度全覆盖的财力保障工作》，载《中国财政》，2012（13），见 http：//www.mof.gov.cn/buzhangzhichuang/bzzcwba/bzzcwbazywg/201207/t20120706_664589.html。

[48] Australian Centre for Financial Studies，*2012 Melbourne Mercer Global Pension Index*，October 2012，http：//www.globalpensionindex.com/pdf/melbourne-mercer-global-pension-index-2012-report.pdf.

[49] 参见国家统计局：《全国城镇居民收支持续增长，生活质量显著改善》，见 http：//www.stats.gov.cn/tjfx/ztfx/sywcj/t20110307_402708357.htm。

[50] 参见乌梦达、扶庆：《三问住房公积金：是保障，还是福利?》，载《半月谈》，2013-01-15，见 http：//news.xinhuanet.com/politics/2013-01/15/c_124231971.htm。

[51] “改造”往往意味着在原有住房的基础上进行翻修，而不一定是提供新房。

[52] 参见杜宇：《加快改造步伐，惠及更多百姓：住房城乡建设部有关负责人谈棚户区改造》，见 http：//www.gov.cn/jrzg/2012-09/28/content_2235709.htm。

[53] 参见住房和城乡建设部：《关于做好 2013 年城镇保障性安居工程工作的通知》，见 http：//www.mohurd.gov.cn/zcfg/jsbwj_0/jsbwjzfbzs/201304/t20130409_213368.html。

[54] 参见杜宇：《2013 年我国计划完成农村危房改造任务约 300 万户》，见 http：//www.gov.cn/jrzg/2013-02/15/content_2332251.htm。

[55] 参见国家发展和改革委、住房和城乡建设部、农业部：《全国游牧民定居工程建设“十二五”规划（公开稿）》，见 http：//zfxxgk.ndrc.gov.cn/Attachment/%E5%85%A8%E5%9B%BD%E6%B8%B8%E7%89%A7%E6%B0%91%E5%AE%9A%E5%B1%85%E5%B7%A5%E7%A8%8B%E5%BB%BA%E8%AE%BE%E2%80%9C%E5%8D%81%E4%BA%8C%E4%BA%94%E2%80%9D%E8%A7%84%E5%88%92.pdf。

[56] 参见住房和城乡建设部、国家发展和改革委员会、财政部、国土资源部、中国人民银行、国家税务总局、中国银行业监督管理委员会：《关于加快发展公共租赁住房的指导意见》，见 http：//www.mohurd.gov.cn/zcfg/jsbwj_0/jsbwjzfbzs/201006/t20100612_201308.html。

[57] [58] 张晓松：《“十二五”末我国城镇保障房覆盖率将达 20%以上》，见 http：//news.xinhuanet.com/politics/2011-02/28/c_121131498.htm。

[59] 如国务院于 1986 年发布的《国营企业职工待业保险暂行规定》、于 1993 年发布的《国有企业职工待业保险规定》。

[60] 社会团体及其专职人员、民办非企业单位及其职工、城镇中有雇工的个体工商业主及其雇工是否参加失业保险，由省级人民政府确定。

[61] 参见张时飞：《中国的失业保障政策》，见王卓祺、邓广良、魏雁滨编：《两岸三地社

会政策：理论与实务》，香港，香港中文大学出版社，2007。

[62] 参见张翠娥、杨政怡：《我国生育保险制度的发展历程与改革路径：基于增权视角》，载《卫生经济研究》，2013（1），23～27页。

[63] Francis Fukuyama，" The End of History?" *The National Interest*，No. 16（Summer 1989）.

[64] 美国认可资本主义制度的人最多，达25%。

[65] BBC，"Wide Dissatisfaction with Capitalism：Twenty Years after Fall of Berlin Wall，" November 9，2009，http：//www. globescan. com/news _ archives/bbc2009 _ berlin _ wall/bbc09 _ berlin _ wall _ release. pdf.

[66] 参见王绍光：《学习机制与适应能力：中国农村合作医疗体制变迁的启示》，载《中国社会科学》，2008（6），111～133页。

[67] 社会保障方面的公共支出 ＝财政预算内社会保障支出（含社会保障和就业、医疗保障以及住房保障三方面）＋ 社会保险支出 ＋ 社会卫生支出－社保基金财政补助。注意：公共教育支出并未包含其中。

[68] International Labor Organization，*World Social Security Report* 2010/11（Geneva：ILO，2010），table 25，pp. 258－262. 该报告提供了各个国家或地区最新的数据。

[69] 例如，Nader Habibi，1994. "Budgetary Policy and Political Liberty：A Cross-Sectional Analysis，" *World Development* Vol. 22，No. 4（1994），pp. 579－586；又见在西方学术界享有盛誉的 Peter Lindert，*Growing Public*：*Social Spending and Economic Growth Since the Eighteenth Century*，Volume 1，the Story and Volume 2：Further Evidence（Cambridge：Cambridge University Press，2004）。不过，在这种主流看法以外，也有经验性研究得出不同的结论。有些研究发现，政体形式与社会保护程度没有什么关系，如 Casey B. Mulligan，Ricard Gil，Xavier Sala-i-Martin，"Do Democracies Have Different Public Policies than Nondemocracies?" *The Journal of Economic Perspectives*，Vol. 18，No. 1.（2004），pp. 51－74。还有一些研究发现，所谓"威权主义"国家，尤其是社会主义国家，至少在某些方面的社会保护（如基本医疗、基础教育）比其他国家做得好，如 John R. Lott，Jr. "Public Schooling，Indoctrination and Totalitarianism，" *The Journal of Political Economy* Vol. 107，No. 6，Part 2（December，1999），pp. 127－157；Varun Gauri and Peyvand Kaleghian，"Immunization in developing countries：its political and organizational determinants，" Washington DC：World Bank，2002，http：//econ. worldbank. org/external/default/main? pagePK ＝ 64165259&piPK ＝ 64165421&theSitePK ＝ 477894&menuPK ＝ 64216926&entityID=000094946 _ 02020604053758. 关于政体与社会保护之间的关系的各种经验研究，请参见 Stephan Haggard & Robert R. Kaufman，*Development*，*Democracy*，*and Welfare States*：*Latin America*，*East Asia*，*and Eastern Europe*

(Princeton, NJ: Princeton University Press, 2008), Appendix One "Cross-National Empirical Studies of the Effects of Democracy on Social Policy and Social Outcomes", pp. 365－369.

[70] 有关这种需求的阐述，请参见［英］卡尔·波兰尼：《大转型：我们时代的政治与经济起源》，杭州，浙江人民出版社，2007。

[71] 参见王绍光：《大转型：1980年代以来中国的双向运动》。数据显示，20世纪90年代中后期是社会保障方面公共支出占GDP比重跌入谷底的时期，因为在此期间，无数国有与集体企业“转制”，几千万国有企业与集体企业的职工“下岗”，导致他们中的许多人及其家属被抛出社会保护网。

[72] 有关中国体制适应能力的讨论，请参见王绍光：《学习机制与适应能力：中国农村合作医疗体制变迁的启示》，载《中国社会科学》，2008（6），111～133页。

图书在版编目（CIP）数据

中国·治道/王绍光著．—北京：中国人民大学出版社，2014.9
ISBN 978-7-300-20044-6

Ⅰ.①中…　Ⅱ.①王…　Ⅲ.①政治制度-研究-中国　Ⅳ.①D621

中国版本图书馆 CIP 数据核字（2014）第 219793 号

中国·治道

王绍光　著

Zhongguo Zhidao

出版发行	中国人民大学出版社		
社　　址	北京中关村大街 31 号	**邮政编码**	100080
电　　话	010－62511242（总编室）		010－62511770（质管部）
	010－82501766（邮购部）		010－62514148（门市部）
	010－62515195（发行公司）		010－62515275（盗版举报）
网　　址	http://www.crup.com.cn		
经　　销	新华书店		
印　　刷	唐山玺诚印务有限公司		
开　　本	720 mm×1000 mm　1/16	**版　　次**	2014 年 10 月第 1 版
印　　张	18 插页 2	**印　　次**	2023 年 5 月第 4 次印刷
字　　数	277 000	**定　　价**	70.00 元